中原记忆丛书

虢国故都
三门峡

总主编 **赵素萍**
执行主编 **苏长青**
本册主编 **徐龙欣**

河南科学技术出版社
·郑州·

图书在版编目（CIP）数据

虢国故都：三门峡 / 徐龙欣主编. — 郑州：河南科学技术出版社，2018.9

（记忆中原丛书 / 赵素萍主编）

ISBN 978-7-5349-9197-4

Ⅰ. ①虢… Ⅱ. ①徐… Ⅲ. ①文化史 - 三门峡 Ⅳ. ① K296.13

中国版本图书馆 CIP 数据核字（2018）第 063617 号

出版发行： 河南科学技术出版社

地址：郑州市经五路 66 号　　邮编：450002

电话：（0371）65737028　65788613

网址：www.hnstp.cn

策划编辑： 李喜婷　汪林中　冯俊杰

责任编辑： 樊晓辉

责任校对： 刘逸群

责任印制： 张　巍

书籍设计： 赵　钧

排　　版： 蔡　凤

印　　刷： 河南博雅彩印有限公司

经　　销： 全国新华书店

开　　本： 787 mm × 1092 mm　1/16　**印张：** 16　**字数：** 282 千字

版　　次： 2018 年 9 月第 1 版　　2018 年 9 月第 1 次印刷

定　　价： 108.00 元

《虢国故都——三门峡》编委会

不忘本来　开创未来

《诗经·小雅·吉日》曰："瞻彼中原，其祁孔有。"

中原，本意为天下至中的原野，后来逐渐演化为泛指黄河中下游地区，也称中土、中州、华夏。在某些特定的语境中，中原又是"中国"的代名词。

中原文化是中原地区，主要是河南省的物质文化和精神文化的总称。中原文化是中华文化的母体和主干，在漫长的中国历史中长期居于正统、主流地位，中原文化一定程度上代表着中国传统文化。

河南人爱说"中"。一个"中"字，尽显中原文化的正大气象和源远流长。

中原这块沃土，不仅是东亚现代人类的主要起源地，而且自上古时期就形成了发达的农业文明，并率先跨过了"文明的门槛"。

从夏代到北宋的3 000多年间，先后有22个朝代、200多位帝王在河南建都。全国十大古都河南有其四。河南曾长期是全国政治、经济、军事、文化的中心，中国古代创造发明的中心，向全国和世界传播交流文明的中心。

中华文明丰富的文化景观、文化遗存、历史文物、文化典籍和艺术珍品在中原大地比比皆是，使河南如同一座浩瀚的历史博物馆，一本看得见、摸得着的中国历史文化教科书。河南的馆藏文物、国家历史文化名城和全国重点文物保护单位数量，均居全国前列。甲骨文在这里发现，四大发明与河南关系密切，连接东西享誉世界的丝绸之路从这里起步。

水有源，树有根，人有姓。河南是中国姓氏的重要发源地，依人口数量排名的100个大姓中，有70余个起源于河南。中华传统文化通过姓氏家族延续传承，跟随姓氏漂洋过海。"贵姓""仙乡何处"的寻常问候常常引起游子无限的乡思乡愁，也成为近年来河南根亲文化的"重头戏"。

天下名人，中州过半。在"二十四史"中，立传的名人共5 700余人，仅汉、唐、宋、明四个朝代，河南籍名人就达912人。在耳熟能详的文化圣人当中，出生于河南或长期在河南活动的近30位。谋圣姜太公、道圣老子、墨圣墨子、商圣范蠡、医圣张仲景、科圣张衡、字圣许慎、诗圣杜甫、画圣吴道子、律圣朱载堉，等等，都是中华文化发展史上的不朽丰碑。

中原文化门类齐全，博大精深。文学星空，河南人星光璀璨；武术杂技，少林太极称双雄；婚丧嫁娶，人生礼仪在斯；梆弦声里，地方戏风靡大河南北。洋洋洒洒，中原书风千载传承；丹青妙手，河南画苑代有佳作……

中原文化之于中华文化，就内容讲，是最基础、最基本的部分；就特点讲，是最具代表性的部分；就历史发展过程讲，是最具贯穿性的部分；就地域讲，是最具影响力的部分。中原文化具有根源性、原创性、包容性、开放性等诸多特质，开放与包容使得中原文化具有绵绵不绝的生命力与创造力。

中原地处“天地之中”、华夏腹地，九州通衢的独特地理位置决定了中原文化始终处于与外部文化的交流融合当中，这种交流与融合影响到中原文化的方方面面。

早在新石器时代，中原文化便成为推动中国境内各种文化交汇的强大动力，加快了中华文明的进程。

夏、商、周三代是中国历史上的重要时期，其时中原和周边地区交流融合、相互促进，奠定了中华文明形成和发展的基础。汉代，中外贸易频繁，形成了后人熟知的丝绸之路，洛阳成为丝绸之路的东方起点。隋唐时期，洛阳是当时的国际性大都市之一，成为东西方文化、贸易交流和传播的中心。以开封为中心的北宋文化，以丰厚的底蕴、深邃的思想、恢宏的气势、绚丽的色彩，把中原历史文化推向高峰。唐宋之际，中原文化通过丝绸之路、大运河及海上丝绸之路跨出国门，影响波及亚洲乃至世界。

古往今来，无数中原的思想家，用自己的思考深刻地影响着历史的进程，成为中国思想文化的主干，并对世界文化产生了很大影响。西方许多杰出人物如伏尔泰、狄德罗、托尔斯泰等都曾受到《道德经》的影响。而在中原的腹地嵩山脚下，儒、释、道“三教合流”，经过千百年的融汇发展，儒、释、道三种文化已经深深熔铸在我们民族的生命力、凝聚力和创造力之中。

中华文化革故鼎新、生生不息的生命力，源于中华文化与周边文化持续不断的碰撞和融合。

梁启超先生曾指出，中原的中国经过秦汉一统，成为中国的中国；中国的中国经由与印度、日本等接触，成为亚洲的中国；近世以来，中国进入世界舞台，与欧美竞争，而成为世界的中国。

从世界范围来看，不同文明之间的碰撞与交流成为世界历史发展的主要动力；从中国范围内来看，中原文化与周边文化的互动奠定了中华文化的根基；从中原范围内来看，以嵩山周围为核心的河洛文化与周边文化的融合助推中原文化茁壮成长。

八方风雨会中州。目前河南共有18个省辖市，每个市都有其独特的文化，尤其是一些与外省接壤的省辖市，更是中原文化与周边文化交流碰撞的前沿。南阳的“楚风汉韵”、信阳的“豫风楚韵”久负盛名，三门峡与秦晋文化的交汇，安阳、鹤壁与燕赵文化的融通，濮阳、商丘与齐鲁文化的交融，周口、驻马店与江淮文化的互动，焦作、济源与三晋文化的交流等，都形成了地域文化的独特小环境。这些区域文化之间的开合、融通铸就了中原文化的生命力。

冠八枢而奠中原，得中原者得天下。

中原文化，出彩千年!

习近平总书记提出，让中原更加出彩。

河南在全面建成小康社会的快车道上，始终不忘提升中原文化的整体实力和影响力。从“加快文化资源大省向文化强省跨越”，到 “加快建设文化强省”，再到 “加快构筑全国重要的文化高地”，这种渐次提升既契合党中央关于强化文化发展的新理念、新思想、新战略，又体现了河南省委对文化建设的高度重视。

从中原崛起到建设经济强省，博大精深的中原文化始终是河南最为倚重的资源之一；从华夏历史文明传承创新区到全球华人精神家园和心灵故乡的打造，中原文化已经、正在，而且还将要以更加丰富多彩的形式、手段被挖掘、整理，传承和创新。

党的十九大报告指出：推动中华优秀传统文化创造性转化、创新性发展，继承革命文化，发展社会主义先进文化，不忘本来、吸收外来、面向未来，更好地构筑中国精神、中国价值、中国力量，为人民提供精神指引。

多年来，依托厚重的中原文化，河南的文史研究、新闻出版、广播影视等部门进行了卓有成效的工作，取得了丰硕的成果。经过充分调研，中共河南省委宣传部决定组织全省各省辖市市委宣传部编纂大型精品文化普及读物“记忆中原”丛书，一套19卷，分为《品读中原》以及18个地市卷。丛书围绕中原文化精华这条主线，选择各地文化经典和精要，系统梳理河南地域文化特色，全面展示中原文化风貌，讲好中原故事，传播中华文化，凝聚中国力量。“记忆中原”丛书作为一种融媒体出版物，融合多种媒体形式，书籍与文创产品并重，文化与旅游资源嫁接，这种创新的出版方式是中原文化更加出彩的一种生动体现，也为中原更加出彩提供精神力量。

天下中原，老家河南。

中原是一座“文化的活态博物馆”。河南堪称全球华人的根亲文化圣地。与其在远处仰望，不如到中原走访。真诚希望读者朋友能从书中感受到中原文化的魅力，更期望朋友们以这套丛书为“路标”，到河南走走，回老家看看。厚重河南欢迎您，壮美中原欢迎您。

“记忆中原”丛书编委会

2018年7月

目录

名人扫描

寻根问祖

古城印象

考古探秘

胜景掠影

——虢国故都的美丽容颜 157

名品荟萃

——虢国故都的丰富物产　179

“非遗”概览

——精神家园存记忆　189

城市名片

本书音频资源列表

音频故事	来源	页码
假虞灭虢——传奇式的典型战例	原创	18
地标陕塬——周召分陕奠礼法之基	原创	20
忠义千秋——李彦仙死守陕州城	原创	27
深山领路——小货郎助红二十五军脱险	原创	30
党建名著——刘少奇渑池写“修养”	原创	32
抗日英烈——李家钰血洒崤函	原创	34
挺进豫西——陈赓“骑龙”过黄河	原创	41
总理关注——修建万里黄河第一坝	原创	44
直言敢谏——华夏第一直臣关龙逢	原创	46
旷世才女——上官婉儿诗韵存	原创	52
一代君王——南平国王出陕州	原创	56
名人礼赞——鲁迅写碑颂教泽	原创	63
四知传世——杨伯起廉风长存	原创	77
传世莺莺——元稹陕州留名著	原创	83
彩陶作证——仰韶村孕育中华文明	原创	104
终军弃繻——大丈夫百尺竿头勇往直前	原创	129
冯异故城——失之东隅，收之桑榆的见证	原创	129
中轴之路——崤函古道掌两京锁钥	原创	131
暂避锋芒——高夫人藏兵双龙湾	原创	162
人文始祖——黄帝铸鼎荆山塬	原创	169
品重醴泉——仰韶美酒国父赞	原创	182
段村柿饼——牛将军大爱遗人间	原创	184
导河入海——大禹神斧劈三门	原创	228

本书视频资源列表

视频	来源	页码
三门峡宣传片	原创	1
唇亡齿寒	《百家讲坛·大秦崛起4献公当政》	18
老子著经函谷关	《中国影像方志·河南灵宝·地名记》	22
秦赵渑池会盟	《历史其实很有趣·改变中国历史进程的几大饭局：渑池会》	24
甘棠遗爱	《鉴史问廉，千秋之评》廉政之祖召公甘棠遗爱的典故	48
上官婉儿：一代才女	《历史风云·上官婉儿：一代才女》	52
姚崇拜相	《百家讲坛：长恨歌之玄宗出世（九）姚崇拜相》	55
郭	原创	70
关	原创	75
灵宝老城	《中国影像方志》 第3集	95
仰韶寻亲	荟萃之窗《大家》	105
虢国墓地（上）	《探索发现·考古中华（河南篇·三门峡虢国墓地上）》	118
虢国墓地（下）	《探索发现·考古中华（河南篇·三门峡虢国墓地下）》	118
崤函古道	《中国影像方志·河南灵宝大事记》	131
玉柄铁剑	《国宝档案·镇馆之宝·惊世铁剑》	148
宝轮寺塔	《走进科学·谁在塔中哭泣（下）》	163
三门峡剪纸	《新闻直播间·三门峡：剪纸贴窗花，寓意富贵吉祥》	190
地坑院	《创新无限·一方绝技——天井窑洞》	192
三门峡大坝	《见证·坝下人家》	227
天鹅之城	《见证·天鹅之城》	229

谈古说今

——崤函大地的沧海桑田

滔滔黄河从河套地区沿晋陕峡谷奔腾南下，在豫、晋、陕三省交界处折而向东，三门峡市便坐落在这黄河拐弯的地方。这里历史悠久，物产丰富，山环水绕，风光秀美。

相传4000多年前大禹治水，使神斧劈开砥柱山，形成“人门、神门、鬼门”三道峡谷，引滔滔黄河向东流去，三门峡由此而得名。根据专家考证，甲骨文中的“夹方”即后来的“陕”，意为“狭窄之地”，陕地的历史已超过2000年。三门峡地区长期以“陕”作为地名。周初，周公、召公以陕塬为界分治天下，陕塬为现在的陕州区张汴塬。公元前1046年，周武王灭商后，为巩固周王朝的统治，大规模分封同姓诸侯。周文王的两个弟弟分别被封为虢国国君，虢仲（一说虢叔）封东虢（今河南省荥阳市汜水镇），虢叔（一说虢仲）封西虢（今陕西宝鸡市东），两虢起着周王室东西屏障的作用。西周晚期宣王初年，西虢东迁，支族仍留原地，称为“小虢”，于公元前687年被秦国所灭；东迁后的西虢建都上阳（在今河南三门峡市东南李家窑附近），于公元前655年被晋国所灭。而东虢早在公元前767年即被郑国所灭。战国时，今三门峡地区分属韩、秦、魏；秦朝时属三川郡；汉属弘农郡；三国属魏国恒农郡；晋属司州弘农郡；北魏置陕州，北

三门峡宣传片

宋、金、元、明、清各代均置陕州；民国时期先属豫西道、河洛道，后改为河南省第十一行政督察区；中华人民共和国建立前后，曾设陕州专员公署。1957年，伴随着三门峡大坝开工的号子，三门峡市应运而生。

三门峡市是黄河文化最主要的发祥地之一，也是古都西安、洛阳之间最大的名城望郡。作为古代京畿之地和东西交通要冲，三门峡与洛阳、郑州、开封、西安、运城一起，浓缩了中国古代最为繁荣兴盛时期的历史与文化，成为黄河文化的集中展现地。中华民族的人文初祖——轩辕黄帝在这里铸鼎祭天、奠定政权。函谷关是中国古代著名的雄关要塞之一，紫气东来、鸡鸣狗盗、公孙白马等成语典故和许多改变中国历史进程的战争均发生于此。老子西出函谷时，在这里留下千古名著《道德经》。函谷关也因名人、名关、名著而饮誉海内外。位于市区北部的虢国遗址博物馆是目前我国规模最大、出土文物最多、保存最完整的西周大型邦国墓葬群，1996年被国务院公布为国家级重点文物保护单位。虢国遗址2001年被国家文物局评定为“中国20世纪100项考古大发现”之一。此外，中国古代四大回音建筑之一的宝轮寺塔、秦赵会盟台、义马鸿庆寺石窟、杜甫作《石壕吏》的遗址、黄河古栈道、空相寺、安国寺、甘棠苑（钟鼓楼）等名胜古迹处处昭示着三门峡悠久灿烂的古代文明。

• 黄河明珠，美丽富饶 •

三门峡市位于河南省西部边缘，地处黄河中游，豫、晋、陕三省交界处，东连洛阳，南接南阳，西与陕西省接壤，北隔黄河与山西省相望。东西最长处约153千米，南北最宽处约132千米。处于秦岭山脉东延与伏牛山、熊耳山、崤山交会地带，地貌以山地、丘陵和黄土塬为主，可谓“五山四陵一分川”。辖渑池县、卢氏县2县，湖滨区、陕州区2区，1个省级高新技术开发区，1个城乡一体化示范区，代管义马市、灵宝市2市，总面积10496平方千米，占河南省面积的6%。总人口230.55万人（截至2017年年末）。城镇化率为54.72%（截至2017年年末）。

三门峡市区坐落在黄河南岸阶地上，一面临青龙涧河，两面临三门峡水库，形似半岛，是一座“四面环山三面水”的湖滨城市，东距省会郑州246千米。

境内峰峦连绵起伏，地势险要，易守难攻，战略地位十分重要，是自古以来中原腹地通往西北边疆的交通咽喉，又是连接黄河南北的枢纽。尤其是境内的崤函古道，为西京长安以东、东都洛阳以西的屏障和门户，成为历朝历代“襟带两京”的锁钥。秦岭山系的余脉伏牛山、熊耳山、崤山，构成了三门峡市面积广大的山地。

黄河灵宝盘西段

崤山丘陵地貌

位于灵宝市的小秦岭老鸦岔垴海拔2413.8米，是河南省的最高峰。

三门峡市水资源十分丰富，共有大小河流3000余条，以熊耳山为界，分属黄河、长江两大水系。黄河干流由陕西省潼关县东入灵宝市境，流经灵宝市、陕州区、湖滨区、渑池县的16个乡（镇），全长225千米。

三门峡市矿藏资源丰富，截至2017年年末，已发现矿藏66种，已探明储量的有50种，保有储量居全省前三位的有33种，已开采利用的有30种。黄（黄金）、白（铝土）、黑（煤炭）是辖区的三大优势矿产。黄金矿产储量、产量均居全国第二位。丰富的矿产资源使三门峡市成为全省乃至全国重要的贵金属和能源工业基地。

三门峡市植物种类繁多，资源丰富，且产量大，经济价值高。尤其是中药材资

铝矾土矿石

卢氏汤河裸浴习俗

源丰富，卢氏县、灵宝市等地山区，自古就有“天然药库”之称。灵宝的苹果、大枣、杜仲，渑池的牛心柿饼、坻坞小米、仰韶黄杏和仰韶酒，卢氏的连翘、黑木耳、卢氏鸡绿壳蛋、核桃等相继被认证为国家地理标志产品。

三门峡的旅游资源丰富，可以概括为“以黄河为主线贯穿起来的充满野趣和史诗般辉煌的黄河生态与古文化游”。2011年年底全面动工建设的黄河公园，位于三门峡市城区北部，芦荡烟雨、杨柳绕堤、曲径通幽。每年10月至次年6月三门峡库区蓄水期间，三门峡水库碧水连天，波平如镜，清水黄河、船行柳梢、天鹅戏水成为黄河旅游的三大自然奇观。每年入冬后到次年初春这段风寒雪飘的季节，数以万计的白天鹅从遥远的西伯利亚飞临三门峡黄河湿地自然保护区越冬，成为冬春季黄河上一道美丽的风景，三门峡也因此被誉为“天鹅之城”。境内有亚武山国家森林公园、甘山国家森林公园、玉皇山国家森林公园、卢氏大鲵自然保护区等生态环境保护区。有卢氏的双龙湾、豫西大峡谷，渑池的仰韶大峡谷、黄河丹峡，以及灵宝的汉山、燕子山等风景名胜。陕州温泉、卢氏汤河温泉是疗养保健的好去处。汤池“裸浴”是卢氏县汤河乡的一种特有的民间习俗，堪称“中原一绝”。2016年5月正式开园的陕州地坑院民俗文化园成为陕州民俗文化的集中展示地。

建市60年来，经过几代建设者的艰苦奋斗，三门峡已发展成一座新兴工业城市，成为豫、晋、陕三省交界处的经济、流通、文化中心，被誉为“黄河明珠”“文化圣地”“天鹅之城”。

崤函大地的一幕幕历史活剧

三门峡市历史悠久，是中华民族发祥地之一。早在远古时期，华夏民族的先辈就在这里繁衍、生息。传说时代的女娲炼石补天、夸父弃杖桃林、黄帝铸鼎荆山，可谓中华文明的曙光初现。在今灵宝市西与潼关交界黄河滩的风陵堆即黄帝风后娲皇陵墓。夸父逐日，干渴而死，其身化为山即夸父山，在今灵宝市阳平镇东南；其杖化为一片桃林，古代函谷关至潼关120里为茫茫桃林，古桃林县即得名于此。相传黄帝战胜其他部落成为首领之后，在荆山（又名霞釜山，位于今灵宝市阳平镇境内）之阳铸鼎立法，当法鼎铸成后，黄帝即骑龙升天。后人就将他遗下的衣靴埋藏于此，建立了黄帝衣冠冢，并建庙祭祀。古代文人墨客纷纷前来瞻仰，李白、杜甫、白居易、刘禹锡等著名诗人都曾到此拜谒，题诗作赋。现在，每年农历二月初九前后，人们前往祭祀瞻拜，络绎不绝，表达对这位人文初祖的敬仰之情。

50余处仰韶时期文化遗址分布在今灵宝市阳平镇境内300平方千米的土地上，这里南依秦岭，北濒黄河，东临沙河，西临阳平河。黄帝铸鼎塬聚落遗址群与有关黄帝的记载、传说、地名相互印证，成为中华文明探源工程（五帝工程）启动的最佳切入点。灵宝西坡遗址入选2006年度全国十大考古新发现，被列入中华文明探源工程六大首选遗址；北阳平遗址群被公布为第五批全国重点文物保护单位，被国家列入100处重点大遗址保护专项。

大约与黄帝同时期，生活在三门峡的先民创造了举世闻名的仰韶文化。仰韶文化是分布在黄河中、下游地区最重要的考古文化，年代约为7000年前至5000年前，展示了中国母系氏族社会时期的繁荣，表面

甘棠苑召公像

绘制有图案的彩陶是其重要特征之一。目前，全国共发现仰韶文化遗址5000余处，三门峡市有200余处。仰韶文化遗址的发现揭开了中国田野考古第一页，成为划时代的里程碑。仰韶村遗址成为第一批全国重点文物保护单位，被评为“中国20世纪100项考古大发现”之一。

夏商王朝统治时期，三门峡辖区属豫州，西周时属焦国、虢国。周武王死后传位于成王。成王年幼，幸好有两个贤臣辅佐他，一个是周公，一个是召公。周、召二公以陕塬为界，“自陕以西，召公主之；自陕以东，周公主之”，陕西之名即由此而来。召公奭巡行陕地民间乡里，常于甘棠树下处理政事，为老百姓解决纷

争、理讼断案，深受群众爱戴。百姓敬其人而爱其树，编成歌谣传颂，后收入《诗经·周南·甘棠》。召公之德政教化，被称作“甘棠遗爱”。

春秋时，这里先属虢后属晋。由于虞国国君贪图晋献公的宝马珍玉，借道给南下伐虢的晋国军队，使得晋军灭虢回师途中，顺便又灭亡了虞国。“假道伐虢”也成为后来三十六计中的一计。“辅车相依”“唇亡齿寒”的千古教训不能不令人深思。如今，三门峡市人民政府对虢国都城上阳进行了保护性开发，建成了大型遗址公园——虢国公园，成为三门峡人民珍藏历史、品味文化的理想圣地，也成为三门峡市民休闲娱乐的好去处。春秋中期，晋国在崤山险地设伏，击败秦军，这就是著名的“崤之战”。

春秋末年的一天，函谷关关令尹喜见东方紫气升腾，认为必有真人到来。后果见老子骑青牛而至，遂留老子著《道德经》五千言。其影响渗透到了中国社会意识形态的各个方面，成为中华民族宝贵的精神财富和文化遗产。外国人称老子的《道德经》是“东方智慧的结晶”。在西方《道德经》译本较多，影响甚大。

公元前279年，秦昭襄王与赵惠文王在渑池会盟，赵国大夫蔺相如不畏强暴，屈强秦于五步之内，留下了千古佳话。战国后期，大一统的帝国呼之欲出。为了对抗秦国的兼并，关东六国“合纵”攻秦。而秦王嬴政则贯彻了“远交近攻”的战略路线，不使六国形成战时同盟。崤函古道、函谷关前，尸横遍野，血流成河。

秦朝灭亡，楚汉相争。收复了六国旧地的项羽，率领大军向秦地进发。在这支军队里，收编了刚刚投降的20万秦朝将士。当队伍走到新安古城，就要西出函谷关了，秦军将士的心情非常复杂。他们既担心项羽胜利，自己成为引狼入室的“秦奸”；又担心项羽失败，秦朝会把他们的父母妻儿杀掉。他们的悄声议论，引起了项羽的不安，他担心这些秦朝降兵入关中后如果不听命令，将会引起非常大的祸患，于是暗派楚军于夜间突然动手坑杀秦降卒20余万人。历史记载的坑杀之处就在今天的义马市二十里铺一带。时光倏忽千年，项羽及他所“制造”的楚坑，都已结成历史的疤痕，供后人寻觅和追踪。唐代大诗人杜甫途经这里，留下“项氏何残忍，秦兵此处坑。愁云终古在，鬼灿至今明”的诗句。

北魏太和十一年（487）置陕州后，

隋、唐、五代、宋、元、明、清各代均沿置，陕州成为地处东西两京之间的名州望郡。据史籍记载，佛教禅宗达摩初祖在少林寺传法慧可之后，即到熊耳山下的定林寺（后改为空相寺）传法5年，于魏文帝大统二年（536）十二月圆寂，葬于定林寺内。达摩在中国首传大乘佛法，后经五代祖师的传承与弘扬，形成中国佛教的主流一脉——禅宗。达摩也因其高行被尊称为禅宗初祖。禅宗对中国哲学产生了深远的影响，甚至影响了亚洲乃至世界的佛教。近年来常有中外僧人来此寻根问祖。古老的空相寺过去是佛门圣地，现在依然是灿烂的文化圣地。走进林木掩映的空相寺，“曲径通幽处，禅房花木深”的神秘之感油然而生。

唐代诗歌的发展是空前的，这是众多的诗人及唐代的社会经济推动的结果。这其中也有三门峡籍诗人的卓越贡献。陕州诗人上官仪的诗，十之八九是奉和应诏之作，反映的是一派浮华的生活气息。他把作诗的对偶归纳为六种对仗的方法，这虽是为他的宫廷诗服务，但对律诗的发展起了一定促进作用。较之稍晚的陕州诗人宋之问在完善格律形式上的成就，更为历代文学批评家所推崇。李白、杜甫、韩愈、刘禹锡、白居易、岑参、李商隐、王建等唐代诗人，或途经三门峡市辖区，或在辖区做官，留下了大量脍炙人口的诗篇，成为三门峡宝贵的历史文化遗产。唐肃宗乾元二年（759年）春，著名诗人杜甫由洛阳途经渑池、陕县、灵宝、阌乡返华州，作诗《楚坑》《石壕吏》等。特别是《石壕吏》，是杜甫现实主义诗歌的杰作，真实地描写了特定环境下的官吏、老妇、老翁等人的思想、感情、行动、语言，生动地反映了那个时期的社会现实和广大劳动人民深重的灾难和痛苦，展示给人们一幕幕凄惨的人生悲剧。王建在陕州司马任上的《新嫁娘词》“三日入厨下，洗手作羹汤。未谙姑食性，先遣小姑尝。”与朱庆馀的《近试上张水部》“洞房昨夜停红烛，待晓堂前拜舅姑。妆罢低声问夫婿，画眉深浅入时无”有异曲同工之妙，反映了唐代科举士子考前向达官贵人或文士名流“投卷”“行卷”的习俗。唐代，陕州人姚崇成为武周皇帝、唐睿宗、唐玄宗三朝宰相，是中国历史上一位杰出的政治家，被称为“救时宰相”。唐玄宗时，姚崇提出十条政治主张。毛泽东曾评价道：“大政治家、唯物论者姚崇，如此简单明了的十条政治纲领，古今少见。”

唐玄宗天宝十四载（755）底，兵马副元帅哥舒翰率领汉军8万及陇右诸蕃部落共10余万人驻屯潼关，抵御安禄山、史思明叛军。唐玄宗听信杨国忠谗言连发数诏令哥舒翰出兵。哥舒翰被迫出兵，在灵宝西原（今灵宝市境内）与叛军相战而大败。唐肃宗至德二年（757），安庆绪动用洛阳的全部叛军兵马，由其御史大夫严庄督率至陕州，以阻官军东进。十月十五日，郭子仪率兵与叛军相遇于新店（今陕州区境内），初战不利，后大获全胜。新店之战直接导致了叛军核心的内讧。

北宋真宗咸平元年（998）寇凖任陕州知州，闲暇时常去东郊山庄，与当地隐士魏野游山观景，赋咏唱酬。宋高宗赵构在位期间，渑池人张玘捐家产征兵数千，从军于岳飞部下，抗金南下，战绩卓著，高宗敕赠“靖远侯”。金兵进犯陕州时，李彦仙将全家搬到陕州，表示“以家殉国、与城俱存亡”，率军民英勇抗金，歼敌无数，终因粮尽援绝致陕州城失陷，李彦仙投河而死，年仅36岁，抒写了一曲气壮山河之歌。陕州保卫战，持续时间长达一年半，被围近3个月，大小战斗达200多次，展现了英勇不屈的民族气概。

生活在明朝初年的渑池人曹端，为“明初理学之冠”。他首倡“公廉”说。“公生明、廉生威”成为明清两代之官箴。在今天，仍具有重要的现实意义。明代，灵宝人许进与其二子诰、三子讚、八子论均官至尚书，世称许氏父子四尚书。著名戏曲家汤显祖，曾驻陕州，后来以陕州轶事为素材，写有“临川四梦”之一的《邯郸记》。

红二十五军军部旧址

1923年，陕西督军刘镇华部第一混成旅赵树勋团3个营又两个连、巡防第二路统领郭金榜部5个营，共2000余人，先后来到卢氏，驻扎在卢氏城中和城郊李家坪。驻军的粮草、军饷及一切杂费统统由当地群众负担，给卢氏人民带来沉重灾难。1923年又是灾荒之年，民力已竭，在忍无可忍的情况下，卢氏农民掀起了一场声势浩大的农民武装围城斗争，先后于1923年8月、1924年2月、1924年4月三次围攻卢氏城，迫使陕军不得不从卢氏撤防。中共一大代表刘仁静撰写了近3000字的专题文章《河南卢氏人民对军阀之反抗》，登载于中国共产党机关报《向导》周报第2集第69期上。农民暴动的胜利使共产党内部有识之士逐步认识到武装夺取政权的重要性，为革命走上正确道路提供了有益借鉴。

第一次国内革命战争时期，工农革命运动得到发展，三门峡境内建立了工会和农会组织。1924年陕州工会建立第一个中共支部，1927年建立中共陕州区委，中共党员最多时达70多人。第二次国内革命战争时期，1932年11月红三军在战略转移中，途经卢氏播撒下革命火种。1934年12月红二十五军长征中，途经卢氏到陕南，创建了鄂豫陕革命根据地，成为红军长征途中创建的唯一一块革命根据地，在中国土地革命战争中后期最艰苦的岁月中，坚持斗争长达两年四个月。1935年7月30日，红二十五军4000余人为配合主力红军行动，西征北上抗日，成为红军长征到达陕北的第一支部队，被誉为“北上先锋”。红二十五军主力北上后，由红二十五军留下的1个营和负伤的干部战士及地方游击队共700人，组成中国工农红军第七十四师，配合了陕甘革命根据地的斗争和主力红军的长征，胜利地坚持了鄂豫陕边的游击战争。

抗日战争全面爆发后，三门峡和全省其他地区很快成为华北抗战的后方、华中抗战的前线、保卫大西北的屏障。三门峡地区各级党组织大力开展工作，壮大抗日民族统一战线，掀起了三门峡地区抗日救亡运动的高潮。1944年，日军进犯豫西后，在相继沦陷的渑池、陕县、卢氏、灵宝等地，进行了惨无人道的烧杀淫掠，给三门峡人民带来了亘古未有的巨大灾难。6月4日，日军大举进犯灵宝，国民党守军英勇抗击，粉碎了日军继续西犯之企图，使侵华日军妄图吞食中国西北、西南之野心在豫西化为泡影。1945年春夏之交，国民党军在灵宝和卢氏交界的石大山给来犯之敌以重创，使日军进犯豫西再次受挫，西犯企图彻底破灭。面对日军的暴行，三门峡民众也积极行动起来，发展和壮大了许多民间抗日武装，团结一心，同仇敌忾，保家卫国，奋勇杀敌，以不屈不挠的反抗充分表现了中华民族不可欺辱的斗争精神。同时中共领导的八路军及时挺进豫西，打击侵略者，发展人民武装，建立了豫西抗日根据地。

1946年6月26日，国民党当局不顾全国人民反对，悍然发动对中原解放区的进攻，全面内战爆发。中原解放军抢在敌人发起总攻之前，兵分南、北两路向西突围，开始了以中原突围为起点的人民解放战争。中原军区司令员李先念、政委郑位三、副司令员兼参谋长王震，率约1.5万人组成的北路突围部队粉碎了国民党军的“围歼”和一次又一次的追堵计划，胜利实现了战略转移。8月初，中共豫鄂陕边区第四地委、第四专署、第四军分区在卢氏县正式宣告成立。豫鄂陕边区第四分区不仅在豫鄂陕根据地发展壮大进程中发挥了重大作用，而且为中国革命保存了不可或缺的有生力量，为夺取全国革命胜利做出了巨大贡献。

1947年8月，中国人民解放军陈（赓）谢（富治）兵团抢渡黄河，挺进豫西，先后解放渑池、陕县、灵宝、阌乡、卢氏等县。经过艰苦的“拉锯”战，古老的陕州大地终于回到人民怀抱。

• 三门峡市建置沿革 •

公元前21～公元前16世纪，今三门峡市辖区是夏王朝的统治中心区域。

公元前16～公元前11世纪，商汤伐夏而得天下，今三门峡市辖区属商王朝。

公元前11世纪，周灭商，封邦建国，封虢国、焦国于境内，尔后成为西周初两大统治区域的分界线，“自陕以东，周公主之；自陕以西，召公主之”。

春秋时期（前770～前476），虢国为晋国所灭，地归晋有。

战国时期（前475～前221），韩、赵、魏三家分晋，韩得新安（今义马市和渑池县东部地区），魏得渑池县、陕县（含湖滨区）、灵宝县及卢氏县部分地区。

秦庄襄王元年（前249）秦国置三川

郡，市辖区属之。

西汉高祖二年（前205）改三川郡为河南郡，市辖区属之。

西汉元鼎四年（前113）置弘农郡，领治11县。

新朝始建国期间（9～13），弘农郡改称右队。地皇二年（21），湖县（原属京兆尹）归右队。

东汉光武帝建武七年（31）右队复称弘农郡，领9县。郡属司隶校尉部。

魏文帝曹丕受禅后，改弘农郡为恒农郡，领9县。

西晋时期（265～317）改恒农郡为弘农郡，领6县。卢氏县、陆浑县、新安县3县他属。

南北朝时期（420～589），南朝刘宋将军薛安都北伐，在弘农设置弘农郡，领弘农县、宜阳县、卢氏县、陕县、曲阳县、渑池县。景平初年（423）弘农郡被北魏攻克，北魏把郡名改为恒农郡。

北魏太和十一年（487），置陕州。恒农郡郡治由恒农迁到陕城。领陕中县、北陕县和崤县，郡属陕州。

太和十一年（487）设渑池郡，领俱利、北渑池二县，郡属陕州。

太和十四年（490）设置朱阳郡，领朱阳、黄水二县，郡治黄水，孝昌二年（526）郡省。正始二年（505）置石城县，不久升为郡，领同堤一县，郡属陕州。

永熙三年（534），设置西恒农郡，领弘农一县，郡属陕州。

西魏大统二年（536）再置朱阳郡，北周保定二年（562）废。

北周明帝二年（558）在湖城县置阌乡郡，领阌乡一县。隋开皇三年（583）废郡。

北魏时期（396～534）在卢氏县置有汉安郡。西魏（535～556）置有义川郡，郡属义川州。隋开皇元年（581）郡废，开皇三年（583）义川州改称虢州，隋大业三年（607）州废为县，属河南郡。

隋义宁元年（617）置弘农郡，领弘农、卢氏、朱阳、长泉4县。

唐武德元年（618）改弘农郡为陕州，领陕、硖石、灵宝等8县；置虢州，改凤林郡为鼎州，贞观八年（634）废鼎州入虢州。虢州领弘农、卢氏、阌乡、玉城、朱阳、湖城6县。

五代十国时期（907～960），市辖区属镇国军和保义军。

宋时（960～1279），陕州领陕、灵

宝、湖城、阌乡等7县；虢州领卢氏县、虢略县、朱阳县等4县。

金贞元二年（1154）割虢州为陕州支郡，各领县如旧。升渑池县为韶州，领利津一县。

元时（1206～1368），三门峡区境隶河南中书省。渑池县、陕县、灵宝县、阌乡县属河南府陕州；卢氏县属南阳府嵩州。

明时（1368～1644），三门峡区境隶河南布政使司，陕县、渑池、阌乡、灵宝、卢氏属河南府。

清初沿袭明制，雍正二年（1724）升陕州为直隶州，陕县、阌乡县、灵宝县、卢氏县属直隶陕州。州属河陕汝道，渑池县属河南府。

民国元年（1912），设豫西观察使，三门峡境属豫西道，不久改为道尹，今三门峡市辖区属河洛道。民国二十一年（1932），设河南省第十一行政督察专员公署，管理陕县、灵宝县、卢氏县、阌乡县、渑池县等7县。

1945年1月，建立中国共产党领导下的河南（豫西）第二专员公署，公署下辖渑池县、陕县等5县抗日民主政府。1945年9月、10月间撤销。

1946年7月，豫鄂陕第四专员公署成立，辖卢灵洛县、卢嵩县、卢灵县、卢洛（南）县、卢洛（宁）灵县、栾川县等县政府。12月，卢灵洛县政府改为卢（氏）灵（宝）洛（南）中心县政府，辖卢嵩（县）、卢灵（宝）、卢洛（宁）和栾川（1947年1月后）4个县政府。第四专员公署隶属豫鄂陕行政公署。

1947年9月，豫陕鄂第一行政督察专员公署成立，下辖陕县、灵宝县、卢氏县和阌乡县4个县政府。专署隶属豫陕鄂边区行政公署。

1948年6月，豫陕鄂第一行政督察专员公署改称陕南一专署，下辖卢氏县、灵宝县、阌乡县、栾川县4个县政府，专署隶属陕南行政公署。

1948年7月，陕南一专署更名为豫西七专署。1949年2月，又更名为豫西三专署。均属豫西行政公署领导，下辖卢氏县、灵宝县、阌乡县、陕县等5个县政府。

1949年3月，豫西三专署改称陕州专员公署，隶属中原临时人民政府，5月，河南省人民政府成立，陕州专员公署隶属河南省人民政府。专署辖卢氏县、灵宝县、阌乡县、陕县、渑池县等7个县政府。

1952年4月，陕州专员公署与洛阳专员

公署合并，称洛阳专员公署。

1957年3月，国务院批准设立三门峡市，归河南省直接管辖。

1961年10月，三门峡市降为县级市。

1986年1月，三门峡市升为省辖市，下辖湖滨区、渑池县、陕县、灵宝县、卢氏县，代管义马市。1991年至2000年10年间境域基本未变化。

1992年，为适应改革开放与经济发展形势，三门峡市内设经济技术开发区管理委员会，驻地在陕州城遗址。

1993年5月，经国务院批准，灵宝县撤县设市，由三门峡市代管。

2016年1月，三门峡市陕州区挂牌成立，标志着三门峡正式告别“单区市”的历史，迈入“一市两区”新时代。

三门峡大敞涌春潮

中华人民共和国的成立，为根治黄河水害提供了坚强的制度保证。1957年4月，万里黄河第一坝——三门峡大坝开工建设。国务院总理周恩来曾三次亲临三门峡，刘少奇、朱德、董必武、邓小平、陈云、李先念、胡耀邦等党和国家领导人也都来此视察工作。来自全国各地的建设者在荒凉的黄土塬上筚路蓝缕，艰苦创业，为建设三门峡大坝做出了杰出的贡献。

为了支援三门峡水利工程建设，做好地方支援工作，1956年4月在陕县会兴镇建立了三门峡工区。1957年3月26日，国务院第43次会议决定，设立三门峡市（地级）。本着“服务于水利枢纽工程建设”的方针，三门峡市开始市政建设，拟定城市规划。建设了东至会兴车站，西至上官村，南至青龙涧河，北至黄河岸的湖滨区；修建了黄河路、建设路、和平路、公园路、大岭路、陕州路、六峰路、建干路、陕源路、上阳路、茅津路等11条市区道路，并进行了城市绿化。1959年春，著名作家冰心在踏访三门峡水利工程后，在《奇迹的三门峡市》一文中写道：“这座奇迹似的涌现出来的崭新的城市，本来是火车道旁边的一个小站，一个只有三万多居民的会兴镇。当一九五七年四月十三日，在幽静险峭的三门峡山谷，响起了征服黄河的石破天惊的第一炮的同时，这个为这伟大工程服务的城市就像满园花卉，响应着这一声春雷，遍地萌茁了。从全国各个角落来的征服黄河的战士们，在这里安了家……”

伴随着三门峡大坝的建设，诞生了三门峡市。按照当时规划，这里将发展成为洛阳和西安两大古都之间的又一中型工业城市。20世纪60年代初期，由于中苏关系的变化和国家经济的暂时困难，三门峡市的建设规划被迫作了调整，1961年由地级市降为县级市。随着国民经济的发展，改革开放的推进，1986年1月，经国务院批准，三门峡市重新升为地级市。古老的陕州大地又一次迎来发展机遇。

按照自然山水城市的战略目标和“一城三区”的规划，三门峡市发挥山水优势，把城市建设融入自然生态当中，以创建“国家园林城市”为契机，着力实现“南山北岭披绿装，山河两岸尽春色”的美好蓝图，努力创造天蓝、地绿、水清的宜人环境。经过多年的建设，三门峡建成

人勤春来早

了崤山路、黄河路、建设路、六峰路、上阳路、虢国路等道路，构成了“五纵三横”的城市道路框架。境内陇海铁路、连霍高速公路、310国道、郑（郑州）西（西安）高速铁路客运专线横贯东西，209国道、三（三门峡）淅（淅川）高速公路和在建的蒙华铁路沟通南北，成为连接豫晋陕三省、北上南下、西进东出的重要交通枢纽。全市森林覆盖率居河南省第一位，天鹅湖国家城市湿地公园是目前中国北方最大的滨水城市园林。

2011年，三门峡黄河旅游节升格为国家级旅游节庆活动；2012年，中国特色商品博览交易会在三门峡设立永久会址，成为推动三门峡经济更好转型发展的强引擎和助推器。2014年3月31日，国务院正式批复《晋陕豫黄河金三角区域合作规划》，为山西省的运城市、临汾市，陕西省的渭南市和河南省的三门峡市黄河金三角地区的合作发展带来了新的机遇。

随着三门峡大坝建设的不断推进，一座新兴的工业城市随之崛起。从20世纪50年代起，一大批工业企业陆续在三门峡开建投产。20世纪60年代中期和70年代，三门峡被国家确定为建设“三线”地区的投资重点，建设了一大批大中型骨干工业企

业，包括航空航天部一二四厂、中原量仪厂、三门峡化工机械厂、河南第二纺织器材厂、豫西机床厂、中州汽轮机厂、三门峡铝厂、三门峡化工厂、会兴棉纺织厂、秦岭金矿等；20世纪80年代，建设了中原黄金冶炼厂、三门峡电熔刚玉砂厂等。这构成了三门峡工业的基本框架。1996年市委、市政府开始实施“工业富市，强工扶农”发展战略，工业企业改革从过去放权让利为主的政策调整转到着重于公司制改造，全面建立现代企业制度。2003年后，三门峡市积极实施依托提升、引进推动的工业发展战略，依托资源优势和优势企业，围绕构筑煤电铝一体化，大力发展能源、铝工业、煤化工、有色金属综合利用及深加工和林果生产加工五大支柱产业，强力推进结构调整，促进了资源优势向经济优势的转化。一批重大建设项目相继开工建设。三门峡工业呈现出持续发展态势，特色工业的优势更为突出，有力地推动了全市经济持续快速健康发展。

中共十一届三中全会前，三门峡市农业经济基本以传统的种植业为主。十一届三中全会以后，特别是1980年实行联产承包责任制以后，三门峡市粮食生产有了很大发展，产量大幅度增长。2004年后，中共中央明确提出把解决好“三农”问题作为全党工作的重中之重。2006年，又提出了建设社会主义新农村的宏伟目标。三门峡市结合实际，制定了发展农村经济，实现农业发达、农村繁荣、农民富裕的具体措施，按照生产发展、生活宽裕、乡风文明、村容整洁、管理民主的总要求，建设社会主义新农村。与此同时，三门峡市加快美丽乡村建设。以促进农民增收、改善生活条件为重点，按照“宜大则大、宜小则小、宜聚则聚、宜散则散”原则，彰显豫西山区特色和田园风光，统筹推进特色农业发展和美丽乡村建设，重点打造一批示范村、示范带。

如今，三门峡市城乡市场繁荣活跃，人民生活水平显著提高，社会各项事业不断进步，全市人民的就业、就医、就学和社会保障体系不断完善，社会更加和谐稳定。

要事回放

——历史长河的雪泥鸿爪

三门峡市所处的豫西地区，同陕西东部的关中地区和山西南部的晋西南地区，是中华文明发源的核心地区之一。这里自古以来，不仅是一条交通要塞，还是一条文化走廊。从旧石器时代早期至今，都是人类活动的主要区域之一。仰韶文化、庙底沟文化、西坡遗址的先民们曾在荆莽遍地的远古时代打磨石器、狩猎捕鱼，夸父、女娲、黄帝这些华夏民族童年时代的神圣曾在日月昏暗、天地混沌的背景下召唤出第一缕文明曙光，还有春秋战国、秦汉隋唐、宋元明清，所开启并凝铸的一个个民族大气象、大魂魄的时代风雷都宛如雪泥鸿爪，湮没在历史的荒径中，成为三门峡厚重的历史积淀。

• 晋献公假虞灭虢 •

虢国是西周早期建立的姬姓诸侯国，其开国君主是周文王的同母弟弟虢仲和虢叔。据史书记载，虢仲封于西虢，即今陕西宝鸡一带；虢叔封于东虢，今河南荥阳一带。到公元前767年，东虢为郑国所灭。后来由于西北少数民族犬戎的频繁侵扰和地震、干旱等自然灾害的接连发生，位于周原一带的诸侯国纷纷谋求东迁，西虢国也就在此时东迁到河南三门峡，定都上阳（今三门峡市区李家窑村一带，1996年在此地建成植物园，后改为虢国公园）。

公元前658年，晋国大夫荀息建议晋献公将名马和美玉送给虞国，以借用虞国的道路进兵去攻打虢国。晋献公说："这名马和美玉是我们晋国的珍宝！"荀息答道："如果能够从虞国借到进兵的道路，这些送给虞国的珍宝好像暂时藏在外面的府库中一样，宝物早晚都是自己的。"献公说："虞国有个忠臣宫之奇，他一定会阻拦这件事。"荀息说："宫之奇为人怯弱，不可能强力规劝。况且他从小在虞君身边长大，虞君对他比较亲昵，即使宫之奇劝阻，虞君也不会听他的。"献公于是派荀息到虞国去借道。荀息对虞公说："冀国大逆不道，首先侵占虞国的颠图，再掠冥地。虞国奋起反抗，击败冀国，这完全依靠您的英明圣德啊！现在虢国野心勃勃，不断潜派部队扰乱我南方边境，所以请借进兵的道路，以讨伐虢国。"虞公答应借道，并且还提出发兵充当先头部队去攻打虢国。宫之奇劝阻，虞公不听。这年夏天，晋国大将里克、荀息带领军队与虞国的军队一起，讨伐虢国，很快占领了虢国的下阳。

假虞灭虢——传奇式的典型战例

三年后，晋消灭了虢国。虢公丑逃奔洛邑。晋军回师，驻军于虞国，乘其不备，发动突然袭击，轻而易举地把虞国消灭了。这就是历史上著名的成语典故"假途灭虢""唇亡齿寒"的来历。假道伐虢也成为三十六计中的第二十四计。

虢国作为两周时期重要的姬姓封国，对西周及王室的政治、经济、历史和文化都曾产生较大的影响。

央视网

唇亡齿寒

【知识链接】

发掘虢国墓地

1956～1958年，由夏鼐、安志敏率领的黄河水库考古队在三门峡市区上村岭发现了虢国墓地。1959年，中国科学院院长郭沫若在《文物》上发表的《三门峡出土铜器二三事》，掀起了研究虢国的热潮。1990～1992年，河南省文物考古研究所与三门峡市文物工作队联合对虢国墓地进行发掘，出土了大量的文物。其中，1990年发掘的虢季墓、1991年发掘的虢仲墓分别被评为当年“全国十大考古新发现”之一。1996年，虢国墓地遗址被国务院公布为第四批全国重点文物保护单位；2000年11月，又被评为“20世纪河南十项重大考古新发现”之一。

虢国墓地的发掘，为虢国历史与文化研究提供了宝贵的实物资料，引起了历史学界和考古学界的关注。许多学者纷纷撰文阐述研究成果，使虢国的研究上升到了一个独立的文化范畴。2000年，河南省文物考古研究所和三门峡市文物工作队联合考古发掘，证实李家窑遗址是虢国都城——上阳城的所在地。虢都上阳城的发现，再次为研究虢国文化增添了可靠的资料，使虢国文化研究达到了高潮。

为了有效保护和合理利用虢国文化遗产，1984年三门峡市在首次发掘保留下来的1727号车马坑原地原状建起虢国车马坑陈列馆。1993年，三门峡市开始筹建以第二次发掘的虢仲、虢季两个国君墓及陪葬车马坑遗址为主的虢国博物馆。2000年，虢国博物馆建成并对外开放。

• 周公、召公分陕而治 •

“蔽芾甘棠，勿翦勿伐，召伯所茇。蔽芾甘棠，勿翦勿败，召伯所憩。蔽芾甘棠，勿翦勿拜，召伯所说。”这是《诗经·召南·甘棠》一诗的诗句。意思是：“茂盛的甘棠树，不要砍伐它！召公在这里露宿过。茂盛的甘棠树，不要伤害它！召公在这里休息过。茂盛的甘棠树，不要攀折它！召公在这里暂住过。”一位可敬的人居住时间长的地方，就成了他的故居，人们视其为圣地，在那里睹物思人，别说是他长期居住的地方，就是他曾经立足、流连的地方也会神圣起来。诗中蕴含着对召公强烈的赞美之情，也是对召公勤政为民的极高夸奖。

西周王朝建立四年后，周武王劳病而逝，由于即位的周成王年幼，便由周武王之弟周公旦和召公奭辅政。为了维护新建立的政权，周王朝以“陕”为界线把周

周召分陕石柱

地标陕塬——周召分陕奠礼法之基

的统治区域划分为东西两大行政区，由周王朝的开国重臣周公旦和召公奭“分陕而治”。

周、召二公商定，凿一根高3.5米的石柱栽于分界之处，称作“立柱为界”。据史籍《公羊传·隐公五年》记载：“自陕而东者，周公主之；自陕而西者，召公主之。”周公旦把主要的精力用于防备殷商遗民的反叛，稳定东部新拓展的领地；而召公奭的责任就是进一步发展黄河中游地区的农业生产，建立巩固的后方，为周王朝进一步开拓疆土解除后顾之忧。周、召二公分陕而治后，都为周王朝的兴盛鞠躬尽瘁。鉴于殷商遗民叛乱的教训，周公在东边营建洛邑（今河南洛阳），将“殷顽民”从原住地迁到那里，并派军队震慑。从此，周朝有了两个都城：西部的镐京称为“宗周”，东部的洛邑称为“成周”。成王长大后，周公便归政于他，自己则留守于成周并终老于此。而召公在西边，能体恤民情，勤政爱民，常深入基层察访，问政于阡陌之间，决讼于甘棠树下，宁劳一身而不劳百姓。每每轻车简从，粗茶淡饭，拒绝官吏们的盛情款待。处理政务公道正派，为百姓解决生产生活中的实际问题。他和蔼可亲，深受百姓的拥戴，事迹被后人广为传颂。《召南·甘棠》正是百姓心声的表达。周成王死后，召公辅佐周康王，开创“四十年刑措不用”的“成康之治”，为周朝延续近八百年打下了坚实基础。召公勤政爱民且一以贯之，所以千百年来召公就在中国人的心中深深扎下了根。他的“尚德爱民”思想也为后来的儒家学说奠定了坚实的基础，同时也让我们找到了现在“以人为本，执政为民”政治理念之根。成语“甘棠遗爱”旧时指颂扬离去的地方官。陕县也被称作甘棠县旧治。历代诗人也动情赋诗赞颂，韩雄诗曰：“春桥杨柳应齐叶，古县甘棠也作花。”

勤政爱民的召公影响广泛而深远，历代都有无数赞颂召公甘棠的诗歌。孔子也非常推崇召公，教育他的儿子伯鱼说：“做人一定要以召公为榜样。”唐太宗、唐玄宗、唐朝的大诗人杜甫、李商隐等，都对他有热情的颂诗。唐贞元九年（793），德宗皇帝还到陕州的召公祠举行过非常隆重的祭祀大典，《钦定全唐文》中载有贞元年间陕虢都防御判官崔教撰写的《召伯词碑记》，详细记载了召公的功德和德宗皇帝祭祀召公大典的盛况。后来敬仰召公成了官场长期的时尚，连清代的慈禧太后也亲笔题匾“甘棠遗爱”。

1999年，投巨资在三门峡陕州风景区内原陕州古城的北大街修建“甘棠苑”，2001年4月竣工对外开放。“甘棠苑”是一处在原遗址上修建的集人文景观与园林艺术为一体的旅游景点。如今甘棠苑与钟鼓楼巧妙地连为一体，秉承古祠遗风，亭台楼阁、幽径曲水、怪石修竹、浮雕名匾错落有致，美不胜收。苑内栽下了甘棠树，立起了召公的塑像，并将召公勤政廉政故事刻画于苑内，成为三门峡市重要的廉政教育基地。

“周召分陕石柱”原立于陕塬（今三门峡市陕州区张汴塬），后移至陕州北城墙上，唐代有人作铭于上，谓“周召分陕所立界石”。考验其字，属于唐朝武则天时期所勒。今名漫漶，字剥蚀脱落不可复识。民国二十一年（1932）三月，“周召分陕石柱”北移至陕州民众教育馆。1957年因三门峡大坝蓄水，陕州城属淹没区，移至新建的人民公园。1967年移至市图书馆。1977年移至文化宫。1988年移到虢国车马坑陈列馆车马塑像展厅门口的水池旁保护收藏。2005年7月20日，文物保护部门对“分陕石”采用封闭式保护。据历史学、考古学、地质学专家考证，“周召分陕石柱”是中国历史上迄今为止有文字记载的最早一块界石。古籍所称“陕西”，均指今三门峡市陕州区以西的地区。元、明两朝之后，陕西省得名亦源于此。成语有“分陕之重”，指朝廷对守土重臣的委任。

老子著经函谷关

老子姓李名耳，字伯阳，谥聃，春秋末年楚国苦县（今河南鹿邑县）人。约生于周简王六年（前580），死于何时不详。老子看到周朝衰败，离周隐去。灵宝函谷关令尹喜通晓天文地理，一日，他在关楼上望见紫气从东而来，知道不久将会有大圣人从此经过，于是尹喜下令将关前的大道清扫干净，迎候圣人。果然，不久老子骑着青牛而来。有感于尹喜的盛情和虔诚，老子便留下来，在此著下《道德经》，又名《老子》。这部著作是中国历史上第一本以个人名义写出的系统完整的理论著作，其核心概念是“道”。灵宝市函谷关也成为道家学说的发源地。

西汉初司马谈在《论六家要旨》中第一次提出“道家”名称。东汉后期，道家开始分化，一派向神仙方术和神秘化方向发展，形成中国本土宗教——道教。道教把老子奉为教祖，把《道德经》奉为主要经典。“道”是道教的基本信仰。道家哲学是道教的思想渊源之一。一派与儒家的纲常名教相结合，形成道家思想的新形式——魏晋玄学。魏晋以后，以《老子》《庄子》为道家学术渊源的说法得到学术界承认，后来道家又借助道教而发展深化。

老子骑牛图

央视网

老子著经函谷关

《道德经》自问世以来，人们对其研究探讨从未间断。20世纪出现了三次研究热潮。80年代后出现的第三次研究高潮着力研究老子思想的现实意义和当代价值。据不完全统计，古今中外出版的有关《道德经》的著作多达1800多种。

从整体上看，《道德经》具有抽象性和思辨性，应是一部哲学著作，它体现出的世界观和方法论对各个领域的理论研究和实际工作有普遍的指导意义。老子哲学中最基本的概念是“道”。“道”是对事物的一种高度的抽象和概括。老子认为，道是万物之宗，一切事物都是由“道”产生的，“道”便是万物的总规律。“道法自然”是老子思想的一个核心观点。

• 秦晋崤之战 •

在三门峡市境内，有历史上著名的崤函古道，为历代中原通往关中的咽喉，是兵家必争之地，其地位堪比现今的310国道。崤函古道最险处有二，其一为今陕州区十里庙至甘壕段，历史上著名的秦晋“崤之战”当发生在此地段。

公元前7世纪的上半期，北方的晋和西方的秦都成了强大的诸侯国。晋文公（重耳）流亡在外时，曾经得到秦穆公的帮助，并且娶了穆公之女文嬴为妻，两国关系比较亲密，且多次联姻，“秦晋之好”即源于此。晋文公回国建立政权后，晋逐渐强大；秦在穆公即位后，国势日盛，也有图霸中原之意，但东出道路被晋所阻。周襄王二十四年（前628）秦穆公得知郑、晋两国国君新丧，不听大臣蹇叔等劝阻，执意要越过晋境偷袭郑国。晋文公儿子晋襄公为维护霸业，决心攻打秦国。为不惊动秦军，准备待其回师时，设伏于崤山险地围而歼之。十二月，秦派孟明视等率军出袭郑国，次年春顺利通过崤山隘道，越过晋国南境，抵达滑（今河南偃师东南），恰与赴周贩牛的郑国商人弦高相遇。机警的弦高断定秦军必是袭郑而来，一面冒充郑国使者犒劳秦军，一面派人回国报警。孟明视以为郑国已有防备，不敢再贸然进军，临时改变了战略，“灭滑而还”。

晋国侦知秦师返归，命先轸率军秘密赶至崤山，并联络当地姜戎埋伏于隘道两侧。秦军重返崤山，全部进入晋军伏击地域后，晋军立即封锁峡谷两头，突然发起猛攻。晋襄公身着丧服督战，将士个个奋勇杀敌。秦军身陷隘道，进退不能，惊恐大乱，全部被歼。秦军三帅孟明视、西乞术、白乙丙被晋军俘虏。

• 秦赵渑池会盟 •

有一个传统剧目叫《将相和》，出自司马迁的《史记 · 廉颇蔺相如列传》。“渑池之会”是“完璧归赵”的发展，“完璧归赵”和“渑池之会”又是“负荆请罪”的起因，“完璧归赵”“渑池之会”和“负荆请罪”合起来又组成了“将相和”这一完整曲折的故事。

“完璧归赵”之事，蔺相如立了功，被赵惠文王封为上大夫。

此后的几年，作为七雄之首的西方强国——秦，曾三次发兵攻赵，但都没有捞到多大的便宜。而就在此时，形势有了重大的变化。秦赵两国国内都面临问题，于是双方坐到了一起。

公元前279年，秦昭王派人告诉赵惠文王，为使两国和好，双方可在渑池会盟。

赵王和大臣们商议说：“去吧，怕有危险；不去吧，又显得太胆怯。”蔺相如认为对秦王不能示弱，还是去的好。于是赵王决定动身，让蔺相如随行。大将军廉颇带着军队送他们到边界上，做好了抵御秦兵的准备。

秦赵渑池会盟

赵王到了渑池，会见了秦王。秦王要赵王鼓瑟。赵王不好推辞，鼓了一段。秦王就叫人记录下来，说在渑池会上，赵王为秦王鼓瑟。

蔺相如看秦王这样侮辱赵王，生气极了。他走到秦王面前，说：“请您为赵王击缶。”秦王拒绝了。蔺相如再次要求，秦王还是拒绝。蔺相如说：“您现在离我只有五步远。您不答应，我就跟您拼了！”秦王被逼得没法，只好敲了一下缶。蔺相如也叫人记录下来，说在渑池会上，秦王为赵王击缶。秦国官员不服，胁令赵国割15城给秦王祝寿，蔺相如也迫请秦国割都城咸阳给赵王祝寿。如此针锋相对，唇枪舌剑，直到宴会终了，秦王也未能捞到丝毫便宜。双方虽然明争暗斗，但秦意在和赵，并知道廉颇已经在边境上做好了准备，所以并未采取过激行动，最后双方实现了罢战讲和。为表示停止战争的决心，双方士兵捧土埋藏兵器以示友好，并在今渑池县城西南1千米处建会盟高台。会盟台饱经沧桑，历代修葺不断。1985年，当地政府在原存遗迹的基础上对会盟台进行了重新修建。

蔺相如在渑池会上又立了功。赵王封蔺相如为上卿，职位比廉颇高。

廉颇很不服气，他对别人说：“我廉颇攻无不克，战无不胜，立下许多大功。他蔺相如有什么能耐，就靠一张嘴，反而爬到我头上去了。我碰见他，得让他下不了台！”这话传到了蔺相如耳朵里，蔺相如就请病假不上朝，免得跟廉颇见面。

有一天，蔺相如坐车出去，远远看见廉颇骑着高头大马过来了，他赶紧叫车夫把车往回赶。蔺相如手下的人看不过去。他们说，蔺相如怕廉颇像老鼠见了猫似的，为什么要怕他呢！蔺相如对他们说：“诸位请想一想，廉将军和秦王比谁厉害？”他们说：“当然秦王厉害！”蔺相如说：“秦王我都不怕，会怕廉将军吗？大家知道，秦王不敢进攻我们赵国，就因为武有廉颇，文有蔺相如。如果我们俩闹不和，就会削弱赵国的力量，秦国必然乘机来打我们。我所以避着廉将军，为的是我们赵国啊！”

蔺相如的话传到了廉颇的耳朵里。廉颇静下心来想了想，觉得自己为了争一口气，就不顾国家的利益，真不应该。于是，他脱下战袍，背上荆条，到蔺相如门上请罪。蔺相如见廉颇来负荆请罪，连忙热情地出来迎接。从此以后，他们俩成了好朋友，同心协力保卫赵国。这便是“负荆请罪”的故事。

• 哥舒翰兵败西原 •

唐天宝十四载（755）十一月，唐范阳、平卢、河东节度使安禄山发动叛乱，所过州县望风瓦解。十二月，唐玄宗在洛阳失守之后，听信宦官监军边令诚的谗言，杀大将封常清、高仙芝，起用病废在家的陇右节度使哥舒翰为兵马副元帅，令其率军20万镇守潼关。潼关地形险要，易守难攻。哥舒翰进驻潼关后，立即加固城防，深沟高垒，闭关固守。

天宝十五载（756）正月，安禄山命其

子安庆绪率兵攻潼关，被哥舒翰击退。叛军主力被阻于潼关数月，不能西进。安禄山见强攻不行，便命崔乾佑将老弱病残的士卒屯于陕郡（治今河南三门峡西），而将精锐部队隐蔽起来，想诱使哥舒翰弃险出战。五月，唐玄宗接到叛将崔乾佑在陕郡“兵不满四千，皆羸弱无备”的情报，就遣使令哥舒翰出兵收复陕洛。哥舒翰立即上书玄宗：安禄山久习用兵，今起兵叛乱，不会不作准备，一定是用羸师弱卒来引诱我们，如若进兵，正好中计。况且叛军远来，利在速战；官军凭借潼关天险，利在坚守。故主张在潼关据险固守，以打破叛军的速决企图，待其兵力削弱、内部发生变乱时，再大举反攻。郭子仪、李光弼也认为潼关只宜坚守，不可轻出。主张引朔方军北取范阳，覆叛军巢穴，促使叛军内部溃散。但是，宰相杨国忠却怀疑哥舒翰意在谋己，便对唐玄宗说哥舒翰按兵不动，会坐失良机。玄宗轻信谗言，便连续派遣中使催哥舒翰出战。

哥舒翰被迫于六月初四领兵出关，初七，在灵宝西原（今焦村原）与崔乾佑部相遇。灵宝南面靠山，北临黄河，中间是一条70里长的狭窄山道。崔乾佑预先把精兵埋伏在南面山上，于初八领兵与唐军决战。唐军以王思礼等率精兵5万在前，庞忠等率10万大军继后，另派3万人在黄河北岸高处击鼓助攻。两军相交，唐军见叛军阵势不整，偃旗欲逃，便长驱直进，结果被诱进隘路。叛军伏兵突起，从山上投下滚木礌石，唐军士卒拥挤于隘道，难以展开，死伤甚众。哥舒翰急令毡车在前面冲击，企图打开一条进路，但被叛军焚烧的草车堵塞不得前进。唐军被烟迷目，看不清目标，以为叛军在浓烟中，便乱发弩箭，直到日落矢尽，才知中计。这时，崔乾佑命同罗精骑从南面山谷迂回到唐军背后杀出，唐军前后受击，乱作一团，有的弃甲逃入山谷，有的被挤入黄河淹死，绝望的号叫声惊天骇地，一片惨状。唐后军见前军大败，不战自溃。黄河北岸的唐军见势不利，也纷纷溃散。哥舒翰只带数百骑狼狈逃回潼关。唐军将近20万军队，逃回潼关的只有8000余人。初九，崔乾佑攻占潼关，哥舒翰被部将挟持至洛阳，投降了安禄山。不久，安禄山派他的心腹暗地把哥舒翰杀死了。

• 李彦仙陕州抗金 •

李彦仙，字少严，宁州彭原（今甘肃镇原东）人，生于北宋绍圣二年（1095）。靖康元年（1126）从军抗金，因上书言事得罪秦桧，不得已逃亡并改名，再入军中。

南宋建炎元年（1127）四月，金兵进犯陕州，经制使王庶抵挡不住，率部逃跑。这时，李彦仙以石壕尉身份坚守三觜山，父老乡亲纷纷投靠，他妥善安置老弱病残，选拔丁壮补充队伍。不久，金兵主力进攻李彦仙部。有一凶悍金将站在山寨前高声骂阵，李彦仙抖擞精神，单枪匹马冲下山寨，以迅雷不及掩耳之势将其生擒，挟回山上，两军看得目瞪口呆。李彦仙巧施计谋，先派部分精兵埋伏，后同金兵正面厮杀，双方拼斗正酣时，伏兵突从金兵背后掩杀过来，金兵猝不及防，大乱溃逃。李彦仙率部乘胜追杀万余人，夺取战马300匹，一战成名。消息传出，开封、洛阳一带群众争相投靠，队伍迅速扩大。

李彦仙兵分四路，接连攻下50余座金人营垒。

忠义千秋——李彦仙死守陕州城

金兵进占陕州城时，让降顺者和未逃散的士卒驻守，李彦仙暗派兵士混入其中，并约定时日，里应外合攻打陕州城。建炎二年（1128）三月，李彦仙率兵佯攻陕州南门，内应放起大火，金兵慌忙退到南城抵抗。这时，李彦仙预伏的士兵从城东北潜入，与城外军队呼应夹击，金兵弃城逃散，陕州城光复。

李彦仙乘胜渡过黄河，在中条山安营扎寨，蒲城、解州至太原的老百姓纷纷前来归附。宋高宗授李彦仙陕州知州兼安抚使，升武节郎、门宣赞舍人，并赐他袍带、枪剑。当时，潼关以东只有陕州在大宋手中，李彦仙加紧修筑城墙，深挖护城河，扩充军备，大力屯田，并将全家搬到陕州，表示要“以家殉国、与城俱存亡”。神稷山义军首领邵兴率众来归，李彦仙命令他屯守山门，后邵兴拼死抗金，收复虢州。建炎二年（1128）冬，李彦仙在陕州城下与金军大战七天，金兵死伤惨重，仓皇撤离。建炎三年（1129），李彦仙又在中条山痛击来犯之金朝都统娄宿部，杀得金兵抱头鼠窜，俘获金将18人，娄宿侥幸脱逃。李彦仙被朝廷授予右武大夫，以及宁州观察使兼同、虢二州制置。

建炎三年（1129）腊月，金将娄宿率10万大军兵分10路进攻陕州。李彦仙端坐谯楼之上，气定神闲，一边饮酒，一边令手下大作鼓乐。夜里，李彦仙从城墙上用绳索放下身强体壮的士兵，在金兵营寨举火焚烧，并亲率大军冲杀出城，金兵大溃，后退数里扎营。建炎四年（1130）正月，金兵利用鹅车、天轿、火车、冲车等攻城工具加强了对陕州城的围攻，李彦仙在战斗中身中数箭，仍坚持不下火线。此时城中粮食已尽，军民煮豆充饥，处境异常困难。李彦仙只得向川陕宣抚使张浚求援，张浚一面派人从偏僻的小路前来劳军，一面急令泾原路都统曲端出兵救援，但曲端素来嫉妒李彦仙军功，谎称无法出兵。张浚亲自率兵来援，因道路被阻而不得前进。这时，娄宿又用高官厚禄引诱李彦仙投降，遭到严词拒绝。因围城已久，守城士兵伤亡人数不断增加。月底，金兵破城而入，在激烈的巷战中，李彦仙左臂中数刀，娄宿命部下必须生擒李彦仙。李彦仙为免被敌人俘虏，渡河逃脱，中途闻金兵屠城，不禁大为悲痛，说：“金人之所以屠城，全是因为我长期坚守不降之故，我为什么要背弃陕州父老苟且偷生呢?”遂投河而死，年仅36岁。其全家也被金兵屠戮，只有一弟一子幸免于难。

• 卢氏农民三次围城 •

1922年6月，“老洋人”张廷献在豫西揭竿而起，攻城略地，打家劫舍，后被镇嵩军、陕军击败，转入卢氏县西部。时任陕西省财政厅厅长的卢氏人陈士凯为了保护家产、扩大地盘，伙同陕西督军刘镇华，派部队到卢氏防匪。不久，陕军第一混成旅赵树勋团三个营又两个连、巡防第二路统领郭金榜部五个营，共2000余人，先后来到卢氏。

赵树勋团原系陕西土匪改编，军纪涣散，匪性难易。来卢氏不仅从未剿匪，反而通匪、收匪、放匪，到处绑票抓人、抢劫掳掠、奸淫残杀、肆意妄为，作恶多端。不仅如此，赵树勋团及郭金榜部的所有粮草、军饷和杂费都摊派在卢氏人民头上。豪绅大户可贿通官衙，有钱不出，实际负担多压在一般农民身上，激起民众的极端愤恨。1923年夏秋又遭灾荒，民力已竭。驱赵之火，一触即燃。卢氏农民终于揭竿而起，掀起了一场声势浩大的农民武装围城斗争。

卢氏农民三次围城斗争的主要组织者和领导者是李仲美。围城之前，李仲美四处奔走，先后联络了嵩县、灵宝、洛宁和陕西商洛地区等地的数千农民自卫武装。为了广泛发动各界合力斗争，常世杰等还用顺口溜的形式编写了《讨赵歌》，历数陕军十大罪状。这首《讨赵歌》，在卢氏群众中广为流传，实际上是讨伐陕军的一篇檄文。武装围城斗争发生后，全县立即响应。红枪会、保卫团、守望社、硬肚队等民间组织也应邀参加，万余人手持刀枪，从四面八方集结到卢氏城郊，将县城团团围住，断陕军粮草，散其军心。陕军见县城四周人山人海，旗帜招展，直吓得一面紧闭城门，一面派人潜出县城，向军阀头子求救。督军刘镇华、镇守使丁香玲、师长憨玉琨等慑于民威，不敢贸然派兵镇压，只得派代表到卢氏调和。经过谈判，议定三条：一、郭金榜五个营全部调走；二、赵树勋团军饷减去一半，每月由当地供洋7000元，杂项也减一半；三、以后不准军队随便下乡收款捕人。至此，卢氏农民的第一次围城斗争取得了初步胜利。

此后，1924年2月、1924年4月，卢氏农民又先后进行了两次围城斗争，终于赶走了赵树勋团，取得了这场斗争的胜利。

卢氏农民三次围城取得最后胜利，是大革命早期全省乃至全国发生较早的一次农民武装斗争，很快就引起了中国共产党的高度重视和密切关注。中共一大代表刘仁静旋即撰写了专题文章《河南卢氏人民对军阀之反抗》，登载于中国共产党的机关报《向导》周报上。

• 三支红军在卢灵 •

土地革命时期，先后有三支红军部队在三门峡地区浴血奋战，把革命的种子播撒在鄂豫陕边的山山水水。

1932年11月初，红三军第四次反“围剿”失利，15000名红军战士在军长贺龙率领下，经由湖北随县北越桐柏山进入豫西伏牛山区。15日，先头部队遭到卢氏县栾川区地方反动武装“十大连”和“内乡王”别庭芳反动民团的阻击。16日，翻瓦屋岭，进入嵩县汤营。17日，在前往冷水的路上，击溃敌“十大连”阻击，当晚驻三川。18日晨，红三军在祖师庙一带击溃追敌后，翻过皮皮岭，沿途经过香子坪、大石河、文峪、衙前、横涧、官坡、兰草等村镇。11月24日，国民党军胁迫卢氏保安团在官坡与红军交战，被红军击溃。25日，红三军经兰草出卢氏铁索关，到达陕南。红三军是在三门峡地域活动的第一支红军队伍，他们作战勇敢，纪律严明，秋毫无犯，访贫问苦，惩治恶霸，深得民心。

中国工农红军第二十五军是在红四方面军撤离鄂豫皖革命根据地后，于1932年11月重新组建的一支革命武装。1934年11月16日，红二十五军高举“中国工农红军北上抗日第二先遣队”的旗帜，在军长程子华、政委吴焕先、副军长徐海东率领下，由罗山县何家冲出发实行战略转移，踏上长征之路。12月3日，红二十五军到达卢氏县栾川区。4日，抵达叫河一带。此时，红二十五军已陷入国民党军队四面重围。危急关头，在卢氏横涧大干一带，货郎陈廷贤为红二十五军提供了一条鲜为人知的入陕小道。红军采取声东击西的战术，一方面派出部分武装向西南抵达朱阳关佯动，给敌人造成欲从此处入陕的错觉；另一方面，红二十五军主力由陈廷贤带路，掉头北上，经香子坪转向西北，沿着一条被称为“七十二道水峪河，二十五里脚不干”的峡谷，过文峪，宿横涧，翻柏盘岭和大小蚂蚁岭，扎营黑沟、徐家湾。7日，侧翼从徐家湾入洛南，主力翻大夫岭到官坡，军部驻扎在兰草小学。8日，袭占铁索关，摆脱敌人围追堵截，胜利突出重围进入陕南。此后，红二十五军进行整编，采取大回旋军事行动转战鄂豫陕，进入了创建鄂豫陕革命根据地的新的斗争时期。红二十五军建立了豫陕、鄂陕两个特委和5个县工委，成立了边区苏维埃政府和包括两个县、13个区共40多个乡300多个村的苏维埃政权，在豫陕边初步建立了有近50万人口的鄂豫陕革命根据地。著名歌曲《三大纪律八项注意》就是这一时期在卢氏完善并开始广泛传唱的。1935年7月30日，红二十五军4000余人为配合主力红军行动，西征北上抗日，成为红军长征到达陕北的第一支部队，被誉为“北上先锋”。

深山领路——小货郎助红二十五军脱险

红二十五军主力北上后，1935年9月

上旬，中共豫陕、鄂陕两个特委合并为中共鄂豫陕特委。10月6日，在特委领导下，红二十五军留下的1个营和负伤的干部战士及地方游击队共700人，组成中国工农红军第七十四师，师长为陈先瑞。红七十四师在豫西活动的区域主要在卢氏西南山一带和灵宝朱阳、卢灵关等地，并建立农会组织和苏维埃政权。红七十四师自1935年10月成立至1937年1月改编为抗日南路军，在卢氏兰草、五里川、官坡，灵宝秦池等地多次歼灭国民党武装和地方保安团，得到不断发展壮大。部队由组建时的700多人发展到2000多人，牵制了敌人十几个团的兵力，配合了陕甘革命根据地的斗争和主力红军的长征，胜利地坚持了鄂豫陕边的游击战争。“西安事变”发生后，奉中央军委副主席周恩来电令，红二十五军第七十四师开往灵宝布防，阻止国民党亲日派入陕，为西安事变的和平解决做出了贡献。

• 八路军渑池兵站建立 •

1938年11月，经朱德、彭德怀签署文件，中央军委统战部负责人刘向三受委派与国民党当局谈判后建立了八路军渑池兵站。这是中国共产党和八路军的公开机构。它的主要任务是：转运粮食、弹药等军需物资；保护党、政、军干部和爱国人士过往的安全；宣传抗日，加强统一战线，发动群众，组织武装力量参加抗日斗争。

兵站从建立到结束可分为两个时期：第一时期从1938年11月至1939年4月，负责人忽兆麟（又名忽梦祥）带领30多名工作人员开展工作；第二时期从1939年5月至1941年春，归属洛阳八路军办事处管理，站长李鹏，副站长李平，有一排战士和马队。

抗日战争时期，渑池兵站是共产党、八路军通往太行山八路军前线总指挥部的交通站，主要为抗日前线输送军需物资，以及护送前往革命圣地延安与华北、华东、苏北等根据地的干部及进步学生。兵站的建立，对发展壮大共产党的队伍、扩大抗日民族统一战线，起了重大的作用。

1938年9月至11月，中共六届六中全会在延安召开，会议决定刘少奇（当时化名胡服）任中原局书记。他在前往中原局党建名著——刘少奇渑池写“修养”

途中，于11月28日到渑池，住在县城东关原中山大街（现名海露大街）95号路南王姓院内。12月20日，刘少奇在渑池兵站召开了“中共豫西特委扩大干部会议”，传达贯彻中共六届六中全会精神。在渑池期间，刘少奇撰写了著名的《论共产党员的修养》一文的提纲，并在豫西干部党训班上作了首次演讲。1938年11月下旬，邓小平、杨尚昆在延安开完中共六届六中全会后，奔赴华北抗日前线，路经渑池兵站，停留了两天，由警卫排护送渡过黄河至关家兵站。

1939年1月20日，彭德怀副总司令由八路军总部来到渑池兵站，同刘少奇研究了八路军如何与第一战区部队协同作战、共同抗日的问题。22日，刘少奇、彭德怀到洛阳与第一战区司令长官卫立煌协商共同抗日事宜。

1939年10月，彭德怀副总司令奉命到延安，往返途中都落脚渑池兵站，由兵站警卫战士接待护送。同月，印度援华医疗队柯棣华大夫等三人奔赴太行山抗日前线时曾在兵站停留，并由兵站人员护送至南村北渡黄河。

• 抗日烽火燃陕州 •

1944年，日军发动河南战役，侵占了三门峡地区，犯下滔天罪行，激起了三门峡人民的极大愤慨。各地民众纷纷组织抗日自卫武装，抗日烽火在三门峡地区遍地燃烧。

1944年6月，陕县大营的席振武组织民众60余人，开展抗日游击活动。他们先驻扎西官庄，后移至路井村，有轻机枪1挺、步枪40余支，人员最多时有100余人。原先以劫掠行商为生的大营人吕小猪也拉起了抗日武装，初时力量较弱，后发展到600多人，有轻机枪7挺、步枪500多支。陕县爱国人士颜芝兰、王道正在陕县张村组织起民众抗日司令部，统一指挥各保的武装力量，共1000余人，各种武器近千件，活动范围达方圆百余里。1944年6月30日，驻扎在陕县张汴三角山据点里的日军下山扫荡，遭到张村抗日司令部庙上抗日小分队迎头痛击，日军被击溃，抗日小分队获日本军旗一面。7月15日凌晨，日军出动

150余人，偷袭张村抗日司令部。张村、石原、凡村、水峪、太阳、北阳等村的抗日游击队立即集合，颜芝兰、王道正亲临前线指挥。日军自恃武器精良，疯狂射击。游击队机智勇敢，迂回到敌人侧面和身后，出其不意，三面夹击。400多名游击队勇士浴血奋战，日军丢下30多具尸体狼狈逃窜。

1944年8月，原在国民党第三十八军十七师任营长的中共党员尤继贤，受党组织派遣回到家乡陕县。通过关系，组建了陕县国民兵团，把基地建在陕县东南的南川山区。陕县国民兵团建立后，不断派出武工队员到日军占领区活动，开辟游击区，并为豫西二分区、陕县抗日民主政府提供枪支弹药、通信器材、急救药品等物资。

在灵宝，朱家窝村村民宋俊堂把全村青年组织起来，成立抗日游击队。他们想尽一切办法，巧妙地打击岘山据点的日军。贺村村民在乔生江提出的“有钱出钱，有人出人”的倡议下，建立起一支抗日武装，并和朱家窝、王和、韩家等村的抗日武装联合起来，抗击岘山据点的日军。这支抗日武装很快发展到130多人，拥有100多支步枪和1挺机枪，还以乔重让、乔振福为首组成了决死队。1944年11月30日，日军大队人马从岘山据点出发，对灵宝的贺村、王和进行扫荡。游击队得知后，一面掩护村民转移，一面阻击日军进村。战斗持续到第二天凌晨，日军用迫击炮向游击队阵地狂轰滥炸，队员们临危不惧，不断抢修被炸毁的工事，英勇顽强地抗击敌人。后因寡不敌众、枪弹打尽而陷入重围，全队勇士全部牺牲。

在中共地下党员张耀汉的发动下，迁驻卢氏的洛阳师范学校组织起洛师抗日游击队。开始只有学校军训用的60多支枪，后又到卢氏国民党军械库拿到80多支枪、14箱子弹，游击队员发展到200余人。

1944年6月，洛宁进步人士贺澍三利用与“洛卢人民自卫军”司令王希仲的关系，在河底一带成立了“第五支队”，贺澍三任支队长，中共党员成解任特务大队长。附近一些共产党员和进步青年被吸收到特务大队，使该大队成为共产党控制的抗日武装。洛宁的李桂吾在庙山一带组织起“抗日自卫队”，渑池的上官子平也拉起了“地方自卫队”。在洛宁、渑池地方抗日武装的基础上，建立了宜洛陕渑四县联防会，贺澍三为联防会主任。

各地民众抗击日寇的壮举，显示了三

门峡地区人民不畏强暴的斗争精神，也在一定程度上打击了日军的嚣张气焰。

• 灵宝抗战传佳话 •

1944年，侵占陕州的日军欲把陕州作为桥头堡，在大营、黄村、摩云台、五原、张汴三角山、岘山庙一线构筑工事，准备长期占领。此时，退至灵宝以西的国民党军队，见日军已无力西进，便集结第一、第八战区部队于灵宝、阌乡一带，准备迎战日军，夺回失去的阵地。国民党军队的行动引起了日军的高度警觉。负责占领陕州的日军第一军司令官吉村贞一中将极力主张向陕灵边界和灵宝弘农河一线国民党军进攻，使之退至阌乡以西，以保日军占领区安全。5月27日，驻在北平的日军华北方面军司令冈村宁次乘飞机抵达陕县，亲自主持军事会议，并下达作战命令。

日军最高指挥官为吉村贞一中将，投入总兵力16300人，马3200匹。预定6月4日夜或5日晨发起进攻，给第八战区的国民党军队以“相当彻底的打击”。国民党军参战部队为第一战区一部分和第八战区的增援部队共11个师，在豫、陕交界处以东构筑三道阻击线，统归胡宗南指挥，另有3个师担任后卫。

5月27日，国民党军一〇六师在祖师庙高地率先向岘山庙日军阵地发起进攻。6月1日晨6时，一〇六师发起总攻，火炮齐发，炮弹集中倾泻在岘山庙上，使日军山田小队伤亡过半。10时30分，日军增援部队赶到，中日军队展开了惨烈的白刃战。

7日，日军在灵宝上坡头突破国民党第四集团军九十六军防线，继而主力分三路向国民党军灵虢防线进犯。国民党第三十六集团军将士佩戴丧徽、头缠白布，决心为牺牲的李家钰总司令复仇，誓死反击。9日，九十七师和八师在牛庄、墙底、岸底向日军发起冲锋。双方在不到50米的距离内交火，战斗异常激烈。第八师副师长王剑岳率部与日军反复冲杀，阵地时得时失。至10日凌晨，王剑岳奉命将阵地交与一〇六师三一七团，自率余部百余人退居二线待命。不久，三一七团二营阵地失守，战况趋向恶化。王剑岳见状拔枪高呼：“正大丈夫报国时也，宜奋勇直追！”遂冲

抗日英烈——李家钰血洒崤函

向日军。此时，王剑岳左肩负伤，仍坚持指挥，迫使日军后退，收复了阵地。日军复以重兵再攻，王剑岳身中两弹，壮烈殉国。此战，日军熊兵团代理大队长金森少佐被击毙，大队本部的指挥机关人员大半中弹身亡。日军伤亡70余人。

日军继续向西逼近，于11日进入阌乡县城，国民党军队全线退至阌乡境内。12日，日军开始东撤。13日，胡宗南下令反击。15日，收复灵宝县城和虢略镇，继续向陕州方向追击。国民党军再次部署灵虢防线，灵宝抗战结束。

• 石大山痛击日寇 •

1944年夏，灵宝会战结束后，日军在南起西峡口，经嵩县合峪、洛宁长水、陕县草庙至灵宝岘山庙一线占领了制高点，与国民党第一战区形成对峙，企图西进。8月中旬，国民党第一战区司令长官陈诚在内乡县西坪镇召开驻豫西师长以上高级将领军事会议，对第一战区防务作了调整部署，在豫陕边界建立国防抵抗线，配备强大兵力，坚决阻敌西犯。其中一项部署就是由国民党第四集团军第九十六军一七七师师长李振西率部驻防卢氏，防止日军由此西进。

1945年5月，日军铃木师团和伪军等万余人从陕县曹庙出发，分两路进犯灵宝的寺河街和岔道口，企图与洛宁长水之敌合犯卢氏，尔后破坏国民党军在卢氏的飞机场，进而取道卢氏、商洛攻取西安。日军从5月16日开始发起进攻，受到国民党第九十六军新十四师陈子坚部的阻击。由于国民党军队的错误判断，导致石大山失守。21日至23日，日军向卢氏官道口附近的国民党军发起全面进攻。一七七师师长李振西遂主动请缨，要求反攻石大山。

石大山位于卢氏官道口镇东北5千米处，东西长10千米。火山关是石大山北端的一个关口，是卢氏北部要隘之一。

23日夜，一七七师师长李振西率两个团到达杜关，与新十四师师长陈子坚商定，两军前后夹击，把日军消灭于石大山中。24日拂晓，一七七师两个团抢先控制了石大山的东部和北部，日军的退路被切断。战斗打响后，日军以强大兵力猛扑五〇三团二营阵地，经过三次肉搏，该营阵地被突破，两个连长及300余名战士壮烈牺牲。在中美联合机群的配合下，一七七师集中三个营的兵力发起反攻，将丢失的阵地全部夺回。日军始终被阻止于石大山南部山凹。

25日晨，日军以一部监视伪军两三千人在石大山西南端牵制官道口方面的新十四师，而以主力继续向火山关进攻。同时铃木师团的另一个联队由陕县增援到寺河街方向，向火山关进攻。时值麦收季节，炎炎烈日照射着光秃秃的石大山。国民党将士头顶烈日，空腹应战，在美国空军的密切配合下，打得日军难以前进一步。西安民众听说一七七师被日军包围于火山关断绝了饮食，纷纷把干粮送到飞机场，交给第一战区空投到火山关。黄昏时分，日军的攻击力量完全丧失，逃回陕县。一七七师伤亡惨重，但在抗战史上却写下了光辉的一页。整个战役，日伪军在石大山及其附近伤亡2000多人，佐藤联队长负伤，两个大队长被击毙。石大山战役虽未达到预期的围歼目的，但使日军欲入侵陕西的企图落空，对保卫祖国大西北起到了重要作用。

• 八路军挺进豫西 •

1944年4月，日军发动了河南战役。面对国民党正面战场的大溃败，中共中央发出向河南敌后进军的指示，对进军河南工作作了全面部署。

9月5日，太行区党委和太行军区按照中共中央的部署，抽调部队组成以皮定均为司令员、徐子荣为政委的“豫西抗日先遣支队”，于9月21日晚强渡黄河，进入豫西地区，并迅速以嵩山地区为中心，在登封、巩县、伊川、偃师、洛阳等地开展抗日游击斗争。

为了加强对新开辟的河南抗日根据地的统一领导，1944年10月，中共中央决定成立中国共产党河南区党委、河南军区和河南人民抗日军，戴季英任区党委书记兼军区、抗日军政委，王树声任司令员，刘子久任副书记兼副政委，熊伯涛任参谋长。同月，中共太岳区党委和太岳军区根据中央的部署，抽调军区第十八团和第五十九团，共1500余人，组成豫西抗日第二支队，刘聚奎任司令员兼政委。11月14日，第二支队在济源歼灭伪军一个河防中队，渡过黄河，进入新安、渑池之间的北山地区，并迅速以渑池、新安、陕县、洛宁等地为中心，开展抗日游击战争。

12月24日，河南区党委副书记兼军区副政委刘子久、区党委委员韩钧奉中央命令，率领由河南撤退到延安的部分干部和晋绥八分区六支队一部，渡过黄河进入豫西，与刘聚奎第二支队会师。刘子久主持召开主要干部会议，分析研究豫西的斗争形势，确定第二支队在洛阳以西地区开展游击战争，创建抗日根据地。会议宣布韩钧任第二支队司令员，刘聚奎任政委。两支部队会合后，在新安、渑池、洛宁、陕县一带向日伪军英勇出击，解放人口100多万，收编洛宁李桂吾、贺澍三和渑池上官子平3支地方抗日武装4000余人（枪），打开了洛阳以西的抗日局面。

12月27日，王震、王首道率领八路军南下支队5000余人，从延安出发向鄂、湘、粤进军途中，经山西垣曲过黄河冰桥进入渑池，在三十里铺打垮河北民军一个团，继续向南挺进。

1945年2月22日，戴季英、王树声率领豫西抗日第三、第四支队从山西渡过黄河到达渑池西村，与刘子久、韩钧、刘聚奎汇合。至此，豫西地区抗日斗争的领导实现了统一。当月，刘子久在渑池县南庄主持会议，宣布成立豫西二地委、二分区、二专署。刘聚奎任地委书记兼分区政委，韩钧任军分区司令员，贺澍三任专署专员。二分区辖渑池、陕县、新安、宜阳、洛宁、孟津6县，驻渑池西村一带。二分区下辖各县相继建立了县委、县政府和县大队。渑池、陕县、新安、洛宁等县先后建立了一批区级党委，对辖区地方武装进行了统一改编，渑池上官子平部编为分区独7旅，洛宁李桂吾部编为分区独8旅。2月下旬，豫西二地委决定将随营学校改为豫西公学，地点设在渑池杨村、南村一带。该校培训学员3期，1000余人，学员毕业后被分配到地方和部队担任基层领导。

1945年3月，河南区党委在登封再次召开部队和地方干部会议，决定将八路军豫西抗日先遣支队改为河南人民抗日军第一支队兼河南军区第一军分区，皮定均任司令员，徐子荣任政委，活动于嵩箕地区；八路军豫西抗日第二支队改为河南人民抗日军第二支队兼河南军区第二军分区（习惯上仍称豫西二分区），韩钧任司令员，刘聚奎任政委，活动于洛阳以西地区。

1945年8月日本投降后，为了和平解决国内问题，中共中央决定放弃包括豫西在内的8个解放区。9月，豫西二分区干部战士北渡黄河，撤至太岳军区。

豫西抗日根据地崛起中原，建立了包括二分区在内的6个分区，抗击和牵制了日伪军大批兵力，沟通了陕北、华北与华中地区，有效地配合了全国抗战，为夺取全国抗日战争的胜利做出了重要贡献。

中原突围到豫西

1945年8月抗战胜利后，国民党统治集团为抢夺抗战胜利果实，积极准备发动内战。

战争首先在南部战线的中原解放区展开。中原解放区位于鄂豫皖三省边界地区。日本投降前，人民军队积极发展根据地，缩小沦陷区，使中原解放区扩展到60余县，形成对战略要地武汉的包围态势。抗战胜利后，国民党军队加紧围攻和蚕食中原解放区，中原解放区逐渐缩小到以宣化店为中心的狭小区域内，面积不及原来的十分之一。为了彻底消灭中原解放军，国民党不断向中原解放区调运部队，1946年四五月间，在中原解放区周围的国民党兵力达到10个整编师30万人，国民党发动全面内战的部署已基本就绪，即将发动对中原解放军的围攻。

根据国内和中原地区日趋紧张的形势，中共中央电示中原局："美蒋对我极为恶劣，全面内战不可避免，必须准备对付敌人袭击，准备突围作战。"

6月20日，中原局向中央报告了突围计划，要点是主力向西突围，经伏牛山北渡黄河到太岳。

同日，李先念在给中共中央的电报中，详细阐述了中原军区面临强敌四面包围的严峻形势，提出了战略转移的具体方案。为了争取战略上和战役上的主动，中原局于6月21日致电党中央："提议中央能允许我们在本月底即开始实施主力突围的计划。"

6月23日，毛泽东亲自为中共中央起草电报，指示中原局："所见甚是，同意立即突围，愈快愈好，不要有任何顾虑，生存第一，胜利第一。"

6月26日，国民党不顾全国人民反对，悍然发动对中原解放区的进攻，全面内战爆发。中原解放军抢在敌人发起总攻之前，兵分南、北两路向西突围，以中原突围为起点的人民解放战争开始了。

中原军区司令员李先念、政委郑位三、副司令员兼参谋长王震，率中原局、中原军区机关、第二纵队第十三旅、第十五旅1个团、第三五九旅和干部旅，约1.5万人组成的北路突围部队，于29日晚从国民党军守备薄弱的平汉铁路柳林至李家寨地段突破封锁线，越过平汉铁路，向西北方向疾进。

从6月26日至8月2日，中原军区北路突围部队历时37天，行程近1000千米，作战30次，歼敌4700人，彻底粉碎了国民党军的“围歼”和一次又一次的追堵计划，胜利实现了战略转移。

中原军区北路突围部队实施突围之时，中原军区所辖的河南军区部队2000余人在司令员黄林率领下于平汉铁路西侧完成掩护主力突围任务后，沿中原军区北路突围部队之北部侧翼跟进。7月13日，突围到达卢氏县朱阳关一带。敌人在桑坪堵住黄林所部入陕大道。经过激战，虽打垮了敌人的部分武装，但敌正规军却从西峡口增援而来。黄林部主力17日即从朱阳关沿漂池一带的深山老林，避敌前进。数日后，进驻卢氏东南边境的瓦窑沟一带。为了迅速通过伏牛山与秦岭交界处险峻狭窄的山道，河南军区部队分为两支，经过辗转战斗，终于在卢氏县木桐沟与黄林部会合，奉中原军区电令，停止西进。8月3日，河南军区主力与中原军区北路突围部队会合，接受新的战斗任务。

就在河南军区部队向豫陕边挺进之时，中原军区南路突围部队的第一纵队第三旅第八团、第二旅第六团两个营约2500余人，在第一纵队第三旅旅长闵学胜指挥下，在掩护南路突围主力强渡襄河后，因渡口被敌严密封锁，部队无法渡河。闵学胜遂率部转道北上，向北突围。之后，经枣阳、随县、唐河、白河、新野、内乡，向伏牛山挺进。沿途与追堵的国民党军多次激战，终于冲破层层封锁，经卢氏县五里川、双槐树等地，于8月4日到达陕西洛南县庾家河，与黄林率领的河南军区部队会师。

中原突围的胜利，标志着全国解放战争首战告捷，成为解放战争胜利的起点。

豫鄂陕根据地，是中原突围北路部队于西进途中在豫西、陕南一带创建的敌后游击根据地。在中原解放军突围过程中，中共中央、中央军委根据战局形势变化，及时调整有关作战部署，最后选择和确定了中原军区部队战略转移的终点，指示中原解放军在豫鄂陕边开展游击战争，在敌后创立根据地。

1946年7月23日，中原局在陕西商南县白鲁础召开会议，对在敌后创建根据地问题进行了认真研究。进入8月，形势发生变化，李先念率部在陕西山阳和丹凤边境与陕南游击队会师，并与中共商洛工委、陕南游击队领导人王力、巩德芳等一起对创建豫鄂陕革命根据地和开展敌后游击战争的问题进行研究。8月2日，李先念、任质斌、文建武向中央建议：豫鄂陕边成立军区及区党委并划分三个军分区。8月4日，黄林、闵学胜两部会师后，中原局决定两部合并，组成一个军分区。8月6日，经中央军委同意，中原局命令组成第四军分区及地委。活动范围为豫陕省界以东，陇海铁路以南，丹江以北，创建工作以卢氏为中心，逐步向四周发展。在根据地5个军分区中，第四军分区是唯一建在河南境内卢氏、灵宝的军分区，也是兵力最强、发展最快、战果最大的军分区。1946年8月初，中共豫鄂陕边区第四地委、第四专署、第四军分区在卢氏县正式宣告成立。闵学胜为第四军分区司令员，黄林为政委兼地委书记，张旺午任专员。所辖部队编为六、七、八3个团，兵力3000余人。第四军分区、地委、专署机关先后驻扎在卢氏县的木桐沟、双槐树、横涧、兰草等地。

9月12日，中原军区领导李先念、任质斌、文建武将四分区的反顽战果电报中央。9月16日，毛泽东主席以中央军委名义亲拟回电：“四分区反顽战斗迭获胜利，甚好甚慰。望传令嘉奖。”

历经两个多月频繁作战和艰辛工作，四分区形成了以卢灵洛边为后方基地，以卢嵩边、卢洛灵边为前进阵地的“一体两翼”发展态势，以卢氏为中心的四分区革命根据地已初具规模。

1946年初冬，豫鄂陕四分区按照中原局部署，开展了反“清剿”斗争。由于敌强我弱，四分区贯彻避强击弱的原则，以伏击奔袭、迂回歼敌为主要作战措施，全体指战员出没于大山深处，回旋于高山峡谷，转战于洛河南北，对敌进行英勇的反击，并取得六战六捷的佳绩。

从1946年8月至1947年9月卢氏第一次解放，豫鄂陕四分区在卢氏、灵宝两地坚持游击战争长达一年零一个月，先后两次粉碎国民党军队“清剿”且取得重大胜利。豫鄂陕四分区不仅在豫鄂陕根据地发展壮大进程中发挥了重大作用，而且为中国革命保存了不可或缺的有生力量，为夺取全国革命胜利做出了巨大贡献。

• 陈谢大军渡黄河 •

1947年6月，蒋介石调集精兵强将，“重点进攻”山东和陕甘宁解放区。针对蒋介石集团的兵力部署，中共中央和毛泽东主席果断实行“中央突破”的方针，把战略进攻的矛头指向中原，刘（伯承）邓（小平）、陈（毅）粟（裕）、陈（赓）谢（富治）三路大军以“品”字形阵势，互为犄角，机动歼敌。其中，由陈赓、谢富治指挥的晋冀鲁豫野战军第四、第九纵队和三十八军强渡黄河，挺进豫西，自此拉开了解放三门峡地区的序幕。

当年，陈谢兵团挺进豫西，毛泽东专门做了重要指示：刘邓大军主力挺进大别山，搞得敌人手忙脚乱，到处调兵去堵。胡宗南又被牵在陕北，陷入绝境。豫西敌军不多，是个空子，师出豫西是有战略意义的。进去以后应当放手发展，东向配合刘邓、陈粟，西向配合陕北，东西机动作战，大量歼灭敌人，开辟豫陕鄂根据地。毛泽东专门向陈赓讲了“破釜沉舟”的故事，鼓励陈赓以“破釜沉舟”的决心，打到豫西去。

1947年8月上旬，陈赓返回太岳，在山西阳城召开的兵团前委会议上，传达了中央军委扩大会议精神和毛泽东主席的指示，讨论了渡河的部署，决定了挺进豫西的第一步方案：全军分左、右两个纵队渡河。二十二旅、三十八军为右纵队，在茅津渡以东渡河。尔后以一部向东奔袭陕县张茅镇和观音堂车站，以策应左纵队作战。其主力则向西南方向发展，威逼陕县（陕州城），并向西迂回大营车站，切断灵、陕之间敌人的联络，抗击牵制由陕西东援之敌。四纵、九纵为左纵队，在济源、垣曲间渡河，尔后攻占新安、渑池，威逼洛阳，以吸引较多的蒋军回调豫西，减轻刘邓大军挺进大别山的压力。

1947年8月22日，风雨交加，电闪雷鸣。入夜，由太岳二十二旅组建的两个渡河突击队，冒雨抬着油布包到黄河岸边，几十架油包布首尾相接，一字排开，活像一条金色巨龙，准备渡河。晚上8时，随着旅部一声令下，第一批渡河的十几架油布包

挺进豫西——陈赓“骑龙”过黄河

载着100多名突击队战士，飞向河心。老艄公稳稳掌舵，战士们镇定自若，迎着风浪，奋勇前进。伫立在北岸的指战员和将要跟进的各个梯队，沉静而又焦急地等待着对岸的消息。过了十几分钟，只见南岸登陆地带火光闪闪，紧接着传来了枪炮声和手榴弹的爆炸声。不一会儿，我军即突破敌军河防阵地，占领南岸，并向纵深发展，突击队员立刻在三门峡西边的马家河底山包上，燃起三堆熊熊大火，这是渡河胜利的信号。北岸渡河大军（三十八军和二十二旅）在一片欢呼声中，一队接一队渡过黄河，直逼陕州城。

当陈谢大军一举突破黄河天险、占领南岸时，陕州河防队才如梦方醒，很快就成了我军俘虏。继西线勇士渡河之后，东线左纵队各部也在23日拂晓从垣曲至济源间各渡口渡过黄河，进入新安县，并于30日第一次解放渑池县城。至此，人民解放军已在东起洛阳、西至陕州的300里地段，全部渡过黄河，并向纵深发展。它像一把钢刀，直插蒋介石集团在豫西的战略要地。

陈谢大军强渡黄河，挺进豫西，首战告捷，不仅为战事发展创造了有利条件，也从战略上调动了敌人，迫使胡宗南主力第一军、第二十九军迅速南撤，以保西安。蒋介石更是慌了手脚，急忙采取剜肉补疮的措施：一面临时组织军队在洛阳附近备战，一面将分布在陕州、灵宝及潼关的兵力，组成陕东兵团，企图从东西两面夹击人民解放军，打通陇海铁路，阻止陈谢大军的战略进攻。

就在蒋介石调兵遣将的时候，毛泽东给陈谢兵团接连发来电报，指出："洛阳地区敌所必争，不应使用主力；主力应当向西，乘胡宗南在西面尚未完成部署的机会，抢占陕县、灵宝、阌乡等城，歼灭分散守备之敌，然后以一路出陕东南，一路出伏牛山，在豫西、陕南、鄂北建立根据地。"根据毛泽东主席的指示，陈谢大军立即缜密部署，打响了"灵陕战役"。继9月10日山城卢氏第一次回到人民怀抱后，阌乡、灵宝、陕州相继解放。

• 建设三门峡大坝 •

黄河三门峡水利枢纽工程，是新中国成立后在黄河上建设的第一个大型水利工程，也是我国第一个五年计划安排的156个重点项目中唯一的水利工程项目。

1955年7月30日，第一届全国人民代表大会第二次全体会议通过了《关于根治黄河水害和开发黄河水利的综合规划的决议》，决定批准规划的原则和基本内容。决议确定兴建三门峡水利枢纽为根治和开发黄河第一期重点工程。要求国务院采取措施，迅速成立三门峡水库和水电站建筑工程机构，保证工程的及时施工。

1956年1月，三门峡工程局在北京成立，7月迁至三门峡办公。7月5日，中共中央指示国家计委、国家经委、水利部、电力工业部、铁道部、邮电部、卫生部、公安部、高教部，以及河南、山东、湖北、福建省委和上海市委，迅速给三门峡工程局调配干部。1956年下半年，共抽调干部2968人，其中行政干部1745人，技术干部975人，还有一批大中专毕业生。国务院从丰满、大伙房、官厅、陡河、狮子滩、梅山等水利水电工地抽调来精干的水电工人，从北京、上海、辽宁等省市调来优秀的技术工人，从豫、鲁、冀三省农业战线抽调6000多名青壮劳力支援三门峡工程建设，各种人员共计2万多。

在三门峡水利枢纽建设中，全国人民

三门峡大坝

给予了大力支援和无私奉献。水利工程开工后，《人民日报》发表了《大家来支援三门峡啊！》的社论，在全国迅速掀起了支援三门峡工程建设的高潮。三门峡工程筹建阶段，全国有500多家工厂不分昼夜赶制工程所需物资。

三门峡水利枢纽从设计到施工，先后有数十名苏联专家亲临工地指导施工，为枢纽建设做出了重大贡献。

在三门峡工程筹建和兴建过程中，党和国家领导人十分重视和关心，多次召开会议研究解决工程建设问题，并有20多位领导人亲临工地视察指导工作。周恩来总理对三门峡工程建设倾注了大量心血，先后三次亲临工地视察。

1957年4月13日，三门峡水利枢纽工程开工典礼在坝址区施工现场举行，1958年12月13日截流全部完成。1960年6月，大坝按设计断面全线浇至340米拦洪高程，该年汛期枢纽实现全部拦洪。至1964年，三门峡水利枢纽共完成各种闸门、闸门槽埋设件、电站坝体水压钢管和大坝浇筑金属结构件安装12391吨，坝顶350吨门式起重机等机械设备5400吨。三门峡水利枢纽工程建成后，又经过1965年和1969年两次改建，实现了防洪、防凌、灌溉、发电、供水综合效益。

周总理看望三门峡大坝建设者

三门峡水利枢纽建设，减轻了黄河的危害，造福了两岸人民，同时也为在多泥沙河流上兴建大型水利工程提供了经验，为中国及世界水利建设事业做出了重大贡献。一座新兴的工业城市——三门峡市也应运而生。

总理关注——修建万里黄河第一坝

名人扫描

——群英铸就崤函魂

古老的崤函大地，物华天宝，钟灵毓秀，孕育出一批批栋梁之材，造就出一代代英雄人物。他们以坚强的脊梁铸就了巍巍崤函魂，以伟大的精神名垂中华史册。他们宛若历史星空中璀璨耀眼的群星，彰显于世，光照寰宇。

• 关龙逢：披肝沥胆，以死谏君 •

关龙逢是夏朝末年的一位大夫，因忠谏而被夏王桀所杀，被誉为中国历史上死谏第一人。关龙逢被杀后，葬在今灵宝市函谷关镇的孟村。据古《灵宝县志》载：“龙逢赴火而死，归骸本郡，葬于县南5里孟村之西原。冢大数亩，唐为立碑，大书‘夏直臣关公之墓’。”

夏朝的最后一位国王夏桀是一个残虐暴戾、荒淫无度的暴君。他不问国事，整天于肉林酒池之间、金碧瑶台之上，与有施氏进贡的美女妺喜饮酒作乐，通宵达旦。关龙逢常进谏言，力劝桀收敛自己的行为。时间一长，桀便对关龙逢产生了反感和厌恶。

关于关龙逢被杀有两种说法，一种是清代学者吴乘权编辑的《纲鉴易知录》记载：关龙逢52岁那年，决定以献黄图冒死进谏。所谓黄图，是古代王朝绘制的宣扬祖先功绩的大幅图画。它的作用是让后代的君王们看后，弘扬祖先的功德，效法祖先们治理国家的做法，把王朝一代代传承下去。关龙逢捧去的黄图是大禹治水、涂山诸侯大会等宏伟的图景和壮丽的场面。他希望桀看到这张黄图后能够幡然醒悟，效法先王，节俭爱民，久享国运。关龙逢一边手捧黄图呈给桀看，一边苦苦劝谏，久立不去。桀曰：“子又妖言矣，吾之有天下，犹天之有日，日有亡乎？日亡吾乃亡。”关龙逢又进一步苦谏：“天下百姓说：‘时日曷丧，予及汝皆亡。’”都愿与你这颗太阳同归于尽呀！夏桀得知下边的臣民竟敢如此诅咒他，便恼羞成怒，一举把黄图焚毁，以关龙逢“妖言犯上”为罪，将他囚禁杀死。据史载，这一年是公元前1767年。

直言敢谏——华夏第一直臣关龙逢

另一种说法是：一日，桀坐在瑶台上，观看炮烙酷刑杀人取乐，并问关龙逢：“你看了觉得快乐吗？”龙逢难过而违心地说：“快乐！”夏桀又问：“人都有恻隐之心，你看了炮烙杀人，为什么不觉痛苦反而为乐呢？”龙逢真诚地说：“天下人都以此感到痛苦，而君王您却感到快乐。臣下为您的辅佐重臣，不敢不快乐啊！”夏桀听出龙逢的话里有话，就说：“我听你谏，谏的好了，我改正；谏的不好，我可要用刑。”龙逢胸怀正气，慷慨陈词说：“以我看，君的头上好像压着一块大石头，君的脚下踩着春天薄薄的冰层。未有冠危石而不压，履春冰而不陷。”夏桀听后冷笑说：“我就是今天死，叫你也活不成，你只知我亡，而不知你亡，我今天就要看着你上炮烙之刑……”关龙逢看劝诫无效，便想以死谏君，遂赴火而亡。

关龙逢的墓地除灵宝市函谷关镇的孟村外，还有另外两种说法。一说在山西运城安邑东北方。新修《安邑县志》载：“夏大夫关龙逢谏桀而死，其墓在安邑东北三里，有双丘，皆传以为龙逢冢云。”二说在河南长垣县龙相村。

• 召公：勤廉始祖，千古传扬 •

召公，西周初年人，姓姬，名奭，因他采邑在召（今陕西岐山），故称召公。周武王灭商后建立西周王朝，因病去世，其子姬诵继位成为西周王朝第二代国王——成王。周成王当时年仅13岁，国家政事由周公和召公代管。周、召二公以陕塬为界，分治天下，陕塬以东由周公主管，陕塬以西由召公主管，“周召分陕”即源于此。

召公

召公勤于政务，经常巡视民间，了解民情，深得百姓拥戴。召公在陕地巡视时，就在甘棠树下听讼决狱，处理政务，扶植农桑，夜晚在甘棠树下搭盖茅屋而居。地方官吏让百姓腾出房子供他休息，烧茶备饭招待他，都被召公制止。他说：“不劳（我）一身而劳百姓，非吾先君文王之志。”召公就在甘棠树下休息，摘吃甘棠果子解渴充饥，并高兴赞道：“这甘棠树真好，浓荫郁葱，果实酸甜适口，百姓劳作累了，正可休息解渴。要好好保护

甘棠遗爱

这树，不要乱砍滥伐把它作为柴薪！”百姓听闻都赞颂召公体恤民情，所管辖地区政治清明、社会安定、百姓安居乐业、民风淳朴。陕地民众将甘棠之事编成歌谣，广为传咏，后收入《诗经·国风·召南》，其诗为：“蔽芾甘棠，勿翦勿伐，召伯所茇。蔽芾甘棠，勿翦勿败，召伯所憩。蔽芾甘棠，勿翦勿拜，召伯所说。”留下“甘棠遗爱”的千古佳话，召公也成为勤政廉洁的始祖。

成王崩逝，召公率诸侯与太子到太庙祭祀先王，告诫他们先祖成就王业不易，一定要勤政为民，专志诚信，节俭廉洁，不可有过高的欲望。太子钊（即康王）继位后，尊先辈所行，清正廉明，励精图治，天下太平，史称“成康之治”。这些与召公的辅佐是分不开的。

• 王濬：文武兼备，平吴首功 •

王濬

王濬（206～286），字士治，弘农湖县（今河南灵宝西北）人，西晋名将。

晋武帝司马炎统一北方后，南方只剩下一个东吴政权，全国统一大势所趋。但晋朝廷中，有人主战，有人主和。王濬向晋武帝列举了三条讨伐有利的理由，晋武帝看了王濬的奏折，决定发兵平吴。

实际上，从晋武帝泰始八年（272）至咸宁五年（279）七年间，王濬一直在做伐吴的准备。他深知东吴凭借长江天险，金陵城（今南京）龙盘虎踞，要平定东吴，必须要有强大的水军。他令人造了很多大舰船，最大者纵横竟达120步，可以载2000名水军。战舰以木为城，城高数层，四面有门，可以在上面纵马奔驰。

咸宁五年（279），王濬率水陆大军自成都沿江而下直捣东吴。为了阻止晋军进攻，吴主孙皓采取了很多措施：他命工匠造了很多大铁索，每环重数十斤，选择南津关之西的三峡之中江面狭窄流急之处，将铁索横截于长江之上；又放置了一些丈余长的大铁锥于水面之下。他认为王濬的战船，不是被连环铁索绊翻拦阻，就是被水下铁锥逆流撞破。

王濬得知这一敌情后，召集部属想出了对策：他命工匠造大竹筏数十方，上面缚草为人，披甲执杖，立于大竹筏四周，沿江顺流放下。吴兵远远望见，不辨真假，望风而逃。这些大竹筏凭着顺流而下的江水冲击力，碰着水中的大铁锥，“尽数挂提裹挟而去”。

扫除暗锥之后，王濬还令人在大竹筏上做火炬，“长十余丈，大数十围，灌以麻油”，点燃之后，沿江放下。筏凭水力，火仗风势，所有铁索，均被熔断。他的8万水师，克西陵，破荆门，袭乐都，占江陵，扬帆而下，锐不可当，直捣金陵城下。吴主孙皓率文武大臣到王濬军前投降，吴国宣告灭亡，晋朝统一了中国，从而结束了东汉末年以来三国分裂的局面。唐代大诗人刘禹锡在《西塞山怀古》一诗中写下了“王濬楼船下益州，金陵王气黯然收。千寻铁锁沈江底，一片降幡出石头”的名句称赞此事。

• 张士贵：大唐名将，骁勇善战 •

提起唐朝初期的张士贵，人们自然而然地就会联想到通俗小说《薛仁贵征东》里那个嫉贤妒能、陷害薛仁贵的奸臣。在关于薛仁贵的许多民间传说中，张士贵一直扮演着一个极不光彩的角色。而历史上真实的张士贵却是地地道道的李唐王朝的忠臣。他出身将门，本领出众，知人善任，爱护士卒，具有敏锐的政治洞察力，且能文善武，乃唐初一代名将，与秦琼、尉迟敬德、魏徵、程咬金等人齐名。

张士贵（586～657），本名忽峍，后更名士贵，字武安，祖籍山西盂县上文村。其曾祖张俊、祖父张和在南北朝时期都是地位很高的官员。其父张国，仕隋朝历任陕县主簿、硖州录事和参军、历阳令等官职，以军功授大都督，定居虢州卢氏县，张士贵就出生在这里。史载他自幼学武，“善骑射，臂力过人”，“弯弓百五十斤，左右射无空发”。青年时代的习文弄武，为张士贵后来的戎马生涯奠定

张士贵

了坚实的基础。隋炀帝大业末年，天下豪雄并起，张士贵在家乡虢州聚众反隋，当地穷苦百姓纷纷前来投奔，逐渐发展成为各路农民起义军中不可忽视的力量。当时，据守在洛阳的王世充掌握着隋军主力，盘踞在河南的瓦岗军也在首领李密的领导下，拥兵百万。据唐朝著名文学家上官仪为张士贵撰写的墓志铭所说，王世充和李密都多次写信并且派人来游说张士贵，可是，张士贵认为王世充和李密都是平庸之辈，难成大事，便断然拒绝了这两个军事集团的盛情邀请。

李渊、李世民父子经过多年的秘密准备，于隋大业十三年（617）七月起兵反隋。李渊父子起兵不久，张士贵便敏锐地意识这对父子才是群雄之中最有政治前途的人。于是张士贵便“遣使输款”，表示愿意归顺。李渊对张士贵的归顺“深相嘉叹”，立即封张士贵为“右光禄大夫”。不过，李渊并没有让张士贵的义军参加到攻取长安的队伍中来，而是让他继续在原地作战，扩大地盘，以牵制王世充和李密。张士贵肃清了崤渑一带的反隋力量，镇守陕州。他率部东进攻打熊州（治今河南宜阳），打败了王世充的刺史郑仲达。很快就控制了潼关以东的大片区域，不仅扩大了地盘，还在战略上解除了李渊攻取长安的后顾之忧。

隋义宁二年（618）正月，李渊派长子李建成、次子李世民领兵七万，东讨洛阳，张士贵被授予第一军总管先锋。当他押运粮草至渑池时，被王世充部将郭士衡偷袭，张士贵临危不惧，奋勇迎战，杀得敌军大败而逃。李渊建唐后，割据在金城（今甘肃兰州）一带的薛举、薛仁杲（一作薛仁果）父子先后称帝，屡次出兵威胁关中。秦王李世民挂帅讨伐薛仁杲，张士贵从征，身先士卒，第一个攻上敌城。战事结束后，受到朝廷重赏。

在其后的统一战争中，张士贵跟随李世民东征西讨，立下了卓越战功。张士贵因“先后战功，为众军之最”，而被任为虢州刺史。武德九年（626）六月四日，秦王李世民发动了玄武门事变，率部诛杀了其兄太子李建成、其弟齐王李元吉，夺得太子地位。八月，李世民即皇帝位，张士贵又被任命为“玄武门长上”，成为禁卫军的首领。

张士贵担当重任后，仍然忠心耿耿，先后平定了西南暴乱，大败漠北的薛延陀部，东征高丽，为唐王朝的巩固、稳定而屡建新功。

唐高宗显庆二年（657），张士贵于河南县（治今河南洛阳市西郊涧水东）显义里逝世，享年72岁。朝廷追授其为辅国大将军，荆州都督，追加谥号为“襄”，陪葬于唐太宗昭陵。

今卢氏县东明镇段村有地名曰“看坟寺”，据说是因张士贵家祖坟而得名。

• 上官仪：御用文人，终丧宫斗 •

上官仪

上官仪（约605～665），字游韶，唐陕州陕县（今三门峡市湖滨区）人。父亲上官弘为隋江都宫副监时，家居扬州。大业末，上官弘为将军陈稜所杀，仪当时尚幼，被父亲部下藏匿得免。唐贞观元年（627），上官仪举为进士，授职弘文馆直学士，后升为秘书郎。太宗每做文章，都让他看稿，为其润色；每举行赐宴，上官仪应诏参加，是太宗的御用文人之一。上官仪参与《晋书》修撰之后，转任起居郎。

唐高宗即位后，上官仪升任秘书少监。龙朔二年（662）加封银青光禄大夫、西台侍郎、同东西台三品、弘文馆学士，曾参与废武则天皇后事，并替高宗草拟废后诏书，因此同武则天结下怨仇。武则天专权后，褚遂良等元老大臣被杀、被贬，朝中公卿趋奉武后，而上官仪则刚正不阿，从而加剧两人矛盾。上官仪自恃才华，对人简慢，被当时一些文人所嫉恨。

高宗麟德元年（664），废太子、梁王

李忠谋反的事败露后，武后对梁王党羽大肆镇压。许敬宗上书奏称上官仪和梁王谋反有联系，于是，上官仪与其子上官庭芝同时被下狱而死。唐中宗时，上官仪被追赠为中书令、秦州都督、楚国公，以礼改葬。

上官仪长于南方寺院中，受南朝文化的熏陶和宫体诗的影响，“文并绮艳”。他提出的“六对”“八对”诗歌对仗原则，对唐代诗律格式的形成产生一定的影响。他的作品受到当时显贵达人的青睐，纷纷仿效，其诗作体例被称为“上官体”。上官仪诗作多为应制、奉和、应诏之作，歌功颂德，粉饰升平，形式上追求程式化。《全唐诗》收录其诗一卷。

• 上官婉儿：绝代才女，参决政务 •

上官婉儿

上官婉儿（664～710），唐陕州陕县人，上官仪的孙女，其祖父死时还在襁褓之中，随母亲郑氏入宫役使。上官婉儿天资聪颖，在母亲的精心培养下，熟读诗书且明达吏事，行文可下笔成章。她14岁时已出落的妖冶艳丽、秀美轻盈。仪凤二年（677），上官婉儿被武则天召见，武则天当场命题让其作文。上官婉儿文不加点，须臾而成，尤其她的书法秀媚，格仿簪花。武则天大悦，当即下令免其奴婢身份，让其掌管宫中诏命。然而不久，上官婉儿因违忤旨意，论罪当死，但武则天惜其文采而特予赦免，只是处以黥面之刑。以后，上官婉儿遂精心侍奉，曲意迎合，更得武则天欢心，逐渐被委以重任，参与处理国家政务。

705年，唐中宗复位后，令上官婉儿专掌起草诏令。在此之前，皇帝的文告都是由名儒学士起草，他们均为朝廷重臣、一代文宗。与之相比，上官婉儿以一人之力，批复

旷世才女——上官婉儿诗韵存

央视网

上官婉儿——一代才女

四方表奏和草拟朝廷政令，其政治才干和文学修养可见一斑。景龙二年（708），上官婉儿由婕妤拜为昭容。中宗君臣游宴频繁，赋诗唱和，婉儿常代替中宗、皇后和长乐、安乐二公主作诗以赛群臣儒士，并且评判裁决诗作优劣。有一次，中宗在昆明池设宴，令群臣作诗，命上官婉儿选其中一首作曲。她将沈佺期、宋之问的两篇诗作相比较，选中宋之问的《奉和晦日幸昆明池应制》，并给予很高的评价："落款两句'不愁明月尽，自有夜珠来'像飞鸟遇崖奋翼直上，最有力量，较沈佺期为优。"沈佺期也很佩服。婉儿曾提请中宗扩大书馆，增加人员，以延揽人才，被中宗采纳，为发展唐朝文化做出了一定贡献。

中宗时宫禁宽疏，允许宫内官员任意出入。上官婉儿遂与一些宫官在宫外购筑宅第，经常与他们交结往来。景龙四年（710），临淄郡王李隆基起兵发动政变，捕杀韦皇后及其党羽，上官婉儿同时被杀，罪名是淫乱宫廷，同时被剥夺昭容尊号。

上官婉儿的诗作对仗工整，遣词华丽，成为当时文人学习的范文，朝廷内也争相仿照，对唐初律诗有一定影响。开元初年，唐玄宗李隆基让宰相张说负责收集整理上官婉儿的诗文及其他著述20卷，并让其作序。其所辑婉儿诗文集今佚。《全唐诗》存其诗32首。

2013年9月，陕西省考古研究院向外界宣布发现了上官婉儿墓，位于咸阳市渭城区北杜镇邓村北。出土墓志盖题"大唐故昭容上官氏铭"，志文楷书，近1000字，记载上官昭容世系、生平、享年、葬地等信息，可以确定墓主人的身份。根据墓志记载，上官婉儿葬于唐景云元年（710）八月，与史料记载相符。

• 宋之问：格律工整，律诗奠基 •

宋之问（约656–约713），一名少连，字延清。虢州弘农（今河南灵宝）人，一说汾州（治今山西汾阳）人。

宋之问自幼勤奋好学，专攻文辞且生就一张伶牙俐齿的嘴巴，特别擅长辩论，早年便得诗名。高宗上元二年（675）中进士，官至考功员外郎。武则天实握朝政后，在全国各地选拔人才，宋之问以才

宋之问

名与杨炯被召分直内文学馆（主要负责宫廷教育），不久出授洛州（今河南洛阳东北）参军。永隆二年（681），又与杨炯同入崇文馆充学士。天授元年（690），武则天称帝后，宋之问常随武则天游巡和宴饮。一次，武则天巡幸龙门时，让随行官员赋诗助兴，左史东方虬诗先成，武则天赐其锦袍。不一会儿，宋之问诗成，武则天称其诗愈高，便把锦袍从东方虬手中要了过来，赠给了宋之问。他与同时期的诗人沈佺期，媚附武后的宠臣张易之、张昌宗兄弟及太平公主等权贵。神龙元年（705），武则天病重退位，中宗复位，二张被杀，宋之问被贬泷州（今广东罗定）充军。不久，宋之问逃归洛阳，隐藏在朋友张仲之家中。张仲之与驸马都尉王同皎等密谋杀武三思之事，被宋之问无意中听到了，为私利他居然告发了张、王二人，结果张、王二人被杀，宋之问却被起用为鸿胪寺主簿。景龙（中宗年号）中，再转为考功员外郎。中宗增置修文馆学士，宋之问与杜审言等首膺其选。不久，又因知贡举（主持科举考试）受贿，贬越州（今浙江绍兴）长史。睿宗继位，再贬钦州（今属广西），玄宗先天年间被赐死于贬所。

宋之问在政治上趋炎附势，品行上也多有可讥之处。据说，一日，宋之问见其外甥刘希夷的一句诗“年年岁岁花相似，岁岁年年人不同”写得绝妙，便想占为己有，刘希夷不从，宋之问便用装土的袋子将刘希夷压死，此即“因诗杀人”。但宋之问却是当世知名的诗人。宋之问前期所赋多为歌功颂德之作，文辞华靡，内容空泛，是典型的宫廷诗。他和沈佺期的律诗，格律严整，体制完备，使五律、七律形成了定格，学者称之为“沈宋体”。

• 姚崇：救时宰相，力挽狂澜 •

姚崇（650－721），字元之，祖籍江苏吴兴，先辈世代为官陕州，他出生在陕州硖石（今属三门峡市陕州区）。历任武周皇帝、睿宗（李旦）、玄宗（李隆基）三朝宰相，是中国历史上一位杰出的政治家。

姚崇12岁时即为孤儿，少年时代为人豪爽，崇尚义气，但不知读书。按照唐时制度，已故五品以上朝廷命官推恩可以赐予子孙官爵，叫荫袭。姚崇之父姚懿曾任嶲州都督，属正三品官，儿子可袭官从七品上，于是姚崇20岁时离家到京城长安去了，并开始发奋读书。上元二年

姚崇拜相

姚崇

（675），他被举荐做了孝敬挽郎。仪凤二年（677），在唐高宗主持的制举考试中，姚崇因才华横溢，文思敏捷，一举高中，授官濮州司仓参军（掌管租调、公廨、庖厨、仓库、市肆之事）。垂拱元年（685）又调任郑州司仓参军。天授元年（690）调洛阳（当时称为神都）任司刑寺（即大理寺）司刑丞，参与审定刑狱。

时值武则天严刑峻法，而姚崇执法公正，把许多人从冤狱中释放出来，引起朝野注目。圣历元年（698），武则天破格提升他为尚书，兼相王李旦府长史。五年后，因得罪武则天内宠张易之、张昌宗兄弟，被借口突厥犯境调任安抚大使，临行推荐张柬之任宰相。神龙元年（705），武则天病重，姚崇从边关回京，同张柬之密谋杀死张氏兄弟，逼武则天让位给太子显。李显复位，以姚、张为宰相，因姚有功，加封梁县侯。

中宗复位后上朝听政，文武百官无不欢呼雀跃，唯独姚崇呜咽流涕不止，引起了张柬之等人的不满，姚崇很快被调离朝廷出任亳州刺史。后又历任宋州、常州、

越州、许州刺史。

景云元年（710）六月，韦皇后与安乐公主合谋毒死唐中宗，专擅朝政，并欲效仿武则天。临淄郡王李隆基与太平公主等人联合发动了宫廷政变，诛灭韦氏党羽，拥戴相王李旦即位，李隆基因功被立为皇太子。唐睿宗早就熟知姚崇的政治才干，即位后立即把他从许州召回，任为兵部尚书、同中书门下三品，姚崇第二次做了宰相。姚崇辅佐睿宗李旦，与吏部尚书、同中书门下三品宋璟齐心合力，基本上革除了中宗时期的弊政。

因太平公主想走母亲的道路，掌握大权。姚崇向李旦建议将太平公主安置于洛阳，将诸王派往各州，以确保东宫李隆基之位。昏庸的睿宗李旦如实转告太平公主，使事情败露。李隆基为争取主动，以姚崇调拨兄妹关系为由，贬姚崇为地方官。这时姚崇任宰相还不到一年。

开元元年（713），唐玄宗继位，消灭了太平公主的党羽，巩固了地位，决定起用姚崇为相。姚崇出任宰相后，所做的第一件事就是向唐玄宗建议改除武则天晚年以来的十种积弊。主要是罢免冗官、禁绝贿赂等。玄宗很爽快地全盘采纳，并全力支持姚崇逐条落实。姚崇任宰相三年，选贤任能、奖励清廉、精简机构、裁减冗员、惩治贪官、爱护百姓，为“开元盛世”奠定了基础，被誉为“救时宰相”。宋代司马光在《资治通鉴》中称他为唐朝四大贤相之一。伟人毛泽东则赞誉他为“大政治家、唯物论者”。

开元九年（721），当时国家经济状况比较好，社会上特别是官吏中厚葬成风。姚崇对这一风气极为反感，去世前留下遗嘱，不准崇佛敬道，不准厚葬，只给他穿平常衣服，并告诫子孙去世后也要照他的嘱咐去做，传为家规。

• 高季兴：乱世枭雄，南平称王 •

高季兴（858～928），字贻孙，陕州硖石（今属三门峡市陕州区）人，少时好习武练拳，行侠仗义，颇有抱负。后因战乱，在家乡无法生存，流落在汴州（今河南开封），被富豪李让收为奴仆。朱温镇守宣武（今河南开封）时，曾受李让财力相助，便收李让为养子，改其名为

一代君王——南平国王出陕州

高季兴

朱友让。高季兴因李让的关系，得以入见朱温，受到赏识，被李让收为养子，改姓朱，成为朱温的牙将，入官任制胜军使，后又改任毅勇指挥使。

唐天复二年（902），高季兴随朱温西征凤翔（今属陕西），守将李茂贞坚守不战，相持一年。朱温意欲撤兵，高季兴建言可诱敌出城，趁机伏击。朱温采纳了他的建议，命高季兴招募勇士冒死诈降，引李茂贞出城，结果李茂贞中伏大败。高季兴因此名声大震，升任宋州（治今河南商丘）刺史。随后又随朱温攻破青州（今属山东），再立军功，改任颍州（治今安徽阜阳）防御使，并复姓高氏。

907年，梁王朱温代唐称帝，改元开平，史称后梁。高季兴升任荆南（治今湖北荆州）节度使，次年加同中书门下平章事。

后唐同光元年（923），后唐攻灭后梁，高季兴占据荆南，以保境安民为由，迅速巩固扩充自己的势力。后唐同光二年，高季兴被后唐封为南平王。自后梁开平元年（907）高季兴镇荆南至北宋乾德元年（963）南平国取消国号，高氏子孙相继为王，共57载。

南平是“五代十国”中国力最弱、地盘最小的国家。

魏野：草堂居士，田园耕读

魏野（960～1019），字仲先，号草堂居士，宋陕州陕县（今三门峡市经济技术开发区三里桥村）人。喜欢吟咏诗篇，不追求闻名显贵。他居住在陕州城东郊，依土崖凿洞，名曰“乐天洞”，洞前盖有草房，名曰“草堂”。魏野乐耕勤种，自植竹树，凿土引泉，将居所周围环境布置得景趣幽绝。农闲时节，他在草房弹琴咏诗，接嘉宾，待远客，饮酒欢娱。前任后继的郡守州官，对魏野皆以礼遇。寇準

魏野

被罢京官后，谪陕州任知州，曾亲自拜访魏野。这时魏野年近50，认为自己通晓历史，看透了世态炎凉，他赠诗劝寇準：“好去天上辞将相，归来平地做神仙。”魏野接待来宾不分贵贱，均着纱白衣帽相见，过客居士往来，留宿夜话达旦。

魏野的诗作有唐人风格，多有警句，格调清新，多为田园之作。描写陕州的风土人情、田园山水的诗清淡朴实。著有《草堂集》10卷及《巨鹿东观集》。据《宋史·魏野传》载，他的《草堂集》上半部，早已传到契丹。

北宋大中祥符元年（1008），契丹国使者到宋朝求取《草堂集》下半部，以求配全，宋真宗批准赠予。大中祥符四年（1011），真宗临汾阴（今山西汾阳境），令陕县令王希召魏野相见，魏野婉辞。真宗诏令州、县官员常加存抚，又遣使绘其所居观之；次年又遣内侍存问。天禧三年（1019）十二月，魏野无疾而终，陕州上奏朝廷。次年正月，真宗皇帝下诏旌表，称他“陕州处士”，追赠为秘书省著作郎。

魏野一生清贫，不沦污流，为后人尊崇。他居住过的草堂山庄被誉为陕州八景之一——“草堂春晓”。

·许氏父子：父子四人，官居尚书·

明代灵宝梁里村（今属灵宝市函谷关镇）的许进官至尚书，在他之后，八个儿子中次子许诰、三子许讚和八子许论也都做了尚书，被后人称为“许氏四尚书”。

梁里村许氏一世为许威。许威做过元代金吾卫上将军、河北等路汉兵马都元帅，佩金虎符。西征时，过灵宝梁里村，爱其山水之秀美，风土之古朴，遂定居梁里村。许氏各代在元、明两朝均出仕为官，为世人称道。许进为第九世。

许进

许进（1437–1510），字季升，号东崖，体貌魁伟。他从小好学上进，熟读礼经。明天顺六年（1462）中举。成化二年（1466）以进士授职监察御史。因得罪宦官汪直，差点被廷杖打死。不久，许进父亲去世，他弃职回家守孝三年，孝满后调任山东按察司副使。史载许进“善辨疑狱，人称神明”。一次，许进在山东单县遇到一个疑案。有一天，一村妇到地头为丈夫送饭，不料丈夫吃了她送的饭不一会儿就倒地身亡。她大姑姐怀疑弟媳在饭里放了毒药，便将她告到县衙。村妇经不起严刑拷打便认了罪。许进了解到这对夫妇平时比较和睦，村妇也颇守妇道，“谋杀亲夫”似乎与情不符，但死者确有中毒迹象。于是，许进让村妇将那天送饭的情况仔细说了一遍。当听到“经过一片荆树林，刚进林中就起风了”的情形时，许进让人烧鱼汤，将荆花放入鱼汤中给猪、狗吃，结果猪、狗都死了。许进据此弄清了案情：原来荆花有毒，落在了鱼汤里，死者误食而死。从而为村妇洗刷了冤情。清代著名小说家凌濛初的两部著作《初刻拍案惊奇》《二刻拍案惊奇》中有两卷都是根据许进断案的案例而创作的。弘治元年（1488）许进升都察院右佥都御史，巡抚山西大同。弘治七年（1494），许进任陕西按察使。此时，吐鲁番阿黑麻人攻陷哈密城，并掠走很多陕西妇女逃进哈密城。兵部尚书马文升力荐许进率兵收复哈密。许进任右佥都御史巡抚甘肃，通过远交近攻之策收复了哈密。正德元年（1506），许进任兵部尚书，复转吏部尚书。因宦官刘瑾专权，编造口实，致许进被免职。免职后，许进返回家乡。此时，许家部分家眷移居灵宝县城。许进居县城，以城里地名“东崖”自号。刘瑾被诛后，皇帝想恢复许进官职，而许进已去世，赠太子太保。嘉靖五年（1526），追加谥号襄毅。

许诰（1471～1534），字廷纶，明弘治八年（1495）与弟同时乡试中举。弘治十二年（1499）中进士，任户科给事中，进刑科右给事中。正德元年（1506），因父许进为兵部尚书，按惯例，大臣之子不得居言官，改为翰林检讨。因受宦官刘瑾忌恨，被贬到全州（在今广西境）任判官。正德五年（1510）居父丧归家。刘瑾被诛，起为尚宝丞，又因病归里，居家授徒讲学。嘉靖元年（1522），召为南京通政参议，改侍讲学士，升太常卿掌国子监。嘉靖十一年（1532）任吏部右侍郎，年底升南京户部尚书。与此同时，其弟讚任户部尚书，兄弟并职两京，乡里引以为荣。卒于任所，赠太子太保，谥庄敏。著述有《通鉴前编》《图书管见》《道统源流》《诗考》《中庸本意》《太极图论》和《性学篇》等，学者称为函谷先生。

许讚（1473～1548），字廷美。明弘治九年（1496）进士，任大名（今属河北）推官，和其父一样以辨疑狱知名。弘治十五年（1502）任陕西道监察御史。正德元年（1506）改任翰林院编修。嘉靖六年（1527）召为光禄卿，历任刑部左、右侍郎，嘉靖八年（1529）为刑部尚书，嘉靖十年（1531）改为户部尚书，不久又任吏部尚书，并兼文渊阁大学士。讚虽居相位，但因看不惯严嵩专权，遂辞职回乡，三年后病故。嘉靖三十一年（1552）帝下诏复其官，赠少师，谥文简。在《明经世文编》中，选入许讚五篇奏疏，有《陈言六事疏》《覆盐法事宜疏》《覆议盐法疏》《议防虏事宜疏》和《正国曲明选法以便遵守疏》等。今郑州市北黄河花园口，相传是由许讚所营造的许家花园而得名。

许论（1495～1566），字廷议。明正德十四年（1519）举乡试，嘉靖五年（1526）中进士，任顺德（在今河北邢台境内）推官，升兵部主事，复转礼部。幼年曾从父遍历边境，尽知关塞攻守，著《九边图论》，明世宗颁付边臣议行，许论以兵家知名。嘉靖十九年（1540）由尚书郎进南京光禄少卿，升南京大理寺丞，进都察院右佥都御史，抚蓟州（今天津蓟县境内）。进右副都御史，出抚山西。以功进兵部右侍郎，升兵部尚书，加太子太保。因严嵩父子弄权，许论被夺官闲置。嘉靖四十五年（1566）十月，自理丧具端坐而终。隆庆初年复官，谥恭襄。

• 曹端：首倡公廉，为官镜鉴 •

曹端（1376～1434），字正夫，号月川，渑池窟陀里（今属仰韶乡）人。是我国古代哲学名家，史称“明初理学之冠”。

曹端祖籍山西平阳府曲沃县阎村，本姓杨。其五世祖杨嗣过继给舅父曹家，其父杨敬祖迁家至渑池窟陀里。

5岁时，曹端见到号称中国古代哲学之源的《河图》《洛书》，竟画地请教父亲，其父被问倒。曹端8岁入里学读书。15岁后，曾从事农耕，业余苦读，“座下着足处两砖皆穿”。构一书室，自名曰“勤苦斋”，以陈经籍。17岁时，他已博览群书。18岁时，他成为县学秀才，开始专习儒学。

曹端

明建文三年（1401），曹端代理渑池县儒学事。因为前任的文书“不如式”，误被拘捕入狱。曹端处之泰然。不久事情真相大白。建文四年（1402），他奏请渑池县令毁掉专以迷信坑骗群众的“淫祠”百余间。永乐六年（1408），曹端做《夜行烛》一书以规劝信佛的父亲。当年，他参加河南乡试，考中第二名；次年，又参加京城的会试，以副榜（乙榜）第一的身份被授为山西霍州学正（州里主管学务的官员）。

永乐十六年（1418），曹端的父母相继去世，他回渑池守丧，庐墓三年。霍州诸生不远千里，“多就墓次受学”，新安、渑池等地很多学子也追随他到墓所受学。永乐二十年（1422），曹端补任山西蒲州学正。洪熙元年（1425），曹端到吏部考绩，霍、蒲两州争上章留任，复任霍州学正，在霍州先后任教16年。其间，曹端以其学术和德行名闻朝野，于宣德元年（1426）、宣德四年（1429）和宣德七年（1432）三次主持陕西乡试。

曹端在从政前，就尊崇宋儒周敦颐，把倡明理学作为终生奋斗的目标。理学以“理”或“天理”作为宇宙万物的本源，宋朝是理学发展的鼎盛时期。自周敦颐后，程颢、程颐、朱熹等名家辈出。元代理学式微，至明初程朱理学渐趋湮没。

曹端在从政、从教之余，潜心理学研究，其理学思想对后世有很大影响。《明史·曹端列传》称他为“明初理学之冠”，可见他在中国古代理学史上占有重要的位置。

曹端为政方面也颇有建树。他首倡“公廉”说。其弟子西安府知府郭晟向他请教为政之道。曹端说：“其公廉乎？古人云：吏不畏吾严而畏吾廉，民不服吾能而服吾公。公则民不敢谩，廉则吏不敢欺。”曹端死后百余年，明代另一学者洪应明在其所著《菜根谭》中，才提出了“公生明、廉生威”的论断。

曹端一生著述甚丰，清代张璟集曹端遗文8种，合刊为《曹月川先生遗集》。

明宣德九年（1434），曹端病逝于霍州学正官署。曹端为官清贫，无力归葬，权葬霍州。明正统十二年（1447年），翰林学士黄谏捐资，才将曹端墓迁回渑池窟陀里。

• 曹植甫：传道授业，教泽乡里 •

曹植甫（1869−1958），名培元，字植甫，出生于卢氏县五里川镇路沟口村。20岁时，曹植甫在陕州考中秀才，以学识论，本可得到更高的功名。但他痛恶时政腐败，又怜家乡文化落后，便回乡教书。

1934年，曹植甫先生65岁，已任教45年。卢氏西南山一带的学生聚会提议为恩师祝寿，并决定集资给老人建座教泽碑。鲁迅辗转收到卢氏山区寄来的有关曹植甫任教事迹的材料后，对植甫老人产生了深

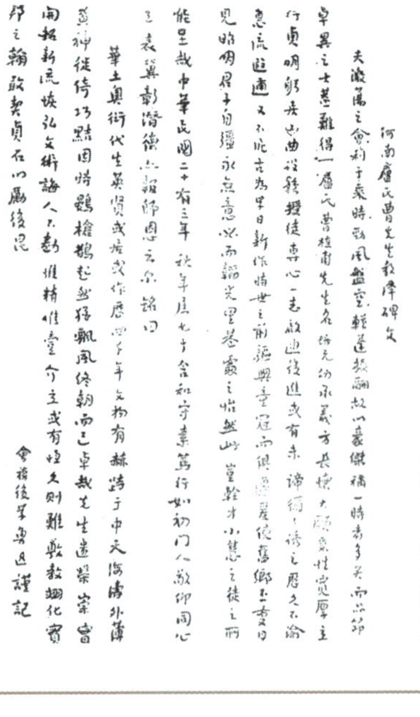

鲁迅手书的教泽碑文

名人礼赞——鲁迅写碑颂教泽

深敬意。同年11月29日，鲁迅抱病欣然命笔，写成《河南卢氏曹先生教泽碑文》。当碑文寄到卢氏，曹植甫看后连连说：“是篇好文章，鲁迅不愧为当代文豪，对教育也颇有真知灼见。他懂得教育，体贴老师，但专指我曹某人，我实愧不敢当。他讲的这些赞誉的话，则真应该成为我的座右铭，终身服膺，件件做到，庶不辜负他的雅誉。这篇文章既然千里迢迢寄来了，却之不恭，就保存在我这里作个纪念吧。”曹植甫让人把学生准备立教泽碑的碑石运到村中的水井旁，作为乡民们汲水用的垫脚石。

1945年8月，毛泽东赴重庆谈判期间，在与曹靖华的谈话中提到了曹植甫，对老人表达了深深的敬意。

毛泽东问曹靖华：“你是河南什么地方人？”曹靖华答：“豫西卢氏县人。”

毛泽东又问：“卢氏，有位曹植甫先生……”

曹靖华没待毛主席问毕就答道：“那是家父。”毛主席很惊奇地说：“现在可弄清楚了，父子……”

曹靖华接着就问主席：“家父一生在山区教书，从未出过门，主席怎么知道这名字？”

毛泽东答道：“我从鲁迅先生文章中知道的。鲁迅给他写过教泽碑文。那真是不朽之文，传不朽之人。可惜我不曾到过卢氏。有朝一日倘能到那一带时，一定去拜访他的。”

1935年秋，曹植甫受聘到汤河小学任教。位于汤河村边的汤池，是一汪由地层深处渗漏出来的热水池，含有硫黄质，温度很高。经请教有识之士，曹植甫对汤池有了更深层的认识，逢人就说：“这是一汪好水，不但能治皮肤病，还能治风湿、瘫痪、妇女病，真是能治百病，一汪神水啊！”

天赐一池圣水，本来应该造福全体山区人民的，当时却基本上是男人的专利。本地和远道而来的妇女，有的坐在路边，有的徘徊往返，不敢靠近。天然的温水池妇女不能享用，曹植甫认为这太不公平。一天，他用粉笔在汤池前面的青石板上，端端正正地写了两行大字：“男界：一、四、七、二、五、八。女界：三、六、九。”另在旁边写上一行小字：“凡在三、六、九日，妇女界来洗澡之日，敬请男同胞自行回避。”立了规矩后，每逢三、六、九日，该是妇女来洗澡的日子，曹植甫办完学校里的工作后，就到汤池来检查。通往汤池，进出只有一条路。他站在去汤池的桥上，监督着过往行人。遇到男人要过去，他就说明并劝阻。对那些硬要通过的人，他就义正词严地强行制止。妇女洗澡日，曹植甫还派小学生暗地里去保护。后来妇女们也敢在大白天去汤池洗澡了。村里也有人出来做工作，劝说那些不按时间来洗澡的男人。经过6年持续的不懈努力，“三、六、九”是妇女洗澡日，成了这个地区一条不成文的规定，但十日归谁仍是有争议的空白点。中华人民共和国成立后，曹植甫老人担任了河南省人大特邀代表。他在县人代会上再次提出建议，由当地人民政府做出决定，把十日定给女界。这样就形成女界三、六、九、十，即每旬男六女四的局面，一直延续到今天。

李工生：引进苹果，造福桑梓

李工生（1886–1942），字广庭，号耀荣，乳名来功，出生于灵宝市焦村一个没落地主家庭。成年后主张靠自己的力量工作、生活，遂改名工生。

1912年，工生毕业于北平高等筹边学堂蒙文系。1913年在北平参与筹建香山慈幼院，期间，他与满族旗人、清室后裔英宝珠结婚，婚后与英氏一起，到山西省太原、大同等地从事高等教育工作。1921年，工生与英氏携子女回到灵宝，从青岛、烟台等地引进了优良苹果树苗200棵，品种主要有国光、红玉等，这便是灵宝良种苹果之始。另外，他们引进了山东肥城桃、新疆葡萄、山西杏、安徽萧县石榴、安徽砀山梨等比较优良的树种。但是，由于新栽的果树收益甚少，无法维持生计，工生只好再度外出，在国民党军队中谋生。

李工生

在外任职期间，工生曾数次返回家

乡，在果园中养意大利良种蜂100箱，还养过大量的安哥拉长毛兔、来杭鸡，并做过人工培植蘑菇的试验。由于多方面的原因，这些试验均告失败，使工生在经济上陷入困境。1938年李工生返回家乡，从此再也没有外出任职。

工生返乡之后，下定决心扩大果园面积，以全部精力来研究苹果栽培管理技术。他将果园定名为工生果园，并将在外地谋生的长子世坤、次子世同叫回，协助他管理果园。他还想方设法购买了当时非常不易买到的园林学方面的图书《生物学精义》《土壤学》《果树剪定法》《苹果栽培》和《病虫害防治学》等，反复钻研，实地试验，终于积累了一整套的栽培、管理、防治病虫害等技术，培育出了质优味甜的苹果，在当时引起了极大的轰动。据知情人回忆，国民党政府中的许多高级官员，如蒋鼎文、何应钦、卫立煌、冯钦哉、刘茂恩和李振清等，均到过李工生的果园，称赞工生为中国的“苹果大王”。

工生为培植果树，倾注了全部的心血。为了提高业务水平，他和北平、郑州的园艺试验场（站），南京金陵大学园艺系，西北农学院园艺系的行家里手们建立了密切的联系，经常书信往来，交流工作情况，以提高自己的专业知识水平。有的专家还亲自前来进行指点。工生坚持因地制宜，进行土洋结合的管理与病虫害防治技术探索，他试种的除虫菊，取得成功，并推广到民间。在苹果盛产的1940年，他还进行土窑洞储藏保鲜技术试验，初步解决了苹果在北方越冬储存的问题，并为后人提供了有益的启示。他还严格进行分类、包装、运输和商标宣传工作，将苹果销往西安、南京等地，获得了很高的声誉。

工生研究果树，并非为了一己私利，而是主张“实业富民”“兴利于民”。他经常利用灵宝的许多庙会、集会进行宣传，由于他文化水平高，在社会上影响也很大，又采用了通俗易懂的顺口溜等方式，很受广大农民欢迎。他在宣传中请人品尝苹果，以增强宣传效果。有时，他还将管理果园用的、在当时极为罕见的喷雾器等工具带上，进行操作示范，引起了围观者极大的兴趣，造成了很大的社会影响。一些原来反对他培植果园的亲戚，首先响应，在许多村庄栽植了苹果树，继而又带动了其他一些农民。到中华人民共和国成立前夕，苹果园已由他最初栽植的15

亩发展到数十个村庄的3000多亩，所产的苹果被誉为灵宝的“三大宝”之一。他的这一成功之举在当时的政界也引起了震动，一些国民党军政要员也派人来向他学习栽培技术，准备在政治上失意后走办实业的道路，于是灵宝苹果又被引种到陕西省洛川县及河南省的许昌一带，均引起当地高度重视，成为当地的特产。

1942年冬，工生积劳成疾，卧床半年后，病逝在他的果园中。中华人民共和国成立后，由于党和政府的重视，在工生果园的基础上，办起了灵宝县园艺场，灵宝苹果有了更进一步的发展。苹果产业的发展为振兴灵宝经济起到了不可低估的作用。

• 曹靖华：一代宗师，著译双馨 •

曹靖华（1897—1987），原名曹联亚，卢氏县五里川镇路沟口村人，著名翻译家、散文家、教育家。

1919年在开封省立第二中学求学时，自改名为曹靖华，投身于五四运动，成为河南省学生运动的领导人之一。1920年在上海外国语学社学俄文，加入社会主义青年团，并被派往莫斯科东方大学学习。1923年，曹靖华回国，在北大俄语系做旁听生，一边学习，一边在学生中开展革命工作。曹靖华在北大学习期间，结识了鲁迅先生。1923年，瞿秋白也由莫斯科回到了北京。瞿秋白、鲁迅、曹靖华三人经常在一起商讨工作，谈论文学，成了20世纪著名的文坛三友。

1923年，曹靖华翻译的第一部作品——俄国作家契诃夫的话剧《蠢货》在瞿秋白主编的《新青年》季刊上发表。从此，曹靖华踏上了文学与翻译的漫漫征程，以笔为刀枪，进行战斗。1924年，曹靖华参加了中国文学史上大名鼎鼎的未名社的筹备会议。1926年，李大钊委派他到广州国民政府担任苏联高级军事顾问加仑

1981年曹靖华重访朱阳关小学

将军的翻译。武汉政府“分共”后，曹靖华于1927年7月化装脱险，借道日本东京再次赴苏，先后在莫斯科中山大学、列宁格勒东方语言学院任教。1931年“五一”节前夕，被冠以世界文学名著的《铁流》翻译完毕。鲁迅先生给《铁流》写了编校后记。《铁流》在中国影响深远，尤其对激励大批青年投身革命起到了重要作用。在长征途中，大家都抢看《铁流》，用“铁流”精神坚定革命信仰，鼓舞革命斗志，克服艰难险阻。

1933年8月，曹靖华从苏联回到中国，化名张敬斋，先后在北平中国大学、民国大学、北平大学女子文理学院、东北大学、中法大学等校任教。1937年秋冬，曹靖华从北平辗转到达西安，在西北联合大学执教。1938年3月27日，中华全国文艺界抗敌协会在汉口成立，周恩来为名誉理事，曹靖华等45人为理事。是年夏，周恩来发电报邀曹靖华立即赶赴武汉。在周恩来的提名下，曹靖华任改组后的中苏文化协会理事。在中苏文化协会工作期间，曹靖华担任了《中苏文化》月刊的常务编委。在抗日战争期间，曹靖华翻译了数百万字的苏联革命文学和反法西斯文学作品。主要有《我是劳动人民的儿子》《保卫察里津》《油船德赛特号》《虹》《侵略》《党证》《望穿秋水》《死敌》等。这些著作，是鼓舞苏联人民反对德国法西斯的精神武器，也是激励中国人民反对日本帝国主义的精神武器。

1945年秋，毛泽东赴重庆谈判期间，曹靖华多次见到毛泽东并聆听教诲。1946年5月，曹靖华随中苏文化协会到南京。解放战争时期，常到“梅园”聆听周恩来、董必武的教诲。1948年，曹靖华上了国民党搜捕的黑名单。他不顾个人安危，继续热心支持民主解放运动。同年7月22日，曹靖华收到一个敬仰其学识的国民党小特务的纸条，密告特务机关要对其下手，曹靖华立即离开南京，三天后到达北平，化名在清华大学文学院任教，主讲现代文学。

1949年4月，曹靖华与丁玲、洪深等一道出席在法国巴黎召开的保卫世界和平大会。同年7月，出席全国第一次文学艺术工作者代表大会。紧接着筹备成立中苏友好协会，任协会研究出版部副主任。9月，出席全国政协第一届全体会议。1949年10月1日下午，曹靖华陪同苏联文化代表团团长法捷耶夫参加了开国大典。10月2日，中苏友好协会总会在怀仁堂召开成立大会，曹靖华当选为中苏友好协会全国理事会理事兼北京市分会副会长。1950年，曹靖华担任中国作家代表团副团长赴苏联访问。1953年出席中国文学艺术工作者第二次代表大会，担任中国文联委员。1954年出席河南省首届人民代表大会，被选为河南省人民政府委员，还被选为全国人民代表大会代表。同年9月出席第一届全国人民代表大会。1956年2月赴莫斯科参加苏联保卫和平大会。同年3月，加入中国共产党。1957年后，曹靖华授课之余，开始进行散文创作。在1960年7月召开的全国第三次文代会上，曹靖华被选为大会主席团成员。同年8月，被选为中国作家协会书记处书记，后担任《世界文学》主编。1962年，作家出版社出版了曹靖华的散文集《花》。

粉碎“四人帮”后，曹靖华创作了一系列散文，先后在《人民日报》《光明日报》和《世界文学》等报刊发表，还出版了散文新作《飞花集》，其中《小米的回忆》被选进了高中语文教材。

1987年9月8日，曹靖华与世长辞。

寻根问祖

——甘棠古树根亦深

姓是标志家族系统的称号，是人们进行社会交往的基本要素，涉及千家万户，关系到每一个社会成员。陌生人初次相见，首先要做的事情就是了解对方的姓氏：“先生，您贵姓？”“姓”字从女从生，是母系氏族社会的产物。在先秦时代，只有贵族才有姓有氏，平民则只有姓而无氏。秦代以后，姓氏合一，普通老百姓也都有了姓氏。据统计，100大姓之中起源于河南的姓氏共有70余个，占全国汉族人口的80%以上。三门峡地处中原黄河流域，不仅山川秀丽、物华天宝，而且历史悠久，人杰地灵，是中国许多姓氏的起源地之一，诞生了虢姓、焦姓、关姓、陕姓、亓姓等，而且还形成了一些名门望族，如渑池的上官，灵宝的杨氏、许氏等。据统计，三门峡现有姓氏664个，其中复姓8个。

• 虢、郭两姓源虢国 •

周是位于陕西岐山脚下的一个古老部族。早在商纣王时，周文王就被任命为西伯，管理西方诸侯。他将两个弟弟分封到虢地，称为虢仲、虢叔。在今陕西宝鸡、凤翔有两个地方与虢国有关，一个是宝鸡的虢镇，一个是凤翔的虢王镇，两地距离10里左右。唐李泰著《括地志》载：“故虢城在岐州陈仓县东四十里，次西十余里又有城，亦名虢城。”《太平寰宇记》卷三十云：“凤翔府虢县，古虢国之地也，即周文王弟虢叔所封，是曰西虢。”由此可见，这两个虢城就是兄弟两人居住的地方。《左传·僖公五年》载：“虢仲、虢叔，王季之穆也，为文王卿士，勋在王室，藏与盟府。”《国语·晋语》说：“文王敬友二虢，……及其即位也，询于八虞而咨于二虢。”《尚书·君奭》也记载文王治理国家全靠虢叔、闳夭、散宜生、泰颠、南宫适这五位贤臣的辅佐，且把虢叔排在首位。《新序》卷五云：“武王学于虢叔。”《白虎通·辟雍》说：“周公师虢叔。”可见虢仲、虢叔两人的地位非同一般，是辅佐文王治理国家的股肱之臣。

周武王灭商后，开始采用“分封亲戚、以藩屏周”的政策，把同姓宗亲和功臣谋士分封各地，建立诸侯国。虢仲被分封在今河南荥阳一带，也带走了国之名号“虢”，因恃险轻敌，于公元前767年被郑国所灭。虢叔被分封在雍地，即今陕西宝

郭

多种虢与郭字体

鸡一带。西周晚期，因受西方戎族不断侵扰，以及关中大旱、地震等原因，也被迫迁往今河南三门峡地区，其国仍旧称虢。留在当地的少数虢人，称为“小虢”，后来被秦所灭。为了便于称呼，汉以后的学者将东边之虢称为“东虢”，西部的虢称为“西虢”。将位于三门峡的虢国，根据其在黄河两岸的位置而分别称之为“北虢”和“南虢”，实际上两者还是一个国家，于是历史上先后就有了五个名称为虢国的国家。

虢国国君多在周王室担任重要官职，备受周天子的赏识和器重，就像一辆威武的战车一样，驰骋两周，始终担负着南征北战、东讨西杀的重任，为维护周王朝的统治立下了汗马功劳。

西周晚期，在虢国的北边有一个诸侯国晋国，逐渐强大起来。晋献公即位后，企图南下，称霸中原。但是，南下的道路却被虞国、虢国阻挡。虞、虢山水相连，唇齿相依，结为联盟。此时，位于关中平原的秦国，也急于要打通桃林、函谷要塞，挺进中原。因此，晋献公迫切想赶在秦国动手之前吞并虞、虢二国，占据这一交通咽喉。

公元前658年的一天，晋献公召集群臣商讨灭虢事宜。足智多谋的荀息立即献上“假道伐虢”之计。他说：“虽然虞、虢结为联盟，但虞公是个爱贪占小便宜的家伙，如果用屈地出产的名马和垂棘出产的玉璧作礼物，向虞国借道，必定一举成功！”晋献公听了，面带难色地说：“这些都是晋国的国宝啊！况且虞国有个贤臣宫之奇，他必定不让收下这些礼物。”荀息回答说：“宫之奇为人懦弱，不能够坚决进谏。况且他从小同虞君一起长大，虞君不怎么喜欢他。即使他进谏，虞君也不会听从。”

果然，虞公一见到千里马和名贵的玉璧，便爽快答应借道。这年夏天，晋献公命里克为大将、荀息为副将，率大队兵车，浩浩荡荡，经过虞国向虢国挺进，一举攻陷虢国在黄河北岸的军事要塞下阳城。

公元前655年八月，晋献公故技重施。虞国大夫宫之奇以“辅车相依，唇亡齿寒”的典故苦口婆心地劝谏，仍然被虞公当作耳旁风。晋国大军越过黄河，攻破上阳城，虢国至此灭亡。末代国君虢公丑突围，率随从家眷直奔洛邑而去，后又辗转来到其亲家苏国，度其余生。现焦作孟州市还有西虢镇，温县黄庄乡还有东虢村和西虢村。

晋献公担心逃走的虢君回国复位，就对上阳城采取“扫穴犁庭”的办法，命令晋国军队破坏城池、房屋及所有手工业设施。班师途中，晋军又突然发动袭击灭掉了虞国。晋献公将虢国、虞国的贵族强行迁移到晋的北部。如今，在山西汾阳与孝义的交接处还有小虢城村、大虢城村和虞城村。《太平寰宇记》记载：“汾州虞、虢二城，相传晋灭虞、虢，迁其民于此，筑城以居之。”虢国贵族背井离乡，仍不忘先族故土。但国家已亡，只好以国名为氏，是为虢氏，后因音转而成“郭”氏，并成为郭姓的主要来源。《新唐书·宰相世系表》记载：“虢谓之郭，声之转也，因此为氏。”在当今按人口多少排列的100个大姓中，郭姓位列第18位，人口总数1000万左右，其中尚未包括海外侨胞。河南省是郭姓人最早的开基地，也是郭姓人广泛分布的主要地区。山西省也是郭姓人比较早的一个开基地，是郭姓人比较多的一个地区。山西太原、阳曲、汾阳一带的郭姓发展很快，并且形成望族，长盛不衰。五代时，郭氏的一支后裔南迁江西、湖南，改称虢氏。如今在湖南望城县靖港镇仍然有5000多人以古老的“虢”字为氏。因此，三门峡就是郭、虢二姓的祖根地。

• 焦姓诞生焦水边 •

周朝初年，周武王灭商后开始分封诸侯。除分封有功之臣及王族外，还分封前代圣贤之后，将神农氏的嫡系后裔，封于焦，建立焦国。焦国得名于焦水，焦水今名苍龙涧河，位于陕州城西南，向北注入黄河。据《史记·周本纪》载，“武王追思先圣王，乃褒封神农之后于焦。”《通志·氏族略》云：“周武王封神农氏之后于焦。今陕县东北百步焦城是也。”《汉书·地理志》记载：“弘农陕县有焦城，故焦国也。”“弘农”二字指的就是发扬光大神农氏之功绩。传说中的神农氏，当为姜姓。秦嘉谟辑补《世本·氏姓》说：“姜姓，神农之后。”《史记·正义》引《帝王世纪》云：“神农氏，姜姓也。”据《世本·氏姓》记载：“焦氏，周武王封神农之后于焦，后以国为氏。”由此看来，始封于西周初年的焦国为姜姓，子孙以国为氏。

但是，《左传·襄公二十九年》记载：“虞、虢、焦、滑、霍、杨、韩、魏，皆姬姓也。”杜预注曰：“八国皆晋所灭，焦在陕县。”《史记·秦本纪》引《括地志》亦云：“焦城在陕州城内东北百步，因焦水为名，周同姓所封。”这里说焦国与周同姓，自然应是姬姓。唐李泰《括地志》：“焦城在陕县东北百步古虢城中东北隅。”北魏郦道元《水经注》载：“河南即陕城，东城即虢邑之上阳也。……其大城中有小城，故焦国也。”《汉书·地理志》“弘农郡”条下云：“陕，故虢国，有焦城，故焦国。”

杜预在为《左传》作注时，说焦国被晋国所灭，不确。根据今本《竹书记年》：“幽王七年，虢人灭焦。”这里说的是虢国灭了焦国。《国语·郑语》记载：“当成周者，西有虞、虢、晋、隗、霍、杨、魏、芮。”这八个诸侯国都在成周之西，今晋、陕、豫交界处，焦国也在这里，如果这时焦国尚存，不会不提到，说明此时焦国确实被虢国灭掉了。有学者认为姬姓焦国是召公之后，并进行了考证。《读史方舆纪要》卷四十八载：“陕州，周为周公、召公分陕之所。”《公羊传·隐公五年》记载：“自陕而东者，周公主之；自陕而西者，召公主之。”何休注曰：“陕者，概今弘农陕县是也。”根据上述文献记载可推断，姬姓焦国当为周初周公或召公之后的封国。宋人罗泌在《路史·国名记》中谓“陕县之焦国，乃召公子谯侯之旧国，谯，云焦，故城在陕州东北部。”

根据文献记载，西周初年有姜姓焦国，在弘农陕县，也就是在今陕州城东北。第二次分封时又将召公之后分封于此，姜姓焦国被迫东迁。西周晚期，虢国又灭了姬姓焦国，占有了其领地，随后又以焦城为基础，在其西南营建新城，使原焦城成为新虢城的一部分，即虢城的“东北隅”。2007年，三门峡文物考古研究所在配合基建的过程中，在陕州古城遗址东北部发现了部分城墙遗址，从而确定了焦国都城的具体位置。同时，还发现清理了12座西周时期的墓葬，出土陶器、铜器等大量文物。这些墓葬的形制与虢国贵族墓地的小型墓、李家窑遗址发现的西周墓极为相似，但出土器物组合和器型都明显早于前两处墓葬。在此之前，三门峡只有焦国。因此，专家认为，这12座墓很可能是焦国墓葬。

焦国灭亡，其子孙纷纷出奔，或北渡黄河进入山西，或西徙陕西，或向东北方向的河北、山东播迁。如今，焦姓在全国分布较广，是当今中国姓氏排行第128位的姓氏，人口较多，约占全国汉族人口的0.1%。

• 陕姓来自地名陕 •

西周王朝建立后，周武王病逝，其子周成王年幼，由武王之弟周公旦和上卿召公奭辅政。当时，天下很不稳定，周公旦和召公奭二人决定分陕而治。“周召分陕”，是以今河南省三门峡市的“塬”为分界线，把西周王朝的统治区划分为东、西两大行政区。据史籍《公羊传·隐公五年》记载：“自陕而东者，周公主之；自陕而西者，召公主之。”“陕塬”的具体位置在今陕州区境内。

当年周、召二公商定，凿一根高3.5米的石柱立于分界之处。“周召分陕石柱”原立于陕塬（今陕州区张汴塬），后移至陕州北城墙上，唐代有人作铭于上，谓“周召分陕所立界石”。据历史学、考古学、地质学专家考证，“周召分陕石柱”是中国历史上迄今为止有文字记载的最早一块界石。古籍所称“陕西”，均指今河南省陕州区以西的地区。元、明两朝之后，陕西省之得名亦源于此。

陕氏，据《姓氏考略》记载，陕姓出自地名。周、召二人“分陕”后，派族中贵族前去管理，称为“分陕之重”，即指朝廷委任守土的重臣。战国时有陕邑（今三门峡陕州区），居者以地名为姓。其后裔子孙遂以“陕”为姓氏，称陕氏。

• 关姓祖根在灵宝 •

关姓起源于颛顼帝的后裔关龙氏。颛顼帝是黄帝的孙子，有圣德，为五帝之一。帝舜时，颛顼的后裔董父为舜养龙，被赐为豢龙氏。上古时豢与关二字互相通用，所以豢龙氏又写作关龙氏。夏朝末年，夏桀荒淫无度，不理朝政。著名贤臣大夫关龙逢苦苦劝谏。夏桀不但不听他的金玉良言，而且还惨无人道地把关龙逢杀害。史学家认为关龙逢是中国有史以来死谏第一人。他死后葬于灵宝函谷关镇孟村

关

之西原，“冢大数亩”。唐太宗东巡致祭，唐开元十三年（725）立碑，大书“夏直臣关公之墓”，俗称“相国墓”。后世子孙也以此为荣耀，把姓简化为关氏，并尊关龙逢为关姓的始祖。

另外，据说古代守关的“关尹”之中，也曾有人“以官为氏”。所谓关尹，即守关的关令。《国语》记载，其是先秦时期一种“敌国宾至，关尹以告”的官职。春秋时期老子见周王室衰败，欲离开周地西游，走至函谷关时，负责守函谷关的关令尹喜非常景仰老子的学问，再三请求老子著书。老子就写了《道德经》，阐述了其哲学思想。传说尹喜将此书传播于世后，也随老子成仙而去。春秋时期关令尹喜的后人，以官名为氏，称关氏。因此，这一支关氏的得姓，也有2400年以上的历史。因此，三门峡地区也是关姓的祖根地。关姓是当今中国姓氏排行第153位的姓氏，人口较多，约占全国汉族人口的0.07%。

• 兀姓起源在陕县 •

兀氏源于北魏，是中国古代鲜卑族拓跋氏的后裔。鲜卑族是中华民族最古老的民族之一。今内蒙古自治区鄂伦春自治旗阿里河镇西北10公里的嘎仙洞，是建立北魏王朝的拓跋鲜卑的发源地。

398年，北魏迁都平城（今山西大同），并对平城进行大规模的营建，使之逐渐变成北魏的政治和经济中心，而拓跋鲜卑人也由此走上了封建化的道路。北魏皇兴五年（471），拓跋宏继位，是为孝文帝。孝文帝是北魏历史上一位最有作为的皇帝，也是中国历史上著名的政治家、杰出的改革家和胸有韬略的军事家。孝文帝在位29年，文治达到最盛时期。

496年，孝文帝迁都洛阳，后下诏改拓跋为元姓，以为“北人谓土为拓，后为跋。魏之先出于黄帝，以土德王，故为拓跋氏。夫土者，黄中之色，万物之元也，宜改姓元氏”。从此北魏皇帝改姓元氏，其余所有鲜卑人也都改了姓氏。

兀姓的始祖，是北魏宗室元鉴。唐《元和姓纂》载：“兀：后魏改安乐王元鉴为兀氏。”这是史籍中有关改元姓为兀姓的确切记载。

北魏延兴三年（473），元鉴被孝文帝拓跋宏封为安乐王。北魏承明元年（476）六月，官拜太尉、征西大将军。北魏太和三年（479）九月二十日，元鉴以谋反罪被斩，首级被传送至洛阳。孝明帝元诩认为，元为国姓，元鉴以谋反绝其藉，不该仍姓元，于是下诏命其改为元氏。元鉴被杀前，嘱其子元览改姓兀，让后代铭记杀头之事。

北魏武泰元年（528）四月，北魏孝庄帝元子攸大赦天下，下诏恢复安乐王元鉴之爵位，其后人可继续姓元。但元鉴的后代不愿将兀姓改回元姓。从此，元鉴的后裔便以兀为姓氏，定居于陕州城以西15公里的金水河，傍秦汉古道开店为生，称袁店，以谐音纪念祖姓。元代之后，村名演变为原店。兀姓已经有1400多年的历史，多数集中于河南陕州区原店、兀家洼两个村，达数千人。

• 上官名门出渑池 •

上官源于芈姓。春秋时期，楚国有一处地名叫上官，就在今河南滑县东南一带。那时楚国君主楚庄王将他的小儿子子兰封为上官邑大夫。他的子孙就居住在上官，后来以邑名为氏，形成了上官姓。

秦灭六国后，迁徙楚国公族大姓于关中，上官氏则被迁往陇西上邽。《唐书·宰相世系表》记载说，汉时，为充实关中人口，朝廷曾下令将许多大姓迁往关中，其中上官氏被迁往陇西上邽。上邽，也就是今天的甘肃天水，这也正是源自楚国公族的上官氏在天水成为望族的缘由。

唐代的文学家上官仪、才女上官婉儿就是陕州人。

上官仪，字游韶，陕州人，初唐时期政治家、诗人，官至宰相。其诗多为应制、奉和之品，绮丽婉媚，时称“上官体”，对后世格律诗、联句的形成具有很大影响，堪称当时文坛领袖。因替高宗起草废武则天的诏书，被武后所杀。死后葬于渑池南村乡的任村。其后裔至今仍居住在渑池阳光、任村、滹沱、城关一带，上官一族发展有5000多人。

上官婉儿是上官仪的孙女，一代才女。她天资聪颖，有文才，下笔成章，14岁时被武则天发现并加以任用，让其掌管宫中诏命。中宗时又拜为昭容，委以重任，参与处理国家政务。710年，临淄郡王李隆基发动政变时被害，时年46岁。《全唐诗》收其遗诗32首。上官婉儿的诗对仗工整，遣词华丽，成为当时文人学习的范文，对唐诗的发展具有一定的导向作用。

• 杨姓郡望在弘农 •

杨姓出自姬姓，为周文王的子孙，更是黄帝后裔。周宣王之子尚父，幽王时被封于杨（今山西洪洞县东南），建立杨国，为侯爵，春秋时为晋国所兼并，杨侯的子孙以国为氏，姓杨。

晋国灭杨后，杨地成为晋国羊舌肸的采邑。晋武公之孙突食采于羊舌，为羊舌大夫，是为羊舌氏。突之孙肸，字叔向，又称叔肸，在晋国任大夫，是当时著名的贤臣，有大功于晋室，被分封于杨氏邑。其子伯石以邑名为氏，称杨氏。公元前514年，晋灭羊舌氏，伯石有子逃往华山仙谷，遂居陕西华阴，称为杨氏，史称杨氏正宗。在汉代，华阴隶属于弘农郡。从此杨姓便与弘农二字结下了不解之缘。

杨震

东汉杨震，字伯起，生于弘农华阴。相传杨氏先祖藏书于弘农郡湖县董社原，即今灵宝豫灵镇杨家村，杨震为读书迁居此地，建“校书堂”。他出仕前教学20年，课徒3000余众，因世居弘农郡华阴县，人称“关西夫子”。杨震50岁时，大将军邓骘听说他才德兼优，举荐他任荆州刺史。不久，又调任东莱太守。到东莱上任途中，路经昌邑（今山东巨野县东南）。昌邑县县令王密求见。王密原为荆州秀才，由于杨震在荆州举荐而任官。夜里，王密带着黄金10斤到驿馆，拜见杨震，表示感谢，并说：“学生一介寒士，承蒙恩师举荐提拔，方有今日，早欲报恩，苦无机会，今日天赐良机，请恩师

四知传世——杨伯起廉风长存

收下。”杨震对王密此举很是生气，毅然拒绝，正色道：“过去，我知道你德才尚可，才推荐你当了县令；但你却不了解我，你为什么要这样做？”王密连忙说：“现在夜黑人静，是没有人会知道的，大人且请收下，学生下不为例。”杨震义正词严地说：“天知、地知、你知、我知，怎么说没人知道呢！你入仕为官，贵在清廉，若以人不知，暗中纳贿，岂不是有欺天之罪！”杨震气愤地将黄金掷于地上。王密自觉羞愧，收起黄金，悻悻地走了。此后杨震的“四知”名言被传为佳话，受到人们敬仰。因此杨氏家族便以“四知堂”“关西堂”为堂号。

在东汉中后期近80年中，杨震、杨秉、杨赐、杨彪祖孙四代皆为宰相，人称“四世三公”，弘农杨氏因此成为当时首屈一指的名门望族，杨家村就成为弘农杨氏的祖根地。弘农杨氏到隋代再度辉煌，共出了开国皇帝杨坚等3位皇帝、28位王爷、6位公侯。到了唐代，其后裔中有杨恭仁等11人先后任宰相。北宋时以杨继业为首的杨家将更是满门忠烈、功高盖世，千百年来为世人敬仰。此外，唐代诗人杨炯、南宋诗人杨万里等文化名人，也均出自弘农杨氏。可以说，在姓氏郡望中，弘农杨氏极度繁盛。

家国千秋事，寻根归祖宗。近年来，海内外弘农杨氏后裔来此寻根祭祖者络绎不绝。1994年金秋，来自加拿大、泰国等17个国家和地区的杨氏后裔41人来此寻根祭祖。1999年5月3日，来自马来西亚、泰国、菲律宾等地的30多位杨氏后裔，组成弘农杨氏寻根拜祖团，在杨家村拜谒杨公祠，并举行祭祖仪式。2002年5月，来自台湾、香港、澳门等地的杨氏后裔80多人，组成中原寻根谒祖团，到豫灵镇杨家村，举办“纪念伯侨公封杨受姓2680周年大典”，并进行了公祭仪式。如今，杨姓人在东南亚的菲律宾、越南、泰国、马来西亚、印度尼西亚、新加坡等地都有相当数量的分布。据统计，到目前海内外弘农杨姓已逾60000000之众，在客家大姓中名列第6位。

• 陕州姚姓多名人 •

相传舜因生在姚墟，他的后裔子孙便以地为氏，称为姚氏。南宋郑樵的《通志·氏族略》云：“姚姓，虞之姓也，虞帝生于姚墟，故因以为姓。”《新唐书·宰相世系》也记载：“姚姓，虞舜生于姚墟，因以为姓。”这里所说的虞舜，为上古五帝之一，是父系氏族社会后期部落联盟领袖。至于姚墟的确切位置，唐朝张守节的《史记正义》中引用《括地志》的记载，“姚墟在濮州雷泽县东十三里”。《中国古今地名大词典》说：“姚墟在山东濮县南。”濮县原为山东西部的县，1956年撤销，并入范县，而范县于1964年划归河南省。所以，姚墟在今河南范县濮城南。姚姓自诞生后至春秋期间，主要在河南发展，到晋代，姚姓已经发展到了山西、广西、四川等地。

西汉后的姚氏主要分为南、北两大支系。南系泛称“吴兴姚”，以吴兴为主。西北系泛称“南安姚”，以甘肃陇右为主。姚姓的人丁于魏晋之前并不太兴旺，但随着“吴兴姚”和“南安姚”的迁徙而迅速壮大开来。今天的姚氏大多数来自这两支。

吴兴姚到北魏时期，逐渐壮大开来，并向中原内地回流。至唐代初期，流播遍及浙江、江苏、河南、陕西、山西、河北、山东、广东、四川、安徽、湖北等地，逐渐演化出“陕州姚”（河南三门峡）、“桐城姚”（安徽桐城）等分支。唐以后显于后世的主要有三支：吴兴姚、陕州姚、桐城姚。

北魏时期，吴兴85世姚纲仕魏，举家迁往陕州硖石（今河南陕州区），成为陕州姚姓的起家之祖。姚纲的玄孙姚懿在陕州考中进士，遂定居硖石。张茅乡梨山下有姚氏宗祠。自姚纲至唐代中叶，陕州姚累世出显宦，到90世唐代姚崇时，显耀盛极一时。其间，姚崇父姚懿移居洛阳，成为洛阳姚氏的肇始。唐朝以后姚氏的繁衍更加兴盛，已遍及我国的大江南北。姚崇，唐初著名政治家，他本人及其家族在政治方面很有成就。姚崇官至宰相，历任武周皇帝、睿宗、玄宗三朝宰相，为政清廉，深孚众望。今天，以人口多寡计算，姚姓在中国百家姓中位列第64位，约占全国汉族人口的0.35%。

渑池洪阳多茹姓

茹姓出自古代柔然部族。早在西周时期，在我国西北有一个部落“柔然”，也称作蠕蠕、茹茹等，柔然部族源出东胡，为游牧部落，常居于阴山一带。公元4世纪中叶，柔然部落势渐强大，于402年创立了强大的集权制国家“柔然汗国”，其政权中心在今敦煌、张掖一带，成为继匈奴、鲜卑之后控制我国北方大草原的强大民族，雄居北方一个半世纪。西魏废帝二年（553）柔然部族为突厥所破，其部族一部分留在漠北的后裔逐渐融合到突厥和契丹的部落中；另一部分流徙到山西境内。《嘉庆一统志》中有关于“茹越山”“茹湖”的记载，在通往魏都平城即今天的山西大同一带，有“茹茹人”当年活动留下的地名，如“茹越口堡”“茹越寨”和“茹村镇”。

柔然汗国鼎盛时期就与北魏南朝各政权有着频繁的经济文化联系和交往，并有相当数量的“茹茹”人进入中原通商贸易、定居生息。在柔然政权分崩离析的年代里，更有大批人投奔北朝，进入中原。明初洪武、永乐年间，茹姓开始迁移到河南，始祖四门具体分布：长门仁秀公祖居渑池坡头，今已繁衍至21世，人口达万余。2007年4月5日在河南省渑池县坡头乡隆重举行了茹氏祭祖暨宗谱颁布大典，5000余人出席了大会。二门义秀公祖居洛阳茹凹，今已繁衍至20世，800余人。三门礼秀公祖居宜阳七里店（今东店），今已衍传至21世，分布10余县30余地，3500余人。四门智秀公，祖居新乡古风岗（今茹岗），今已衍传至22世，后人分布10余县20余处，6000余人。

据豫渑洪阳《茹氏宗谱》记载，茹氏有一支适居卢氏，初迁涧北沟村，依山傍水，垦芜耕作，繁衍生息，历200余年，今散居朱阳关涧北沟、马家庄、白石头洼、汤河新坪、马耳岩、双槐树古莫窑、五里川大河沟口、灯盏洼、杜家店、县城内等处，约250余人。另有一支茹氏从渑池峪店村迁卢氏五里川茹家洼，后人逐渐分布在瓦窑沟乡观沟村郭沟，以及双槐树乡西河村、五里川、路沟村等，历200余载，此门今已繁衍18世，280余口人。

古城印象

——地扼两京人气旺

三门峡位于黄河南岸，陕、晋、豫三省交界处，历史悠久，早在旧石期时代就有人类在这里繁衍生息，到了新石器时代，形成了许多氏族部落，创造了灿烂的文化，留下了丰富的遗迹。这里是西北通往中原的必经之路，崤函古道穿境而过，历朝历代都曾在这里设州建郡置县，形成了大大小小各具特色的古城、古镇、古寨，为社会的发展进步、人类的生存繁衍做出了巨大的贡献。

三面环水的故城——陕州城

陕州古城北濒黄河，南依青龙涧，东指崤陵，西望函谷，不仅是豫、陕、晋三省交界处的政治、经济、文化中心，也是兵家必争之地。

西周初年，周成王的两个叔叔周公和召公分“陕”而治，“陕”以东由周公管辖，“陕”以西由召公管辖。据《括地志》记载：“陕塬，甘棠西南也，分陕以塬为界。”古籍所称“陕西”，均指今河南省三门峡市陕州区以西的地区。“陕西”便由此而得名。作为县治，陕县最早设置于秦惠公十年（前390）。据民国时期《陕州志》记载，早在公元前156年，西汉景帝刘启就开始在此填土筑城，经过三代帝王的建设，一座规模宏大的城池终于落成。当时的陕州城周围13里120步，东南城脚下有16.7米深的壕沟，西、北两面最深崖高33米以上。由于特殊的军事和地理位置，历代帝王都十分重视陕州城的建设，北魏、西晋、南北朝时期，陕州城郭都得到了不同程度的修补和加固。到了627年唐太宗即位，政府对陕州城郭更为重视，除将东、南两面城墙增高外，还修建了东、西、南、北四处城门。明太祖时期，又给四个城门命名：东曰宣威门，西曰政平门，南曰映恩门，北曰宣化门。陕州历代兵事频繁，城池多次被毁，又多次复建，一直是州郡、县治所在地。

城内名胜，首推羊角山。羊角山位于古城西北角，是利用原有地势经人工堆砌而成的一条弯曲如羊角的山岭。山顶有一片平地，建有伏羲殿、药王殿、火神殿、吕祖庙、披云亭等。山上松柏参天，景色宜人。

宝轮寺塔，是陕州城的标志性建筑。唐代所建，金代复建。宝轮寺塔的建造融会了唐代密檐式塔和楼阁式塔的特点，秀丽俊俏、雄伟壮观，是中国古代四大回音建筑之一。从建成至今，历经大小16次地震和无数战乱，如今仍然巍然屹立在陕州古城内。

召公祠位于鼓楼以北，祠内古柏参天，甘棠茂盛，古迹有周召分陕石柱、关公试刀石、古甘棠、甘棠遗爱等石刻文物。

石牌坊位于陕州城东大街，南北占地

12米多，三道过门，高低错落，从上到下镌刻着麒麟、四不像怪兽、凤凰、仙鹤、盛开的莲花、菊花及云彩等。整个牌坊高大威武、雕刻精细，造型独特。另外额坊二层东西石面分别刻制有1尺高的神像或人物37尊，其中18个还骑跨着奇异怪兽南北相对。4根大立柱在中间护压着圆鼓形的石墩，石墩上下贴合着12个姿态活跃的小石狮，或卧或立，或爬动或伸肢，栩栩如生。

钟鼓楼位于陕州故城内北大街，又名谯楼，是古代进行瞭望、报时和报警的专用建筑，始建于唐代，历代皆有修葺。楼高19米，宽37米，气势宏伟，楼下是一条长达18米的拱洞，拱洞口上方嵌有一块石刻横额，上书“陕州直隶州”。拱洞两边有一副对联：“四面云山三面水，一城烟树半城田。”它高度概括了陕州古城独特的地理位置和宜人的自然风貌。

文庙，又称孔庙，是陕州城内规模最大的古建筑群。建于东魏，唐开元年间重修，并竖“大唐陕州先圣孔庙碑”一块。文庙后经多次重修，占地面积近百亩，是陕州的文化中心。

传世莺莺——元稹陕州留名著

另外，唐西台侍郎上官仪、昭容上官婉儿的故居在城东北隅上官巷，北宋诗人魏野的草堂在城东三里桥。城西是太阳渡，城北是万锦滩。

唐太宗李世民曾于637年春日游历陕州，登城楼俯瞰原野，写下著名诗篇《陕州咏》。以后唐玄宗、韩愈、杜甫、柳公权、白居易、李商隐、刘禹锡、杜牧等，以及宋代政治家司马光、王安石都先后游历于此，留下了许多赞美陕州的诗篇。

1960年，三门峡大坝拦洪后，由于陕州城地处原高坝深库设计的淹没区，居民全部搬迁。现在古陕州城遗址，已被开辟为陕州风景区，古陕州城的轮廓依稀可辨，宝轮寺塔、石牌坊等古迹得到了保护和修复。

• 古道上的驿站——张茅镇 •

在崤函古道陕州区段内，有一座历史悠久的张茅古镇，为西京长安到东都洛阳的咽喉要道，它东有崤山屏障，西有函谷雄关，是著名的战略要地。

顾名思义，张茅就是生长茅草的地方。据说，在洪荒时代，此地确实是遍地荒芜，茅草丛生。在民间至今还流传着一个“舜耕黎山”的传说，经过舜的辛勤耕耘，把荒芜的山岭变成了块块良田，让百姓在此繁衍生息，安居乐业。以后，人们把长茅改为张茅，沿袭至今，其实张姓在古镇并不多。对于地名的由来，还有一个有趣的传说：三门峡上村一刘姓女子，被明朝万历皇帝选为嫔妃，奉旨入宫，途径张茅时，原是秃头的她竟生出满头黑发，俗话为“长毛”了，以后就变成谐音“张茅”，才留下这个名字。

地处交通要道的优势，带来了商业的繁荣。当地诗人崔九龄所作的《张茅谣》“十里长街阳光道，山陕会馆接云霄。商贾云集客铺满，车水马龙人如潮”，是当时古镇繁华的真实写照。据说明清时期山西、陕西在张茅经商的店铺有数十家，他们联合修建了山陕会馆，会馆雕梁画栋，气势非凡。客商在馆内供奉神灵，以祈求神灵保佑、生意兴隆、财源广进，当地百姓称其为“会馆庙”。除此以外，在张茅街路北还有一座与它媲美的行宫。1900年8月，八国联军入侵北京，慈禧太后和光绪皇帝逃往西安，1901年又回銮北京，路过张茅。地方官员为得到皇上的赏识，不惜劳民伤财，大兴土木，修建行宫，后作为车马店，故人们称其为“行宫店”。晚清行宫店内还兴办过棠荫书院，为光绪二十八年（1902）州牧松序捐银所建。人们常用“棠荫”比喻清官良臣的政绩，以此命名书院，体现了修建者的良苦用心。

在古镇街西下寺庙的东边，有一块墓地，人们叫它“宰相坟”。实际上这里埋的不是宰相，而是唐朝宰相姚崇的父亲姚懿。姚懿曾为陕州硖石县令，龙朔年间出任四川重镇嶲州的都督，安定唐朝西南边疆。龙朔二年（662）病故，葬于南阳村东。

1000年前，在这里曾发生过一个凄婉动人的爱情故事，文人据此还编写了《三打陶三春》《打瓜园》等剧目，在民间久演不衰，使古镇张茅更加闻名遐迩。至今张茅乡街东头还有一眼倾斜的井，人们都叫它“扳倒井”。瓜地下边的小河，传说因为陶三春将卖油郎郑恩的香油篓子踢入河中，河上常年飘着油珠子，人们叫它“香油河”。张蟾光《咏香油河》诗云：“膏凝浓云作自天，泽同春雨润芳田。此间居者崇廉让，香付清流亿万年。”即是描述这一传说。

• 姚崇故里——硖石镇 •

在崤函古道上，有一座历史悠久的硖石古镇。西汉昭帝时称安阳城。北魏太和十一年（487）置崤县，以境内有崤山为名。唐武德三年（620），隋设置的崤县迁至鸭桥，后又迁至硖石坞（今陕州区菜园石门），改为硖石县。《水经注》载："河之右侧崤水注之，水出南盘崤山，西北流，水上有梁，俗称鸭桥也。"似应指今硖石。又清《嘉庆一统志》、嘉庆《河南通志》所载："硖石旧县在陕县东七十里。"清康熙《河南通志》说其为"唐天佑元年（904）置，宋熙宁六年（1073）改硖石县为石壕镇，其间一百六十余年"。硖石撤县后，此地又改为驿所，建为关寨。民国时期，在西寨门上有一横批"硖石旧县"，寨门上有一副楹联："天险崤山，千岩万壑；地居石壕，三晋二陵。"这是对此地地理环境的形象刻画和高度概括。在硖石车壕村东南800多米处的山坡上，至今还残留着深达0.05～0.25米深的石壕古道，行路之难可略见一斑。

文王避风雨台坐落在硖石境内。《左传·僖公三十二年》："崤有二陵焉，其南陵，为夏后皋之墓也；其北陵，文王之所避风雨也。"《括地志》载："崤山又名钦岑山，文王避雨即东崤山也，俗称文王山。"宋代废除县置以后，曾在此设硖石关隘，关北侧即春秋时期所谓的北陵。

硖石关，即古崤陵，山崖如削，道路崎岖，是北崤道上最重要、最险峻的关口。历史著名的秦晋崤之战就发生于此。公元前627年，秦穆公派大将孟明视、西乞术和白乙丙率领精兵3000余人，车300乘欲偷袭郑国，却被郑国商人弦高识破并及时密报郑国。秦军无奈，只好返回，顺势灭了滑国。晋襄公认为，秦攻郑是对晋国霸主地位的挑战，便命令大将先轸率领晋军2万余人在崤山硖石关一带设伏，全歼了这支秦军，俘获了3名将领。秦晋崤之战是中国历史上迄今所知的最早、最彻底的伏击歼灭战，对扼制秦人东出，保持晋国中原霸权地位，具有重要意义。

硖石不仅地势险要，而且涌现出一些彪炳史册的良臣名将、英雄豪杰。姚氏父子、李彦仙是其中的代表。

姚懿，曾任硖石县令。为防御边乱，

龙朔元年（661），奉命出任嶲州都督，安定唐朝边境。懿子姚崇入朝为官，初拜侍郎，后连续升迁，成为武周皇帝、睿宗、玄宗三朝宰相，是唐代杰出的政治家。

李彦仙，是北宋的一位抗金英雄。靖康元年（1126），金人侵犯边境，他变卖家产，招募3000名壮士，入援京师。后投奔陕州太守李弥大，出任石壕尉，驻守硖石三觜寨，卫戍崤渑，阻止金兵西进。固守陕州，大小200余战，敌兵不得西进。金人派人诱降，许以高官，都被李彦仙严词拒绝。李彦仙终因寡不敌众，投河而死，年仅36岁。朝廷追赠为彰武节都史，建庙于商州，号曰忠烈。绍兴九年（1139），又立庙于陕州，号曰义烈。乾道八年（1172），赐谥号忠威。

硖石还出现一位帝王。他就是五代十国时期的南平国国王高季兴，后梁开平元年（907）任荆南节都使，次年，加中书门下平章事，位居宰相。后唐同光二年（924）高季兴受封为南平王。

• 崤陵重镇——观音堂 •

观音堂位于崤函古道上，是一座历史悠久的古镇。根据清嘉庆二十年（1815）重修观音大寺和关帝圣庙碑的记载，观音堂先前称崤陵镇，因为西依名山崤陵而得名，山川秀丽，气候宜人，交通便利，是东西往来要冲。

观音堂的得名与一传说有关。明嘉靖年间，灵宝一书生上京应试，一日来到陕州地界，途径崤陵古道旁边一个村庄，见一村妇手捧书卷，斥责罚跪一孩童，便上前询问。原来这个村妇给孩子出了一道对联上联“风吹蓝衫绽馨香”，孩子对不上，故而受罚。书生听后，思考良久，也对答不上，只好告辞。一路上仍然苦思冥想，直到进入考场。这次考试，皇帝亲自主持，打破常规，出题：“雨打红袍龙意醉。”别的考生面对此冷僻怪题，个个抓耳挠腮，无以应答。这时书生忽然想起村妇所出对联上联，与此句对仗贴切，于是挥笔写就。皇上阅后，龙颜大喜。书生不仅中了状元，还被招为驸马。不久返乡，又途径崤陵山村，下轿专程寻找村妇拜谢，四处打听，无一人知道。此刻，他才想到定是南海观音下凡点化于他。于是，他就在此修建一座观音大寺，年年前来祭拜，观音堂的名字由此而得，沿用至今。

观音大寺门朝西，门口有石狮两尊，院里钟楼、鼓楼分立南北两侧，互相对称，为三层六面带斗拱的砖木结构，各竖10米高的铁斗旗杆，上铸有二龙戏珠图案。庙内供奉观音菩萨和关帝君、火神、财神、牛王、马王等神像，大殿两侧排列十八罗汉。娘娘殿内陈设全套銮驾。关帝殿里树有一道光泽鲜亮可以照出人影、高约三米左右的石碑。新中国成立后，寺院改作学校，鼓楼毁于“文化大革命”中，现仅存钟楼。

在镇东七里村古弛道旁，屹立着一棵古槐，高20米，直径2.5米，苍劲挺拔，威严多姿。相传，隋末瓦岗寨农民起义军将领尉迟敬德，一次率兵经过这里，勒住坐骑，凝望良久，不忍离去。“敬德勒马观古槐”的传说便产生了。尉迟敬德南征北战，为唐王朝的建立立下了汗马功劳，后被唐太宗拜为右武侯大将军，封吴国公（后改为鄂国公）。当地百姓把古槐看作神树，常有人烧香祭拜，祈求保佑。

唐朝诗圣杜甫那篇脍炙人口的诗篇《石壕吏》，就诞生于观音堂镇的石壕村。唐乾元二年（759），杜甫由洛阳逃难奔回长安的途中，曾在此投宿，目睹了社会黑暗、官吏强暴、兵役残酷，人民处于水深火热之中的苦难生活，以忧国忧民的激情，写下这首千古绝唱《石壕吏》。

在古镇附近还有两座寺院：一座是位于马头山上的洪崖寺，占地50余亩，有僧人300多位。洪崖寺建筑规模宏大，蔚为壮观，烧香拜佛的络绎不绝。到了清乾隆年间，这块佛门净地却被一些恶僧把持，将寺院内外搞得乌烟瘴气。村民把状告到京城，乾隆皇帝微服私访，严令查办。由于众僧负隅顽抗，乾隆命令火烧洪崖寺。传统戏《火烧洪崖寺》取材于此。现在这里遗存石砌的一米多宽的断壁残墙，沿着山体蜿蜒伸展，把山顶围成一个阔大的场地，围墙内残存着石砌的房子的基座。另外一座寺院是元代建于张村的龙兴寺。现寺院建筑不复存在，仅剩一座青砖砌起的包骨塔，上刻有“金故海公禅师之塔”的字样，为元至正二年（1342）所建，塔南约两米处有一石砌水池，是寺院的遗迹。

昔日驻兵要地——大营镇

大营镇位于陕州区西部崤函古道上，交通便利。唐代时，这里叫鹅鸭池屯，湖光山色，风景秀丽，常有军队在此驻扎。明洪武年间，政局安定，屯军官兵李华六、刘俊卿等皆以军功受封，迁移眷属定居本地。据陕县大营村刘氏族谱记载，刘氏一族，自明洪武迄今已历600余年。后有军职调驻陕地，后裔来此定居。还有山西介休、洪洞的移民。至此，军民聚居，人物渐盛。明末，农民起义军与官兵争夺中原，频经此地，沿途郡县尽被攻克，朝廷不复设官，本地居民便结寨自卫。先筑李家寨，次修东西南北寨，互为犄角，其间官道形若“大”字，后又修建寨墙、城门，类似兵营，以防兵匪侵扰。清时村名易为大营，沿袭至今。

为了祈求平安、幸福，当地百姓建了许多庙，如天爷庙、土地庙、财神庙、火神庙等。有一座石头庙十分独特。庙由四块灰质青石构成，基石两块，一为方形，一为圆形莲花座，基石上有一个青石凿成的上窄下宽的四方形小八角石柱。庙高2.5米，各衔接部位均采用石卯榫，结构合理，给人以庄重肃穆之感。传说宋朝元丰三年（1080），山西人金仁忠在河南经商，春节时携带银两骑马引犬回家，途经大营在路边歇息，不小心遗失了一包银子，直到回到家才发现，而且爱犬也没有回来。当他节后返回时，发现自己的爱犬已经死在当时他休息的地方，狗身下还压着主人丢失的银子。主人被狗的忠心感动，便将狗葬于此，并建一座石头庙，以寄托哀思，这座庙就被称为“狗王庙”。

大营麻花是大营一种极具特色的传统食品，始于明代晚期，距今有数百年历史。相传大营一带以前毒蝎横行，人们为了避害，每年阴历二月二，家家户户把和好的面拉成长条，扭作毒蝎尾状，油炸后吃掉，称之为“咬蝎尾”。久而久之，这种“蝎尾”就演变成今天的麻花。大营麻花配料讲究、色泽鲜亮、黄焦酥脆、香甜可口，具有“香、酥、脆”特点。据传，清光绪二十八年（1902），慈禧太后和光绪帝由西安回銮北京，路过大营，品尝了大营麻花，赞不绝口。2001年9月27日，大营村民刘和平炸出了一根长2.66米，直径

0.3米，重88千克的巨型麻花，成为当时世界上最大的麻花，被载入吉尼斯世界纪录。

大营的社火久负盛名，文化底蕴深厚。据载，大营社火起源于唐初，时值贞观盛世，唐太宗颁旨驻兵屯田，田间劳作歇息时，军士和农户一起哼唱田歌，或对劳号，军士执戟披甲而舞，军士和农户围观呐喊助兴。每至春节、元宵节，兵民联欢，军士旌旗前导，战马结队助威，锣鼓齐鸣，农户踩高跷、演坠子等紧随其后，热闹非凡，形成社火雏形。明代村中修起东、西、南、北四个寨，村民按居住地结社，耍社火时习惯分为东、西、南、北四社。北社出百马，西社踩高跷，南社扮平垛，东社演坠子，统称“社合”，又称“社火”，延续至今。目前，大营社火已经被确定为河南省第一批民间文化遗产保护项目。

1958年周恩来总理视察大营公社，在水利工地劳动，为兴建的水库题名。1977年，为纪念周总理，当地村民在陕县大营镇大营村中心建起了周总理视察大营纪念馆。主体建筑连同外宾接待室和综合展览馆，总面积为2360平方米。馆内陈列有1958年4月24日周恩来总理视察大营时的照片和有关实物，还有彭德怀、习仲勋及河南、山西、陕西三省党政负责人陪同周恩来总理视察时的照片，常年对外开放。

• 黄河渡口上的名镇——会兴镇 •

会兴镇傍山而建，北临黄河，是陡峭的高崖，西边是弯弯曲曲、参差不齐的深沟，东南方是“磁钟塬”的边缘。会兴镇初期是蔡姓居住的小村落，古名“蔡家庄”，距今600多年了。明朝初期村里常有庙会，因为是渡口，南来北往的客商比较多，逐步形成市集。

商行店铺林立形成街道，清同治四年（1865）改称“会兴街”，环村始建城墙，高八尺，宽两丈，同时建南门、北门、大东门和小东门四处城楼。其中南城门是会兴通往外界的最重要城门。南城门上箭楼高约3丈，城门底座由四层大青条石砌成，大青砖一砌到顶；中填夯土，城门处宽约4丈。城外有防敌用的壕沟，俗称“小沟壕”。壕沟上建有用青石砌筑宽1

丈、高约6尺的石桥。过石桥往西有大路通往陕州城。

南城门外石桥正对一石牌坊，整体为青石雕刻而成，高1丈3尺余，宽约5尺。上有碑文3方，底座高3尺许。南城楼及石碑坊于1957年修铁路时拆掉。大东门修建在塬上，城楼上有朝阳阁一座，可俯瞰整个会兴镇。

会兴老街南北长1千米许，街中心有一城楼状建筑，人称“观门楼”。门楼上建有文昌阁，其高大形似南城楼，下有门洞贯通南北大街。北侧有青石台阶可直通城楼上。南大街上较著名的店铺当数“长寿堂”药铺，是清道光十年（1830）陕西名阳县人车永寿开设，已有180多年的历史。

北城楼最为壮观、最为奇特，圆形底座，状如碉堡。出门洞就通往渡口。北城楼上既有箭楼一座又有一塔，箭楼又称八卦楼，小巧玲珑。

会兴镇内有华佗庙、龙王庙、马神庙、火神庙、土地庙等众多庙宇，其中最为壮观的当属“后庙”。该庙院坐北朝南，面临“后路”。整个庙院呈长方形，面积15000平方米左右，四周有相连的瓦房做围墙。靠西侧南北两角上各有高约8米的飞檐拱斗式小角楼。台基上是该庙院的主殿，分左右连通前后殿。主殿面阔五间，为单檐硬山式结构。后庙建筑毁于“文化大革命”中。

会兴镇西北角处，有清康熙六十年（1721）建的“会兴砥柱书院”。民国时期称“会兴完小”。1957年三门峡建市后改称“市三小”至今。清咸丰年间集聚在会兴的山西盐商们集资修建了一座古朴典雅的“山西会馆”，该建筑后毁于日军之手。

出北城门，有一条蜿蜒而下通向会兴渡的古道，两侧是高耸的悬崖峭壁。会兴渡是黄河上著名的三大古渡之一，与平陆的茅津渡隔河相对。古时平陆属陕州，故统称茅津渡。该古渡原名沙涧渡，明朝方改称茅津渡。茅津渡地势险要，自古就是豫西晋南物资交流的水上通道和军事要地。公元前658年，晋国假途灭虢即是由该渡口过河的。公元前624年，秦伐晋也是由此北渡的。东汉末年，亡国之君汉献帝刘协由此仓皇北逃。唐代“安史之乱”时，唐肃宗为平叛，借回纥兵3000人，也由此跨入中原。辛亥革命中，张钫任都督的秦陇豫复汉军两次东征，在渡口附近与清兵激战。抗日战争和解放战争时期，该渡是转移地下党员、保存革命力量的要道。

1947年8月22日，陈谢大军在茅津渡和济源长泉渡之间，乘“油包”渡河，渡了三天三夜。历史上著名的山西潞盐，也多由此摆渡。“茅津夜渡”为古代陕州八景之一。1993年三门峡黄河大桥建成通车，会兴渡完成了自己的历史使命。

• 澄泥砚的家——人马寨 •

陕州区宜村乡人马寨村，位于三门峡市南部的台地上。传说明代有位王姓的老夫子为避灾乱带领三个儿子来到这里，后来人口增加，便依着火烧阳沟修建了这座寨子，距今已有500年历史。火烧阳沟，绵延于村北侧寨墙外，呈南北向，宽约1000米，长约10000米。寨墙位于古寨南端，东西向，夯筑而成，巍然挺拔，全长300余米，高25米。夯层十分明显，每层30厘米厚，非常密实。中间有寨门，寨门外有一道长300余米，宽10米，深6米的护寨壕。在兵荒马乱的战争年代，为阻止流寇刀客的侵扰，保护老百姓的生命和财产做出了重要贡献。寨里临着沟边开凿了许多窑洞，人马寨的先民们就居住在这里。

地坑院

人马寨历史悠久，从古到今一直有人类居住，留下了丰富而重要的文化遗迹。从新石器时代的仰韶、龙山文化遗址，到金代墓葬，明清寨墙，从古陕州澄泥砚到特色民居“天井窑院”等，多项特色历史文化汇聚于此，颇为罕见。

仰韶、龙山文化遗址位于人马寨村东北部沟边的台地上，面积约26万平方米，内涵丰富，文化层距地表1～2米。仰韶文化的彩陶、磨制石器，龙山文化的蛋壳黑陶等典型器物时有发现。这里制陶历史悠久，一直延续到明清。在村北的明清古寨墙内老村址旁，废弃的古陶窑遗址仍举目可见。明清时期至新中国成立前后的实用陶器现在仍可见到。该村一收藏家就收集了筷笼、笊篱、瓦缸、陶碗、烛台、瓦当、砖刻等十余个陶器品种。

中华人民共和国成立前，一户村民在修地坑院时发现了一个古墓群，并将墓砖拆除用来砌墙。现在还残留一座墓室，但室内随葬品已不见，只剩下四壁的青砖及一些砖雕之类。结合墓室结构，专家认为是典型的金代墓葬，判断这里可能也是金代某个家族的墓地。

地面上我们仍然能够看到一些清代的建筑。在一座大瓦房里，大梁上写着“大清乾隆伍拾贰年王维天创建，道光拾柒年叁月曾孙重修”的字样。

另外，为了保平安、祈财富，人马寨修建了许多庙宇，如祖师庙、菩萨庙、佛爷庙、魁星庙、天爷庙、财神庙、山神庙、火神庙、老君庙、关爷庙、文昌庙、马王爷庙等。目前建筑都已毁，仅残留一些建筑构件。在沟边还残留着一座小庙，虽已坍塌露顶，但依然还能看到墙壁上漂亮的彩绘。

人马寨的地坑院建筑是豫西地区特有的一种典型民居形式，现已被公布为河南省文物保护单位。2010年，地坑院营造技艺被列入国家非物质文化遗产名录。据窑头村曹氏族谱记载：“洪武年间避大元之乱，由山西省洪洞县曹家川迁移至陕县南塬窑头村。”证明这里的地坑院已有七八百年的历史。

人马寨还是重要的澄泥砚生产地。陕州地区制作澄泥砚历史悠久，唐代的澄泥砚，为中国四大名砚之一，因唐时在陕地设虢州，历史上又称“虢州澄泥砚”。明清时期，虢州澄泥砚制作地逐渐东移到陕县。明代时芦敬（今陕州区张湾乡芦村人）制的澄泥砚誉满四方。清末以来，澄泥砚主要产自人马寨村的王氏家族，出现了王玉瑞、王士瑞等一批制砚能手，当时的“玉瑞堂”“永兴堂”“永兴泰”等作坊也闻名遐迩。清末的王玉瑞还创办了陕州工艺局，民国时期的王福堂也开办了砚厂专做澄泥砚。王氏一门数代曾以制砚为生，富庶一方。1914年，人马寨制作的澄泥砚还参加了巴拿马国际赛会，享誉世界。

一马平川与沟壑纵横相依相伴，形成了独特的自然景观。悠久的历史、神奇的建筑、丰富的民俗文化，使得人马寨颇有开发利用价值。当地政府已投入60余万元用于地坑院抢救保护工程，并建成了庙上“天井窑院”度假村，取得了良好的经济效益和社会效益。

古秦赵会盟地——渑池县城

渑池之名来源于古水池黾池，因池内生水黾（一种水虫）而得名。渑池，上古属豫州，西周时为雒都（今洛阳）边邑，春秋时属虢、属郑。战国时韩灭郑，渑池属韩。周赧王三十六年（前279），秦赵会盟于西河外渑池，今县城西有古秦赵会盟台遗址。渑池之称，始于战国。

现在的渑池县城，始建于唐贞观三年（629），当时叫双桥镇。元末，县城毁于大火。明洪武五年（1372）重筑城池，方圆8里许，东西各一门，南三门，北二门。崇祯初年，县城毁于战乱。崇祯十年（1637），因地广人稀，防守困难，便截去城西三分之二。崇祯十二年（1639），城墙西、北两面砖砌，建东西城门楼。清顺治十一年（1654），砖砌东西两面城墙。清同治二年（1863），砖砌南城墙，并建小南门。民国十二年（1923），重修城池，城墙周长1713米，内土外砖，高10米，厚6.7米，建城垛666个，城垛高2米；城外四面有池，宽10米，深3.3米，东西门各有石桥一道。

古老的渑池，吸引了古今中外的众多文人墨客，古代的王通、骆宾王、杜甫、王安石、司马光、韦应物、欧阳修、苏轼、苏辙等，近代名人章士钊、吴伯箫、姚雪垠等，都曾在渑池留下脍炙人口的诗文佳作。渑池籍历史上也不乏出类拔萃者：宋代抗金民族英雄张玘，明朝理学家曹端、张信民等。

利津古渡所在地——渑池南村

在渑池境内黄河岸边有一个古老的村庄南村，它东与新安县交界，南与段村乡接壤，西面和北面隔黄河与山西省垣曲县相望。北依黄河天险，境内的青山、桓王山、岱眉寨山比肩耸立。群山环抱，地势险要。

南村北边有一古渡，原名济民渡，金兴定元年（1217）改渑池置韶州，南村为利津县，从而改为利津渡口。“利津”取意为有利于摆渡，益于军事政治。元至元八年（1271），废除韶州和利津县，复名济民渡。元初，蒙古军南下中原，由南村渡口南渡，建利津县，并设专职官员管理该渡。抗日战争时期，南村渡成为运送军用物资的渡口。解放战争时期，解放军两次经南村南渡，解放渑池。直至20世纪70年代，利津古渡仍是一如既往的繁荣喧哗、不可或缺。利津古渡与孟津、茅津并称为黄河中游三大古渡，是渑池古八景之一。

利津古渡背靠凤凰山，相传东周第二代天子桓王姬林公元前697年去世，遗体由洛阳水运到洋湖，开石平坡，葬于山上，凤凰山也从此更名为桓王山。桓陵依山势凌顶而建，墓陵为圆形土包，黄土封顶，高约30余米，占地4亩有余，草深而密，鸟语花香。每至深秋，草色碧绿不衰，“桓陵秋草”为渑池八景之一。

南村的青山、北任村有古化石点，距今约5万年。经发掘的实物显示，早在50万年前，这里就有古人类的活动。境内还有班村、关家、河水、杨家遗址等，相当于仰韶、龙山两个时期的文化遗址，均为县级文物保护单位。

渑池南村乡东山底村柏地庙内的巨柏，已有3000年历史，胸围7.75米，树高29.5米，冠幅378平方米，五人未能合抱，其规模位居河南省侧柏第二。相传，庙中供奉的岱嵋娘娘是山西垣曲人，到了每年农历四月十五岱嵋娘娘回河南婆家，人们持旗放鞭，敲锣打鼓到黄河边迎接。

在桓王山下，沿黄河南岸，现依稀还残留着一条阳壶（洋湖）古道，又称平治古道、春秋古道。据传此路最早为春秋晋侯东下王畿郑地之要道。这条古道，由山西境南渡黄河至南村洋湖渡口，从洋湖逆关底河南行，经关底村斜向东南，经东关、金灯河、山窝隘入新安县的石井抵洛阳，共90千米。北宋初年吕蒙正曾监修此道，故又称“吕蒙正道”。

唐代，利津古渡空前繁荣。此段峡谷南北两岸河湾突出的山嘴上，有近10处夯土建成的“堆台”，两堆之间，可以相互眺望。这些“堆台”，基本上都是唐代修筑的，是古代漕运专门用来导航的标志。

为保证河道上漕运大船的安全和提高漕运效率，人们在黄河两岸的悬崖峭壁上开凿供纤夫攀爬行进的栈道。如今，渑池南村黄河上下游两岸的悬崖峭壁间，至今还存留着各个历史时期开凿的累计数千米的崖间栈道，这是古代劳动人民创造的奇迹。

南村还诞生了许多历史名人。最为著名的有唐代上官仪和上官婉儿。庞涓墓、上官仪墓、宋清远侯张玘墓及其子张世雄墓都位于此。

• 因灵符而改名——灵宝老城 •

灵宝老城自隋代设置桃林县，唐代改为灵宝县，直至1959年被三门峡水库淹没，历经1363个春秋。它北临黄河，西至潼关，东通洛阳，南达卢氏，是崤函古道上的一处千年古城。

据《山海经》记载，上古时，曾有夸父，欲追日影，渴饮河渭不足，北饮大泽未至，渴死。弃其仗，化为邓林。灵宝南山群峰中，至今有座山，名夸父山，其山谷名夸父峪。对于邓林，清乾隆年间湖广总督毕沅注为桃林。北魏郦道元为《水经》作注时云：“古之桃林，周武王克殷休牛之地矣。”宋代的《太平寰宇记》记载，自灵宝以西至潼关，皆桃林地。清光绪二年（1876）的《灵宝县志》记载，灵宝虞夏时属豫州，商为桃林，周克殷商，放牛于此，置关于函谷，设令以守。秦初为函谷关地，属三川郡（治今洛阳）。汉元鼎三年（前114）迁函谷关于新安县，同年，即在函谷故关置弘农县，因关前弘农涧河得名，县治在今函谷关镇王垛村。此后，弘农县因避名讳，曾数次改为恒农。弘农县也曾升格为弘农郡，治所在虢略镇（今灵宝市城区），也曾迁至卢氏县城。

隋开皇十六年（596）新置桃林县，治所在弘农县北15千米处，即后来的灵宝老城。灵宝老城流传一句俗语：先有三清殿，后有灵宝县（老城）。据清光绪二年的《灵宝县志》记载，曹操欲进兵关中，为避开函谷天险，便在其北10余里处新辟一条道路。曹魏正始初年，弘农太守孟康，在曹操新辟运漕道山口处，新建关城，号大崤关，又名金关。后来，人们为了与王垛村的秦函谷关与新安县的汉函谷关相区别，便称之为魏函谷关或新函谷关。这里地面开阔，因近水陆码头，交通方便，不久，便有了居民商旅，发展为一个小镇，还建有一个祭祀老子的三清殿。隋朝在此建桃林县城时，即将原有的三清殿划入城池，并置于一个重要位置，殿后即北城墙，殿门直对南城门。唐初继续沿

灵宝老城

用桃林县名。唐开元二十九年（741），因在秦函谷关尹喜古宅掘得"灵符"，唐玄宗以为是玄元皇帝老子李聃对他的恩赐，是天意，遂改年号开元为天宝，并将桃林县改名为灵宝，沿用至今。

据清代《灵宝县志》记载，明景泰元年（1450），知县夏永宁重建城池，城池方正。当时城墙高约8.3米，厚约5.2米，周长约千米，有垛口1000个，更铺2座，城门3道。城门额有石刻大字，东门为"来紫"（紫气东来），西门为"拱华"（拱手华岳），南门为"哥熏"（歌颂政绩），当时为避阴气，故意不修北门。万历年间，邑令尚天禄建造城门楼。东城楼名仙令阁，西城楼名观澜楼，北城虽无门洞，也象征性地修了一座介眉楼。明末崇祯年间，为防水浸在城墙外包一层砖。清顺治十三年（1656），重挖护城池壕。清康熙十五年（1676），建造南城门楼，名三异楼。雍正五年（1727），加筑护城土堤。民国时期，修建城墙四隅角楼以瞭望自卫。中华人民共和国建立之初，城墙基本完好。1959年，因建三门峡大坝，这里成为淹没区，古城被拆，南迁20千米到虢镇。

灵宝老城是全县的政治、经济、文化中心，又是东西必经之要道，历经千年，遗留下的名胜古迹较多。城内寺庙成群，有文庙、大佛殿、财神庙、城隍庙、禹王庙、关帝庙等。文庙即孔庙，在城内东南角，但文庙的泮池，却建在城外，这种布局全国独一无二。在南门外大街有一座会馆，为山陕会馆，建筑宏伟。大门外有戏台，坐南朝北，观众当街而坐，人称"过路台子"。老城西南有夏直臣关龙逢之墓。在南岭最高处，有一座墩台，十多丈高，直径七八米，下粗上尖，如灯塔形，是灵宝老城的一个重要标志。老城之南有太初宫，这里是老子著《道德经》的地方，为灵宝八景之一。秦函谷关，是一处军事要塞，函谷鸡鸣也为灵宝八景之一。城西北角有一座渡口，原名汜津渡，是古代灵宝境内最大的一个渡口，是黄河两岸商旅往来、物资交流的主要交通站。城北后地村有枣园，面积超过3000亩，形成于明清，现已规划为"老灵宝明清古枣园生态旅游区"。这里还有一座唐代城墙遗址。城墙由黏土夯筑而成。传说是武则天的翠微宫遗址。现存的梯形城墙底部宽达10米，上部宽约7米。唐代，这里的虢州澄泥砚名冠天下，为世人所重。

周朝虢国故地——虢略镇

虢略镇位于灵宝老城南，西扼崤函之险，南依伏牛山脉，北临黄河天堑，地理位置十分重要，是通往洛南、商州、卢氏等地的咽喉。

清光绪年间的《灵宝县志》记载：“周克殷归，放牛于此，置关于函谷，设令以守。既而封虢仲于虢，号西虢。”虢国的开国国君是周文王的两个弟弟虢仲与虢叔。一般认为虢叔封在雍，今宝鸡一带，为西虢；虢仲封在制，今河南荥阳一带，为东虢。西周晚期，西虢东迁到三门峡地区，灵宝一带都是虢国的疆域范围。《左传僖公十五年》记载：“晋侯许……赂秦伯以河外列城五，东尽虢略，南及华山。”虢略，顾名思义即虢国经略，管辖之地。虢略即今灵宝市所在地，原名虢略镇，简称虢镇。

虢略镇，隋以前称鸿胪川。隋大业三年（607），迁弘农郡、弘农县于鸿胪川，遂改名为弘农。唐天宝元年（742）改弘农郡为虢郡。唐乾元元年（758），又将虢郡改为虢州，管辖6县：弘农、卢氏、阌乡、湖城、朱阳、玉城。宋建隆元年（960）改弘农县为常农县。宋至道三年（997），改常农为虢略。金时属京兆路。元至元八年（1271），降虢州为虢略县，隶属陕州。至元十年（1273），省虢略入灵宝，以虢略为镇，设巡检司。明、清、民国一直到中华人民共和国成立初都称虢略镇。1958年后简称虢镇。1959年，属于三门峡大坝建设的淹没区灵宝老城迁到虢镇。当地百姓读“虢”为“决”，始称决镇。1982年2月撤销原决镇建置，改为城关镇，今灵宝市政府所在地。

虢略镇与山西芮城隔河相对，当时比较繁华。从明代起，灵宝虢略镇就有了芮城人开的商号。民国十四年（1925），灵宝通了火车后，又吸引了很多芮城人到这里做生意。山西的棉花、池盐，洛南、商州的核桃、桐油、漆、麻、木耳等山货通过这里源源不断地运到全国各地。城市的工业品又通过虢略镇运到周围各地区。抗日战争前夕，虢略镇共有近200家店铺，其中80%以上为山西芮城人所开，从业者达500～600人。由于在虢略镇做生意的芮城人远远超过了当地人，所以当时人们都把虢略镇称作“小芮城”。

汉太尉杨震故里——豫灵镇

豫灵镇位于河南省西部，地处豫、秦、晋三省交界所形成的三角地带。它北濒黄河，与山西省芮城县隔河相望，东临灵宝市故县镇，西与陕西省潼关县、洛南县相连。豫灵镇是古代东西交通的枢纽、南北商洛要道，是一座具有2000多年悠久历史的古镇。

豫灵镇在1954年灵阌合并之前称阌底乡。原阌乡县十二景中的汉台风雨、三鳣书堂、吴融故居、风陵波浪、石姥仙潭、悬崖春燕、十里桃花、秦岭暮云、黄河晚渡等均在这里，历代帝王将相、文人墨客也在此留下了大量诗篇。

豫灵镇的亚武山有“小华山”之称。据文献记载，亚武山建道观开始于唐咸亨年间，已有1300多年历史。唐代尚道之风很盛，相传真武大帝曾修炼于此，亚武山故而成为黄河中游道教圣地。宋、元、明、清各代均有增建，至清末已拥有庙宇宫殿20余座。据《阌乡县县志》记载：“泔涧峪正峰为亚武山，壁立峭拔，挽铁索而上，大类太华，相传真武先居于此，因亚于武当而得名。”这道出了亚武山得名原因。这里自然景观雄、奇、险、秀、野，山、水、石、动植物各具特色；人文景观丰富多彩，各种宫、殿、庙、观、洞、塔、碑刻星罗棋布，并流传着许多美妙的传说，现已规划为国家级森林公园。

豫灵镇其他名胜古迹也数不胜数。镇里有汉太子刘据墓。杨家村是汉太尉杨震的居住地。三鳣书堂，在杨家村南，为杨震校书授徒的故地。东汉杨修墓，在今豫灵镇北寨村西北。唐杨氏大茔，在北源村北牧马原的鸡子岭周围。南麻庄牌楼在豫灵镇南麻庄村，清乾隆四年（1739）修建。唐大学士吴融的墓在豫灵镇麻庄村西。皇天塬今豫灵镇东北的安头塬村，该村西北1千米处尚保存有夯土遗迹。石旧寺位于豫灵镇泉家峪，寺已废，但保存有云华洞、麻衣和尚塔等遗迹。在豫灵镇底董村有一座贠家大院，是河南省内现存不多的清代典型民居。据史料记载，贠家大院建于清代中叶道光年间，房子的主人时任山西太原知府。

• 范蠡经商的古镇——范里镇 •

范里镇位于卢氏县东部，北接官道口镇，东与洛宁、栾川两县相毗连，西南邻文峪乡，西同东明镇相连，为卢氏县第一大镇。

据清光绪年间《卢氏县志》记载，战国时越国大夫范蠡辅越灭吴，功成后隐退，泛舟游历名山大川时，曾在此居住，因名“范蠡”，此处尚有范蠡湖遗址。中华人民共和国成立后，人们为了简便，渐写成“范里”。2000年，经省人民政府批准，范里乡撤乡设镇。

范蠡，字少伯，春秋末期楚国宛（今河南南阳）人，为越王勾践大臣。范蠡功成身退后至齐，父子齐心耕作，置产数十万。齐人闻其贤，任其为相。不久，范蠡又辞去相职，定居于陶（今山东定陶西北），开始经商，积资巨万，人称“陶朱公”。后来他来到卢氏山河口南岸一村庄。当他了解到山区盛产猴头、木耳、核桃、草鹿、山鸡等土特产品，却缺少食盐、布匹等日用品时，便投资与人合伙做山货生意。他的生意越来越红火，陶朱公的名气也越来越大，当地百姓学做生意的也越来越多。于是，范蠡经商的村子很快形成一个商品集散地。范蠡离卢返陶时，把绝大部分资产留给朋友、乡邻及穷苦百姓。为了纪念他，人们后来把范蠡经商的村子改名为“范蠡镇”。范蠡常游览的山河峡谷也称之为“范蠡湖”。

范里镇居卢氏盆地最东端，洛河经范里穿山河口峡谷出县境。海拔1869.3米的象君山矗立于范里镇东边，形成东、南、北三面环山，西面迎河，中间低洼的浅盆地状。夏禹导洛处位于该县范里镇山河口，是洛河在卢氏境内最险要的一道关口。传说大禹凿山导洛处悬崖上的“古雒”字样即为大禹亲手篆刻，现已模糊难认。另有唐宋两代所刻的字迹。沟口有禹王庙和伊尹乐道处，旧时艄公放筏行舟至此，常驻船上岸敬神，以求保佑平安。清代有人在此刻“神禹导洛处”5字于石壁上，至今犹存。山河口南岸的金斗山上，唐、明、清皆有禹王庙。

范里镇的十八盘岭坡陡弯急，易守难攻，为县东之门户。元代在此设关，名虎豹关。清代《卢氏县志》载：“虎豹关在十八盘，东控永宜，西通关陕。元察罕铁木儿率兵由此克商洛，收复陕西。”清代洛南府知府张汉曾到此，备尝艰辛，写诗一首并刻石碑立于此关。原关顶上建有关帝庙，现已不存。抗日战争时期，国民党军队曾在此关坚守，打退日军多次进攻，抑制了日军的西进。

• 莘野古镇——朱阳关 •

朱阳关镇位于卢氏县南部，东南与西峡县桑坪镇毗连，南通襄郧，西接关陕，西北与五里川、汤河接壤，西南与瓦窑沟相邻，是豫陕鄂三省之咽喉，既为西入陕西商洛之门户，又为南下宛襄之关卡，历来为兵家必争之地，故称为“关”。因镇东有朱阳山而得名朱阳关。古时这里为莘野，素有“莘野古镇”之称。

《太平寰宇记》记载：“卢氏有朱阳山，因别立县。”《金史地理志》谓“朱阳山在河南卢氏县西南”及“虢州卢氏有朱阳山”，可知“朱阳”因山而名。西周时朱阳关属虢地。北魏太和十四年（490）置朱阳县，治今河南省卢氏县东南朱阳关，为朱阳郡治。隋大业二年（606）割卢氏西北地另置朱阳县，治今灵宝市西南，属弘农郡。朱阳郡存在72年，辖朱阳、修阳两县。《新唐书地理志》记载：“武德元年（618）在此置关，武德八年（625）废。”金设朱阳镇，设关。明成化元年（1465）置巡检署。清乾隆八年（1743）设陕州直隶分州。清道光年间设朱阳里，辖汤河、五里川、瓦窑沟。清末，民国时期曾先后设区、联保、镇（崇文镇）。抗日战争期间，国民党河南省政府一度迁此，曾经繁荣热闹一时。1996年10月16日，经省人民政府批准后，撤乡建镇，设朱阳关镇。

抗日战争期间，这里曾成为河南省临时省会。1938年6月6日，河南省省会开封被日军攻占，国民党河南省政府开始了风雨飘摇的大搬迁，先后搬至镇平、洛阳、鲁山、西峡县丹水镇等地。1945年年初，丹水镇也遭到日军进攻。4月份，国民党河南省政府继续迁移，来到了卢氏县朱阳关镇，共建草房500多间。当时迁来的省政府机关为民政厅、财政厅、建设厅、教育厅四厅，还有秘书处、会计处、警务处、田粮处、交通处、卫生处、文秘处、人事处共八处，另有河南民国日报社等。随着国民党河南省政府迁驻朱阳关，省内其他独立机关也都陆续迁入卢氏县的其他乡镇。成千上万的官员及其家属拥塞在狭小的朱阳关，在衣食住行、学生上学、文化生活等方面，自然给小镇带来了畸形的繁荣。1945年3月，为阻止日军向卢氏县朱阳关进犯，国民党110师师长廖运周率部队占领卢氏与西峡的接合部老界岭，抗击进犯卢氏县的日军。激战数月，日军伤亡惨重，不能北进，直到日本政府宣布无条件投降。1945年8月15日，国民党河南省政府各机关在朱阳关举行了声势浩大的庆祝活动。中秋节后，国民党河南省政府及其所属机关陆续迁回开封。

卢氏朱阳关镇上的杜店村，原名“垛店”，由社戏抬垛演变而来。可见这里曾是演戏观戏之地，是朱阳关民间文化繁荣的见证。杜店村现保存有明清建筑9处，民国建筑7处，中华人民共和国成立初期建筑57处，有石阶饰地、碑幢石刻、古井多处。其中最为注目的是观音阁（俗名过街楼）。观音阁创建时间不详，古时阁上书有“莘野高风”，楼上为万殿堂，下为过街通道。远观阁楼雕梁画栋，檐牙高啄，蔚为奇观。蒙尘的顶梁之上，有以毛笔写的“乾隆伍拾捌年柒月拾丛日重修”字样。据村民们讲，旧时修建观音阁的目的是为村民祈子祈福，每逢农历初一、十五，前来祈子祈福之人络绎不绝。

观音阁以东的街道南北两侧，排列着百余处古建筑民宅。这些民宅大都是四合小院，有门楼、上房、厦房和厅房。房屋的建材以石料为主，无论后墙或山墙，都用砖头大小的石块、石条或石片扦插而成，层次分明，且接口紧咬，几百年也未走形变样。民居的门、窗、柱子和屋檐等大都雕刻着各种花形，尤其是窗户，有方格形、田字形、回字形等，尽显古代雕刻艺术。据说，这个村落的形成与明清时期村里的邹、祝两姓家族有关，他们先后迁入此地，一代一代繁衍生息，形成了整齐的传统村落。2013年8月6日，住房城乡建设部公示第二批中国传统村落名录，卢氏县朱阳关镇杜店村榜上有名。

考古探秘

——崤函大地多奇珍

三门峡是中华文明的重要发祥地之一。早在六七十万年前，华夏民族的祖先就在这里繁衍生息，孕育了三门峡最具特色的文化：仰韶文化、虢国文化、黄河文化、宗教文化、交通与战争文化。文物是文化的载体，这里的文物资源数量多、品位高、分布广，是河南省文物大市之一。目前，全市共有馆藏文物7万余件，其中珍贵文物6000余件；世界文化遗产1处，国家级重点文物保护单位10处，省级重点文物保护单位55处，市级重点文物保护单位112处，县级重点文物保护单位1013处，文物古迹和馆藏文物数量在全省均居前列。特别是仰韶遗址、庙底沟遗址、虢国墓地遗址都于2001年入选中国20世纪百项考古大发现。

• 中国考古的里程碑——仰韶村遗址 •

仰韶村遗址，位于河南省渑池县仰韶村南的缓坡台地上，属于公元前5000年至公元前4000年的新石器时代中晚期文化遗址。仰韶村遗址地势北高南低呈缓坡状，北依韶山，东、西、南三面环水。沟里流水涓涓，树木茂盛，风景秀丽。遗址东西长300米，南北宽900米，文化层厚2～4米。因为首先发现于渑池县仰韶村，故将其命名为“仰韶文化”。1961年，被国务院公布为全国重点文物保护单位。

仰韶村遗址先后经过三次发掘。第一次发掘由中国地质调查所顾问安特生主持。安特生是瑞典地质学家、考古学家。1914～1924年任中国北洋政府农商部矿政顾问。1920年，安特生派助手、地质调查所采集员刘长山到河南采集动物化石。刘长山在渑池县仰韶村采集到不少动物化石。同时，刘长山发现了一个古文化遗址，将在农民家里看到的史前石器也搜集起来，并调查了石器出土地点，将采集到的600多件石器带回地质调查所。安特生依据这些石器初步推断这里可能是一处相当大的新石器时代遗址。1921年4月18日，安特生亲自来到仰韶村调查。回到北京后，他向当时的农商部部长和地质调查所所长提交了发掘报告，在得到中国政府的正式批准和河南省政府、渑池县政府同意和支持后，开始了对仰韶村遗址的发掘。

彩陶作证——仰韶村孕育中华文明

1921年10月27日，发掘工作开始，历时36天。发掘由安特生和地质学者袁复礼主持。他们在暴露灰层及遗物较多的东西沟和路沟断崖处发掘，沿着这些冲沟发掘了17个地点，发现大量的文化堆灰层和袋形灰坑，获得了一批磨制石器、骨器、蚌器和大量陶器。这些器物分装成11箱运送到北京。此后，又经中国政府同意，部分器物运到瑞典，建立了远东古物博物馆。

仰韶村遗址第一次发掘现场

出土的陶器

出土的玉器

刚从美国归来的学者袁复礼在仰韶村遗址的发掘中起到了核心作用，不仅对遗址进行全面测量，还负责与当局的交涉工作。经过研究，安特生初步认为仰韶村遗址是一种考古学文化，按照当时国际上考古学惯例，将其命名为“仰韶文化”。但遗憾的是，他却将仰韶村发现的仰韶文化和龙山文化（当时尚未证明是一种考古文化）混为一谈，重点关注了仰韶文化的彩陶，将其与中亚的安诺彩陶简单比较，认为前者源于后者，错误地提出了“中国文化西来说”。

为驳斥“中国文化西来说”这一错误论断，1951年6月28日，中国科学院考古研究所河南省调查团夏鼐、安志敏等4名专家学者到渑池县对仰韶村遗址进行第二次发掘。他们开挖了一条探沟（20米×2米）和一个灰坑，切到了安特生当年所发掘的旧探沟，发现有排列稠密的墓葬9座，出土仰韶红底黑彩和深红彩的罐、碗，小口尖底红陶瓶，灰褐夹沙陶鼎等。同时，在遗址内还发现有龙山式的磨光黑陶、压印方格纹灰陶、篮纹陶、灰绳纹鬲、带流陶杯等，出土文物十分丰富。通过第二次发掘，发掘者提出了这个遗址存在着“仰韶和龙山的混合文化”的看法。后来研究发现，这个提法也是不正确的，仰韶文化和龙山文化是不同的文化类型，两者是上下承接关系，不存在两种文化的混合类型。

为了进一步探求仰韶文化的内涵，做出科学的论断。1980年10～11月和1981年3～4月，河南省文物研究所先后派出了赵会军、丁清贤等带队，对仰韶村遗址进行了第三次发掘。这次发掘是在遗址文化层堆积较厚的台地展开的，发掘面积共200余平方米。发现房基4处，窖穴41个，出土陶器、石器、骨器、蚌器613件。此次发掘基本弄清了仰韶村文化遗址属于仰韶和龙山两个考古学文化，发现了四个不同发展阶段的地层叠压关系，从下而上即从早到晚是：仰韶文化中期→仰韶文化晚期→龙山文化早期→龙山文化中期。至此，仰韶村遗址的文化内涵得以真正确认。

仰韶文化的发掘是中国近代考古学的滥觞，揭开了我国原始社会考古研究的第一页，填补了中国远古文化发展史上的空白。仰韶文化成为中国新石器时代考古篇章中第一个被正式命名的远古文化。

1921年安特生在仰韶村

仰韶村遗址以它厚重的文化内涵和宝贵的史学价值闻名于世，是中华民族发展史上的一座丰碑，在人类文明史上有着重要地位。仰韶村遗址成为中外史学界、考古界向往的“文化圣地”。2000年11月，仰韶村文化遗址的发掘被评为“20世纪河南十项重大考古发现”之一，2001年又被评为“中国20世纪百项考古大发现”之一。

• 仰韶文化庙底沟类型的命名地——庙底沟遗址 •

庙底沟遗址位于陕州古城南的三门峡市经济技术开发区韩庄村，北依黄河支流青龙涧河，总面积约24万平方米，2001年被国务院公布为全国重点文物保护单位。庙底沟遗址属于仰韶文化，因首先在庙底沟发现，所以称为仰韶文化庙底沟类型。据碳-14测定，年代为公元前3910年，上下浮动125年。

1953年11月，著名考古学家安志敏率队到河南省陕县调查新石器遗址，在即将到达陕县车站时，他隔着车窗看到南壁的断崖上暴露着许多袋形灰坑的剖面，这使他感到很吃惊，他此行的目的正是为了获取更多的史前文化第一手材料。下车后，安志敏便带着考古队员直奔遗址而去，收获颇丰。1955年10月，中国科学院组建了黄河水库考古队，由著名考古学家夏鼐任队长，安志敏任副队长，有组织地在库区开展了大规模的考古调查活动。在调查中共发现古迹300余处，其中古遗址211处。由于庙底沟遗址规模大，堆积丰厚，具有典型性，于是决定把它作为发掘基地，并通过实地发掘培养考古干部。

参加庙底沟发掘人员共75人，其中三分之二为刚刚中学毕业的青年，均为首次参加田野发掘工作。此次共开探方280个，发掘面积4480平方米，发现房屋3座、灰坑194个、窑址11座、墓葬156座，出土文物极其丰富。这次发掘，确认了遗址内涵分为两期。一期（下层）为仰韶文化遗存，命名为仰韶文化庙底沟类型。二期（上层）属仰韶文化向龙山文化过渡性质的遗存，命名为庙底沟二期文化，它承袭仰韶文化发展而来，又发展为河南的龙山文化。这次发掘成为新中国考古的重要收获之一。正如安志敏先生所说：“庙底沟遗址的发掘，无论从工作规模、干部培训上还是学术意义上讲，在中国近代考古学史上都应占有一定的地位。”

庙底沟遗址标志牌

这里的“仰韶人”住的房子是方形、半地穴式，南面正中有一条斜坡式窄长门道，屋内有一个保存火种与取暖用的圆形火塘。房基中部有4个带石柱础的柱洞，四周墙壁用木柱做骨架，外边敷一层草拌泥。龙山文化的房子是圆形、半地穴式，底部铺一层白灰作为居住面。墙壁也很光滑，是经火烧过呈灰白色的硬面。房子四周排列有柱洞，房子中间偏北也有一柱洞，洞周围填碎陶片和草泥土，以稳固木柱，看来它可能是属于尖锥顶形的房屋。

陶窑结构均保存较为完整，由窑室、火膛及火道等组成。窑室呈圆形，直径约1米。火膛在南边，分两股火道，向上通入窑室底部。

庙底沟出土的陶器，质料以细泥红

陶为最多。彩陶以黑彩为主，表面磨光，少数兼用红彩，并出现了带白衣的彩陶。陶器的制作基本上是泥条盘筑，也有用手捏制的。颜色主要是红色，比较典型的陶器有卷缘曲腹盆、曲腹钵、敛口瓮、夹砂罐、小口尖底瓶和陶灶等。彩陶的纹饰图案富于变化，主要由花瓣纹、条纹、三角涡纹、圆点纹及方格纹等组成，甚至还出现了蛙纹的彩陶。最为重要的是，庙底沟彩陶中有一种花草纹图案，考古专家苏秉琦先生认为这是早期华族的特征，他说："仰韶文化诸特征因素中传布最广的是属于庙底沟类型的。庙底沟类型遗存的分布中心在华山附近，这正和传说中华族发生及其最初形成阶段的活动和分布情形相像，所以仰韶文化庙底沟类型可能就是形成华族核心的人们的遗存……"

2002年，为配合三门峡"快速通道"工程建设，经国家文物局批准，河南省文物考古研究所、三门峡市文物考古研究所及郑州大学考古专业的考古科研人员组成了联合考古工作队，对庙底沟遗址又进行了一次大规模的抢救性发掘。发掘面积达1.6万平方米，出土的遗物也极其丰富，陶器、瓷器、骨器、石器、铜器等比比皆是，精美绝伦。

庙底沟遗址的发现，解决了仰韶文化和龙山文化的分期，更重要的是解决了仰韶文化和龙山文化之间的关系。从而证明，中华民族的祖先从远古时代起经过仰韶文化、龙山文化直至商周，在黄河流域不断地创造并发展了高度的文明。这一发现为研究中国古代文化的发展提供了重要的实物例证。

铸鼎塬上规模最大的古遗址——北阳平遗址

北阳平遗址位于灵宝市的西北部，东距灵宝市区约20千米。该遗址坐落在阳平小塬的中南部，在北阳平村西。海拔高度430～470米，高出现河床20～60米。地势较平坦，东边依阳平河的一面坡势较缓，西边临关子沟的一面呈峭壁状。该遗址南北长近2000米，东西宽约400～500米，文化层厚3～5米，略呈"西南–东北"走向，总面积达90万平方米，是目前国内发现的仰韶时期大型的古文化遗址之一，有"十里长街"之称。

1956年，灵宝文物工作者首先发现了

北阳平遗址。之后，1980年、1984年原洛阳地区文物处组织了两次调查，主要是弄清了北阳平遗址的范围、包含物年代等。1988年，当地文物部门又组织了第三次调查，为北阳平遗址建立了“四有”档案。1998年，河南省考古研究所领队，组织市、县两级文物部门，以北阳平遗址为重点，对周边其他遗址进行调查。这次调查，对北阳平遗址相关内容进一步确定，划开了与北阳平遗址有较大距离间隔的下河村遗址和乔营遗址，确认北阳平遗址范围，北阳平遗址为铸鼎塬聚落遗址群中面积最大的遗址。同时，又调查发现了周边属于仰韶文化时期的32个遗址。1999年2月至3月，河南省考古研究所、中国社会科学院考古所河南一队、三门峡市文物工作队和灵宝市文物管理委员会组成联合调查队，对铸鼎塬聚落遗址群进行了第五次拉网式调查。这次调查历时近一个月，调查涉及铸鼎塬周围阳平河流域和沙河流域的25个遗址，取得了重大收获。

北阳平遗址进行了两次考古发掘。第一次发掘于1982年8月，由洛阳地区文物处组织，在北阳平遗址中部发掘面积175平方米，共清理房基2座、墓葬13座（含3座战国墓）、灰坑11个，出土文物200多件（其中完整器物27件），主要有泥质红陶罐、彩陶盆、陶瓮、陶缸和石斧、石铲、穿孔石刀等，进一步确定该遗址为仰韶文化中期遗址，且延续时间较长，直至商周。

第二次发掘时间为1999年11～12月，由中国社会科学院考古研究所、河南省文物研究所、三门峡文物工作队、灵宝文物管理委员会组成的联合考古工作队发掘，在北阳平遗址中部，发掘面积320平方米，发现仰韶时期灰坑24个、墓葬2座、房基3座，出土各类陶片、石器、骨器共10万余件，经整理，较完整的有110件。陶器以泥质红陶为主，夹砂红陶为次。器物为各种类型的折沿、卷沿鼓腹盆，夹砂褐陶、灰黑陶、上腹部饰多道弦纹的鼓腹折沿罐，敛口浅腹平底钵，双唇口尖底瓶，釜，灶等；器表以素面为大宗，另有一定数量的弦纹、绳纹、线纹和彩陶。彩陶纹饰以圆点、弧线三角、勾叶、垂嶂、条纹的组合图案为主，华丽繁褥，显示了较高的审美水平。

这次抢救性试掘获得了重要成果。首先，这次试掘基本搞清了北阳平遗址的文化内涵，在年代上晚于以东庄村为代表的仰韶文化遗存，而又早于以西王村仰韶文化晚期为代表的遗存，属于典型的庙底沟类型。虽然迹象早于庙底沟一期和晚于庙底沟二期的也有，还有周代的文化层，这说明这里古人类居住时间很长，但最发达的还是庙底沟时期。其次从出土的大量的陶器、石器、骨器看，种类繁多，制作精细，绝非一般工匠所为。大型器物令人震惊，如口径94厘米的大缸、90厘米的黑陶大瓮、50厘米的夹砂大缸，在同时期其他遗址里是不多见的。超薄大型红陶小口尖底瓶，即使现在的工匠制作也有一定难度。制作精细的庙底沟时期的小口尖底瓶瓶盖和陶塑人头艺术像，在河南豫西考古史上实属罕见。更令人惊喜的是在两块彩陶盆沿上发现两处符号，是最早的文字，还是记事符号，有待专家进一步研究。另外从出土的大量兽骨分析，以圈养的家猪骨为主，野兽骨和鱼骨较少，这说明当时生产力已比较发达，人们食肉以圈养为主，狩猎业和捕鱼业已退居次要位置。发掘的窖藏灰坑排列有序，多数灰坑有台阶，其中最大的口径在3.7～4.5米，坑深3.2米以上，这种深而大且密度较高的窖藏坑在别处也是不多见的。在窖藏灰坑南侧，发现有仰韶时期的陶窑，这种陶窑在仰韶时期的其他遗址中很少发现。

北阳平遗址堆积厚，文化内涵丰富，是以仰韶文化中期即庙底沟类型仰韶文化遗存为主的大型聚落，与周围遗址相比，具有中心聚落的性质，是探索中国文明起源的重要地区。1987年2月，河南省人民政府公布北阳平遗址为第二批省级重点文物保护单位。2001年6月，国务院公布北阳平遗址为第五批全国重点文物保护单位。2005年，北阳平遗址被列入中华文明探源工程六大首选遗址，也是“十一五”期间国家资助保护的全国100个大遗址之一。

• 揭示中华文明之源——灵宝西坡遗址 •

灵宝西坡遗址位于灵宝市阳平镇西坡村，坐落于黄帝铸鼎塬南部，北距黄河约8千米，南距秦岭山脉北坡约4千米，东、西两侧分别为沙河的支流夫夫河与灵湖河，地势西南高、东北低，海拔456～475米，四周多为断崖，是铸鼎塬遗址群中较大的一个，现存面积达40万平方米。2001年，它和北阳平遗址、东常遗址、乔营遗址等

50多处仰韶文化遗址一起以“北阳平遗址群”的名称，被国务院公布为全国重点文物保护单位。2006年，灵宝西坡新石器时代大型墓地考古发掘被评为2006年度全国十大考古新发现之一。北阳平遗址涌现出一批批考古成果，越来越被国内外考古界所关注，并被国家发改委、国家文物局列入“十一五”期间国家100处重点大遗址保护专项，西坡遗址则被国家确定为“中华文明探源工程”六大首选遗址之一。2008年2月20日，西坡遗址考古项目入选“河南省十件文化大事”。

从2000年开始，中国社会科学院考古所与河南省文物研究所组成联合考古队，对西坡遗址一共进行了8次重大发掘，取得了丰硕的成果，基本弄清了西坡遗址的整体聚落布局，为认识仰韶文化中期中心聚落的文化面貌、埋葬习俗、社会结构等提供了宝贵的新资料，对探索中原地区文明起源的特性、进程、模式、动因等，具有重大意义。

在西坡遗址的第2次发掘中，发现了古人的房基3座：占地面积分别为106平方米、98平方米、52平方米；房基面普遍较大且形状相似，布局结构规整，建造工序复杂，显示出当时较高的建筑水平。在西坡遗址第3次考古发掘中，发现特大型房基一座，占地面积516平方米，室内的净面积就达204平方米。四周设回廊，其地基、居住面、柱洞等处做工极其精湛，其工程之浩大，工序之繁复，这在中国的建筑史上是具有里程碑意义的。专家们认为，这是

西坡遗址516平方米特大房基（仰韶时期）

迄今为止在时间总跨度约为2000年的整个仰韶文化时期中所发现的面积最大、结构最复杂、规格最高的房屋基址。在第四次考古发掘中，又发现了一处特大型房基，占地面积约296平方米，室内面积约240平方米，未发现回廊。除上述特大型房址外，西坡遗址还发现多座面积稍小但仍属较大型的房基，也均为近正方形的半地穴式，每座占地面积约100平方米。建筑普遍采取了夯筑技术，居住面及墙面加工考究，表面光滑规整，门道、火膛、柱洞等设施齐全。

在第四次考古发掘中，发现蓄水池遗迹两座，一座长、宽、深分别为20米、9.5米、12米；另一座长、宽、深分别为19米、2.5~9.5米、1.55米，都是人工挖掘并加工而成，显然与上面介绍的房基有着十分密切的关系。蓄水池略呈长方形，并有众多沟槽状遗迹，对水有明显澄滤作用。这些蓄水池是目前发现最早的同类遗存，表明早在仰韶文化中期人们已具有控水和节水的意识与能力。

在第六次考古发掘中，清理大小墓葬11座，其中包括编号为M27和M29的两座大型墓葬。这批墓葬均为南北向、长方形竖穴土坑墓，墓底南、北两侧有生土二层台，墓主为单人仰身直肢葬，在中小型墓葬中还出土了一定数量的玉钺、陶器和石器。M27为最大一座墓葬。该墓为长方形竖穴土圹墓，东西长5米、南北宽3.4米，东西两侧有生土二层台，二层台距离开口深度为1.2米。墓中从开口起便以青灰色草拌泥封填，填泥中保存有大量形态较完好的植物叶、茎，后通过考证是距今5300年前的遗迹和遗物。墓室上方以16块木板封盖。木板宽约15厘米，厚约1厘米，板上盖有较细致的麻布。脚坑上无盖板，内出土有陶杯、陶灶等器物若干，未发现玉器。而在墓室一侧中间却发现有两个已残破的特大型泥质红陶缸，缸体表面还饰有一些精美的黑色花纹，尚属首次发现。在其他中小型墓葬内出土有数量不等的玉钺，从这种现象上来看，当时的等级差别并不是以墓葬的规模大小来衡量的，而是从随葬器物的贵贱程度上体现出来，这可以说是仰韶文化丧葬习俗的一大亮点和特色。

西坡遗址经过数次发掘，清理了墓葬、房基、灰坑、壕沟、水池等多种遗迹，出土了大量陶器、玉器、石器、骨器、蚌器等随葬品。最引人注目的有口径94厘米的大缸残片、口径90厘米的黑陶大盆残片、口径50厘米的夹砂大缸残片、超薄的大型泥质红陶小口尖底瓶、陶塑彩绘人头像，特别是在两块彩陶盆沿上发现类似文字符号等，在同类遗址中是非常少见的，具有较高的历史和考古价值。尤其是发现了大量以钺为主的玉器及形状各异且独特的陶器，这在全国目前的史前考古发掘中是非常少见的。在墓葬中还首次发现了植物茎叶、麻布印痕等遗迹和遗物，这在同时期发掘的墓葬中也是绝无仅有的。

鉴于西坡遗址的重要性，经国家文物局批准，占地60万平方米的“西坡国家史前遗址公园”将落户河南省灵宝市阳平镇。包括遗址博物馆、遗址展示区、环境复原展示区、重点保护区等10多个建设项目。目前“西坡国家史前遗址公园”的规划编制工作已经全面展开。

•仰韶早期水稻遗迹发现地——南交口遗址•

南交口遗址位于三门峡市区东约7千米的湖滨区交口乡南交口村西，地处黄河支流青龙涧河和东青龙涧河交汇处东南，分布于河南岸二级阶地及黄土台塬边坡上。南交口遗址于1984年被发现，1985年因其丰富的仰韶文化、龙山文化内涵，而被公布为三门峡市级文物保护单位。该遗址大致呈东西向，东部南北较宽，西部南北较窄。根据现今地貌景观并结合古文化遗存情况可将其分为三区，总面积约为12万平方米。为做好连（云港）霍（尔果斯）高速公路洛阳至三门峡段建设工程中的文物保护工作，经河南省文物局报请国家文物局批准，河南省文物考古研究所开始对南交口遗址进行抢救性发掘。发掘工作自1997年9月17日始，于1998年12月7日完成，前后历时约15个月。这次发掘面积1400平方米，基本弄清了南交口仰韶文化遗存内涵。

这里的仰韶文化共分为三期：仰韶文化一期是南交口遗址中较丰富的遗存。分布于遗址的中、西部。发现1座房址，系半地穴式建筑。灰坑常见圆形或椭圆形口，较少长方形和不规则形口，多斜壁平底或弧壁圜底，直壁平底者略少，有数座局部斜壁下张平底。另外，还发现2座墓葬，皆为单人竖穴土坑墓，一次葬，无葬具，无随葬品。遗物主要为陶器，以泥质红陶和夹砂红褐陶、灰褐陶为主。多素面，纹饰则常见绳纹和旋纹，彩陶较少，多黑彩，仅有直边长三角、斜线、直线、窄带、宽带、平行线等较简单的纹样，有一定数量的红顶陶。基本器物有宽沿罐、窄沿罐、无沿罐、敛口罐、筒腹罐、钵、碗、小口尖底瓶、盆、缸、瓮、器盖、器座等，其中窄沿罐、杯形口小口尖底瓶、红顶钵和直边长三角彩陶纹样等为本期陶器最典型的代表。出土的少量石器均为打制的石核或石料。骨器则仅见骨环。依据器物特征、地层关系，发掘领队魏兴涛认为南交口仰韶一期遗存属于仰韶文化的早期阶段，当属于仰韶文化东庄类型。

仰韶文化二期是南交口遗址发现最丰富的遗存。由于地形复杂，本期文化层发现较少、分布不连续且堆积较薄。但遗迹则较多。其中房址6座，有长方形、圆形地面和圆形半地穴式3种形式。发现灰坑57座，以圆形口居多，少量椭圆形、方形或长方形口；常见斜壁或弧壁下张平底，其次为斜壁下收平底、弧壁圈底和直壁平底等；其中有数座子母坑，结构别致，引人注目。发现灰沟3条，其中2条为小型或较小型沟，1条为大型沟。发现墓葬1座，在仅3平方米稍多的范围内埋葬24个个体。仰韶时期的多人二次合葬墓在豫西三门峡地区尚属首次发现。发掘领队魏兴涛认为，南交口二期仰韶文化为豫、陕、晋交界一带的仰韶文化的中期遗存，应属于仰韶文化庙底沟类型。仰韶文化中期是南交口遗址大发展的时期。

仰韶文化三期遗存发现的较少，仅见2座灰坑，均圆形口，斜壁下张平底和圜底者各1座，形制较规整，尤其是前者壁、底整治得十分光滑，曾作窖穴使用。第三期则相当于山西芮城西王村仰韶文化晚期，即所谓西王村类型。虽然南交口仰韶三期遗存发现较少，但特征鲜明，其内涵较西王村“龙山文化”丰富。它的发现，使豫、陕、晋交界地区仰韶文化末期的发展脉络及其向庙底沟二期文化逐步发展转化的过程更加清晰。

在南交口遗址发掘期间，考古人员特别重视古代遗存和信息的多样化采集。发掘中还采集了大量土样，用自制的小水桶进行浮选，以发现古代的植物遗存，这也是国内较早运用水选法收集植物遗存的考古工地之一。中国科学院植物研究所孔昭宸、刘长江对魏兴涛提供的水选物进行鉴定，在所送的仰韶中期样品中发现了炭化的水稻籽实。这是黄河中游地区仰韶文化中最早确切发现的水稻遗存，魏兴涛与孔昭宸、刘长江一起，在学术刊物《农业考古》上公布了这一发现，引起了学术界的重视。但当时水稻遗存仅在2座灰坑中发现，出土过少。2007年，魏兴涛再次前往发掘工地，在能确切辨认编号的仰韶中期8个灰坑（窖穴）中采集土样，另在遗址西部找到2座仰韶早期灰坑进行采样。后将这10个单位的浮选物交给在北京大学考古文博学院工作的秦岭，经秦岭的全面拣选鉴定，除发现了仰韶中期的稻、粟外，还在仰韶早期遗迹中发现有稻、黍、粟等籽粒，将黄河中游开始栽培水稻的历史提前到了仰韶早期。此外还发现有野生果实、杂草等的种子。通过各种遗存所占的百分比，仰韶人的植物食谱让人一目了然。

在南交口遗址发掘期间，魏兴涛和同事们又在南交口附近进行了初步的考古调查，发现这一带分布着众多古文化遗址，如北梁遗址、朱家沟遗址、卢家店遗址、大交口遗址、小交口遗址、卢家店南遗址等。除了上述遗址外，在青龙涧河的下游还有三里桥遗址、南家庄遗址、庙底沟遗址，这也就意味着6000年前，一个个古代聚落分布在青龙涧河两崖。那么古人为何喜欢在青龙涧河边生活呢？因为这里得天独厚的自然环境。三门峡一带全新世的原始地貌景观由山地、黄土台塬、丘陵、河流和沟谷组成，地貌类型复杂多样。地貌的多样性决定了生物资源的多样性，可以为古代人类提供丰富多样的食物来源。本区又位于黄土高原南缘，黄土堆积丰厚，黄土土质疏松，矿物质丰富，适合于早期的农业活动，再加上地处暖温带南缘，东亚季风给本区带来了四季分明、雨热同季、温暖湿润的气候环境，适宜农作物生长。优越的生存环境，为这里的史前人类活动尤其是早期农业活动提供了保证，于是人们自然就愿意在这里居住。

多学科联合考古的“试验田”——班村遗址

20世纪90年代，国家计划在黄河上修建一座水利枢纽——小浪底水利枢纽。清理淹没区的文物成为当务之急。时任中国历史博物馆馆长的俞伟超先生想利用抢救性发掘的机会搞一块考古学“试验田”，用以探索考古学的新理论、新方法。为了做好遗址的选点工作，从1990年开始，他委托中国科学院地质所的周昆叔先生领队，组织人员前往河南渑池、新安、孟津三县小浪底库区实地考察，最后才确定以班村为主要发掘点。

班村遗址位于渑池县东北50多千米的南村乡班村西北部两河交汇处的二级台地上，北靠黄河，西临涧河。东西长300米，南北宽150米，面积约4.5万平方米，文化层厚2.5米左右。

1991年，中国历史博物馆，河南省文物考古研究所，中国科学院地质所、古脊椎动物与古人类研究所、植物所与中国社会科学院考古所等十余家单位的有关田野考古、科技考古、环境考古、动物考古、植物考古、地学、文化人类学等多学科学者组成了阵容强大的国内第一个多学科综合考古发掘队，开始对该遗址进行大规模的综合发掘与研究。至1996年1月，已发掘面积5400平方米，获得了大批实物和一些新收获，基本搞清了遗址的文化序列及各期文化遗存的分布状况，多学科综合研究也取得了一些进展。

已经获得的考古发现表明，班村最早的文化时期相当于裴李岗文化时期。发现的该期文化遗迹主要是一些房基、窖穴和用于烧烤食物的室外灶炕。其中灶炕多呈口径约1米、深约0.5米的圆形锅底状，坑内出土了许多烧过的石块、灰烬、动物骨骼，以及一些陶器残片、石器、骨器等。裴李岗文化时期的陶器以红陶为主，灰陶和褐陶较少，泥质陶多为夹砂陶。纹饰以细绳纹为主，另有线纹、指甲纹和划纹。主要器型有罐、钵、碗、缸、器盖等，其中饰竖向粗绳纹夹砂褐陶筒形带把罐又具有自身的特点。这些重要的发现，扩大了裴李岗文化分布的地域，填补了豫西古文化的某些缺环，丰富了考古学编年系列的技术。同时，班村遗址裴李岗文化的内涵，并非与河南中部裴李岗文化完全一样，它带有陕西渭水流域老官台文化的少量因素，说明二者有某些交流和相互影响。

继裴李岗文化之后的仰韶文化遗存最为丰富。该期文化遗迹主要是房基和灰坑（窖穴）。其中房基多为半地穴式，平面有圆形、椭圆形和方形三类。出土了许多十分坚硬的房基地面或墙壁残块，表明该期文化已具有较高的房屋建筑技术。在被后期文化层破坏而形成的红烧土堆积中，发现了许多该期文化遗物，从底层关系和器物形态看，大致可分为早、中、晚三段。陶质以泥质红陶最多，夹砂红陶和泥质灰陶次之。器表纹饰有弦纹、绳纹、线纹，附加堆纹等。还有一些彩陶，彩绘黑彩多于红彩，并有少量白衣彩陶。器形主要有夹砂红陶和灰陶罐、泥质红陶黑彩罐、红陶黑彩钵、泥质红陶盆、泥质红陶黑彩瓮、夹砂红陶器盖，以及尖底瓶、釜、鼎、碗、杯、缸等，属仰韶文化庙底沟类型，其中具有渭水流域半坡文化因素的葫芦口瓶和典型庙底沟一期文化的重唇环口瓶，从早期到晚期一直共存。彩陶除庙底沟一期文化常见的弧旋钩连纹、花瓣纹等外，在该期文化的较晚阶段，可看到具有大河村文化因素的白边黑彩图案，以上这些对研究不同文化的交流与融合，都是十分重要的。

在庙底沟一期文化晚段遗存之上，发现有厚约1米的洪积层，这层洪积层被庙底沟二期文化遗存打破。这一发现表明，在相当于仰韶文化晚期阶段，这里曾有过大的洪水期。

在班村遗址发现的相当于庙底沟二期文化的遗存，分布范围较广，对早期遗存的破坏较大。该期发现的遗迹有房基、灰坑（窑穴）、祭祀坑、墓葬和陶窑。房基为较深的椭圆形半地穴式。灰坑以圆形袋状坑居多，不少灰坑底部有炭化小米。在班村遗址西部，还发现一组以人祭坑为中心的该期文化祭祀遗迹。庙底沟二期文化陶器以夹砂陶居多。褐陶多于灰陶，红陶较少。纹饰以蓝纹为主，还有弦纹，附加堆纹。器形有罐、碗、盆、钵、缸、尖底瓶、鼎、斝、壶、杯和器盖。

至战国晚期，班村遗址又成为当地重要的聚落中心。在这里发现了一批属战国晚期秦人的中小型墓葬，还发现一座基础高1.5米，用九层大石块叠切而成的大型建筑基础。

班村遗址的发掘是考古研究的一次新尝试。发掘采用了科技、环境、动植物、地质、文化人类学等多学科的综合技术，并取得一些阶段性成果，成为小盆地区域性考古发掘和研究的范例之一，其包容性与开放性史无前例。裴安平先生指出：“虽然它不可能为国内所有的发掘项目所照搬、所效仿，但班村规划制定过程所透出的严谨、科学求实、追求完美的精神却是值得我们所有考古人永远学习的样板和楷模。尤其是面对近年考古规模日益扩大、部分考古项目发掘质量逐渐下滑的趋势，呼唤班村精神的确具有重要的现实意义。”

• 虢国贵族的公墓——虢国墓地遗址 •

虢国是周初分封的姬姓诸侯国。其立国国君分别是周文王的两个弟弟虢仲与虢叔。相传虢仲被封于今河南荥阳一带，史称东虢；虢叔被封于周王朝畿内之地，在今陕西宝鸡一带，史称西虢。西周晚期，西虢国东迁崤函一带，以上阳为都城，地跨黄河南、北两岸，扼制自关中至中原的东西方交通要道，历史上称为南虢国。公元前658年，晋国假道虞国，攻破虢国的塞邑下阳，公元前655年再次借道，攻克了虢国的都城——上阳城。虢国从西周初年受封到为晋所灭，历时400余年。其经济文化发达，族人能征善战。虢国国君多在周王朝中担任重要官职，备受周天子的赏识和器重，参与了西周至春秋初期所发生的许多重大历史事件，对周王朝的兴起、发展和衰落都有重大影响。

虢季墓

虢国墓地是居住在上阳城内的虢国贵族死后的埋葬地。它位于三门峡市市区北部的上村岭上，其北部边缘距黄河南岸仅600米。整个墓地南北长590米，东西宽550米，占地32.45万平方米。1955～1957年，中国科学院与文化部联合组成的黄河水库考古队，在夏鼐、安志敏先生率领下，分为若干分队和小组，对豫、晋、陕、甘等省进行了一系列的考古调查与发掘工作。1956年冬，发现了著名的虢国太子墓，从而确认了虢国墓地的所在。当时共清理墓葬234座、车马坑3座、马坑1座，出土文物9197件。但是，没有发现虢国国君及国君夫人等高级贵族墓葬。1990年，当地农民建房引发了大规模的盗墓事件，进而发现了虢国高级贵族埋葬区，之后抢救性发掘了18座墓葬、6座车马坑，出土文物近3万件。

虢国墓地（上）

虢国墓地（下）

经过两次大规模的考

虢季墓出土的钟

虢季钟铭文

古发掘与四次文物钻探，我们对虢国墓地的全貌和性质有了一个较为完整的了解与认识。该墓地墓葬皆为长方形竖穴土坑墓，总数在800座以上（包括车马坑与祭祀坑），依各墓葬的排列情况，大致可分为三区（即南区、西北区、东北区）八组。特别是西北区的第7组、第8组，其墓葬规格最高，墓主身份也最高，各位国君、国君夫人及高级贵族的墓葬即位于这个区域内。在这八组墓葬中，每一组的墓葬均以几座较大型的墓葬为中心，相对地集中在一起。可以看出，墓地内所有墓葬依其规格及墓主人身份高低，由北向南各自成组，循序排列分布，具有典型的“各以其族而葬”的特征。可以说虢国墓地是一处等级齐全、排列有序、独具特色且保存完好的大型邦国墓地。

截至目前，虢国墓地已发掘了260余座墓葬与车马坑，其中有两座虢国国君墓（虢季墓与虢仲墓）、1座国君夫人墓（梁姬墓）、两座太子墓、10余座大夫墓、4座贵族夫人墓，出土了铜器、陶器、玉器、石器、金器、铁器、铅器、骨器、蚌器、木器等各类文物达3万多件。一些国宝级文物最为引人注目，如玉柄铁剑，经鉴定为我国最早的人工冶铁制品，被誉为“中华第一剑”，把我国人工冶铁的历史向前推进了100多年。12件一组的黄金带饰、缀玉面罩、七璜联珠组玉佩、六璜联珠组玉佩、五璜联珠组玉佩弥足珍贵。有些玉器竟然是红山文化和殷商时期及西周早期的传世玉器，个别还有刻铭与墨书文字，价值极高。出土玉器最多、最为精美的墓葬是虢仲墓。该墓仅玉器一项就达1000多件组。动物造型的玉器更是数不胜数，有神秘莫测的玉龙、屈身咆哮的玉虎、悠然

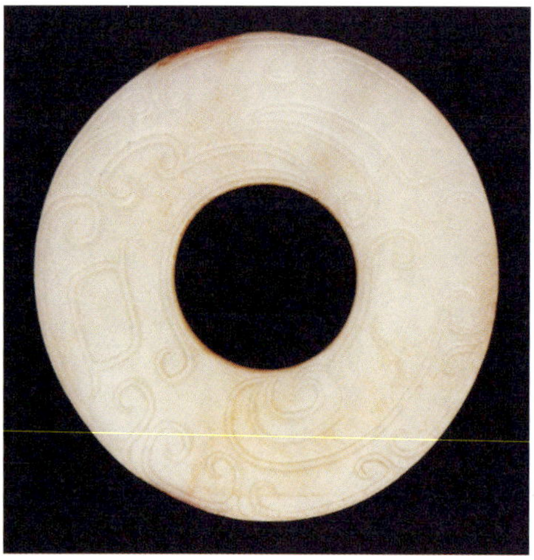
虢国墓出土的白玉璧

虢国墓出土的玉鹿

自得的玉象、神态安详的玉鹿、活泼可爱的玉兔、憨态可掬的玉牛、展翅欲飞的玉鸟及雍容高贵的玉鹦鹉等，几乎囊括了北温带气候下所有的动物品类，令人叹为观止。很多铜器上都铸有铭文，如虢仲组器、虢季组器、虢姜组器、虢硕父器、梁姬罐、兽叔盨等为研究墓葬主人的身份，以及西周的婚姻、战争等提供了重要的资料。

通过研究分析，虢国墓地的启用年代应始自西周晚期厉宣时期，废止于春秋早期，与文献记载所谓的虢国的存在时间基本吻合。考古发掘所获得的大量文物，为研究虢国的历史与文化及古代的礼仪制度提供了珍贵的实物资料，同时也有力推动了两周考古学的发展和进步。由于虢国墓地出土文物的重大历史价值、艺术价值和科学价值，虢季墓与虢仲墓，先后于1990、1991年两度被评为当年的全国十大考古新发现之一，1996年被国务院公布为第四批全国重点文物保护单位，2000年11月，虢国墓地被评为“20世纪河南十项重大考古发现”之一，2001年被评为“二十世纪中国百项考古大发现”之一。

虢国都城上阳城——李家窑遗址

李家窑遗址位于三门峡市区，曾为两周时期虢国的都城上阳城。虢国是两周时期一个重要的诸侯国，在周王朝的历史上占有重要地位。根据古代文献记载，西周晚期，虢国从陕西宝鸡迁都到这里，直到公元前655年被晋国灭亡。李家窑遗址东西长1500米，南北宽350米，面积52万平方米，地势平坦开阔。靠河部分内涵丰富，文化层厚达3米，北部文化层较薄。1963年6月被河南省人民委员会列为第一批省级重点文物保护单位。

1957～1958年，为建设三门峡大坝，及时清理淹没区的文物，黄河水库考古工作队在黄河两岸进行了钻探调查，发现了虢国墓地，并有意识地寻找虢国的都城上阳城。考古人员在墓地北边清理了上村岭遗址，在山西平陆试掘了盘南村遗址，在虢国墓地东南2千米处试掘了李家窑遗址。考古人员在李家窑遗址南侧的中部开了3条探沟，发现有窖穴一类遗迹，并获得许多陶器皿和瓦的残片。陶器皿中最常见的是鬲、豆、盆、罐，其中一部分和墓地所出的相同，一部分则稍晚。经过对比研究，专家们认为盘南村和上村岭遗址规模都不大，并且地势崎岖狭窄，内涵贫乏，和文献记载的位置也不相符，不可能是虢都上阳城。而李家窑遗址规模大，内涵丰富，包藏量大，器物与墓地所出相同，有可能是虢都上阳的所在地。但由于没有发现城墙、宫殿等建筑遗迹，这个结论并不能令人信服。

2000年1月，河南省文物考古研究所会同三门峡市文物工作队，为配合城市建设，对李家窑遗址进行了大规模的科学考古发掘，终于发现了考古人员梦寐以求的虢国都城上阳城。

上阳城北依上村岭，南临青龙涧河，略呈东北—西南走向。城垣平面呈长方形，南城墙已被青龙涧河水冲毁，仅留残垣断壁。北城墙和东城墙保存尚好，东西长1000～1050米，南北残宽560～610米，周长约3200米。城垣墙基宽4.5～6米，残存高度不一，最低处只有0.5米，最高处近2米。城墙采用版筑的方法填土分层夯筑而成，夯层清晰可见，厚度6厘米左右。在城垣外侧，平行环绕着两道宽阔的大壕沟，为防御工事。内城壕宽13～17.5米，深6 .4～10米；外城壕宽15～22米，深4 .3～ 6 米，整座城址宏伟而壮阔，极为少见。在人类城市发展史上，这种双城壕的设置十分罕见，这反映出虢国作为西周军事诸侯封国，十分注重战争和防御。

虢国宫城，也就是国君所住的地方位于城址内西南部。平面近长方形，东西长310～405米，南北宽315米，周长约1350米。在宫城外环绕一道与宫墙基本平行的壕沟，宽7～11米、深5.7米，专家指出这也是用于防御外敌入侵的工事。

在宫城内中偏西的北部，较完整地发掘出一座大型夯土建筑基址。该基址北部紧邻宫城北墙，基本保存完整。它坐北朝南，略高出周围地表，总体为长方形，与宫城北墙平行，东西长24.6米，南北宽21米，总面积约517平方米。在该基址上分布着较密集的柱础，共发现45个，均为圆形，除个别柱础较小，其余为直径0.65～1米的较大型柱础，大体可看出其为南北向7排，东西向5排。在基址的中南部与西南角共发现瓢形或椭圆形灶坑3处，内有红烧土块和灰烬残留。基址表面较高处局部保存有因踩踏而致的硬面，可见其上经过了人们的长期活动，可以想见当时建筑的巍峨宏大。这无疑是当年王宫所在地。在该基址之上及附近还发现有大量陶瓦残块，大都为板瓦，多浅灰色，表面饰绳纹，表明此基址很可能以瓦做顶。

另外，在宫城和城垣之间，发现多种手工业作坊。制骨作坊位于宫城外东北侧，散布着数以千计的骨器成品、半成品和骨料等，并发现铜锯、砺石等制骨工具。制陶作坊位于城垣西墙南端外侧，发现的陶窑不仅数量多、分布集中，而且保存完好，出土有陶器的成品、半成品及烧坏的废品。冶铜作坊位于城垣内西北隅。另外，在宫城外西北侧发现了较大规模的地穴式储粮库。还有一道东西长达160多米的陶制水管道，横贯宫城中部，每节圆形管道的接口为子母口套接，这与我们当今的供、排水管道的接口方式完全一致。为防止陶管受压损坏，在部分地段，管道铺设在石头砌成的沟内。

目前发掘所获的考古资料，结合文献有关记载，充分证实了上阳城作为虢国都城所必须具备的基本要素和条件，因此这一发现得到了许多国内著名考古专家和学者的赞同与认可。上阳城遗址的发现，填补了我国西周晚期没有发现古代都城的考古学空白，为我们更加全面、准确地了解虢国这一西周时期的重要诸侯国提供了珍贵的实物资料，也为西周考古学研究树立了一个有明确纪年的断代标尺。

• 周党隐居处——不召寨遗址 •

不召寨遗址位于渑池县城西北1.5千米的不召寨村，它既是一处新石器时代的古文化遗址，也是东汉时期周党的隐居处。

该遗址于1921年由中国地质学家陈德广先生首次发现，瑞典考古学者安特生在此试掘，取得了许多带有龙山文化时期内涵特征的实物资料。该遗址南临东河，北高南低，总面积约4.16万平方米。中部被一条无名沟分割为东、西两区。东区东西长约200米，南北宽约100米，面积约2万平方米；西区东西长约180米，南北宽约100米，面积约2.16万平方米。东区寨西和寨北的断壁上暴露的灰坑和灰层最丰富，灰坑皆为袋状，深度2～3米，陶器以灰陶、黑陶为主，属龙山文化遗存。采集有完整的绳纹陶鬲、石斧、石凿和钻孔石刀。1951年，中国科学院考古研究所河南调查团在夏鼐先生带领下对该遗址进行调查，确定该遗址文化内涵属龙山文化时期。1963年，该遗址被河南省政府公布为第一批省级重点文物保护单位。

为什么该遗址叫不召寨呢？要知道这个村名的来历，还得从周党隐居、刘秀招贤的故事说起。

周党，字伯况，太原广武（今山西代县）人。周党家境殷实。他自小失去双亲，为一宗亲所养。成年后，重义轻财，遣散奴婢，分尽家产，只身前往长安游学。数年后，返回故乡，束身修志，在广武一带享有盛名。公元8年，王莽篡权，天下大乱，盗贼四起，附近州县俱遭劫掠。周党为避王莽叛乱，携家带口，来到渑池县隐居。

东汉建立后，汉光武帝刘秀征周党为议郎。不久，周党因病要求辞官。获准后，他携妻隐居河南渑池回溪之畔。几年后，汉光武帝派尚书召他还朝做官。使臣持重礼前来，并选一交通便利之处郑重宴请。据说，周党见使臣时，故意身穿粗布短衣，头发蓬乱并沾满谷糠，以绝朝廷征召。最后，在使臣一再劝说下，被迫到洛阳。在接受皇帝召见时，他伏地不起，以著书养疾为名，坚辞高官。光武帝遂接受其请求。当时，朝中博士范升曾上书光武帝，以“大不敬”等罪名对周党大加诋毁。但光武帝深明大义，力排他议，下诏曰：“自古明王圣主必有不宾之士，伯夷叔齐不食周粟，太原周党不受朕禄亦各有其志焉。”并赐帛四十匹。自此，周党索居渑池不召寨，著书耕作而终。

周党隐居之村庄，因其不受召封而得名“不召寨”（今河南渑池坡头乡不召寨村）。当年朝廷使臣放礼品的地方，以后也形成了寨子，就叫礼庄寨。不召寨村西北处原有窑洞一孔，当地人称为周党窑。它前临回溪水，流水淙淙，满沟杨柳，婀娜多姿，环境十分清幽。吸引了历代达官贵族、文人墨客到此瞻仰凭吊，并留下了大量诗篇。明朝时，周党隐居处被辟为“渑池八景”之一。

项羽坑秦卒处——楚坑

楚坑位于义马市南3千米的千秋镇二十里铺村西南。呈东西走向，东西长约400米，南北宽约250米，总面积约10万平方米。

秦二世三年（前207），项羽军拒秦将章邯于棘原（今河北巨鹿南），两军相峙未战，而秦军多次退却。为此，秦二世对章邯不满，加之丞相赵高嫉贤妒能、阴险狡诈，与章邯不睦。因此，章邯恐事后赵高罗织其罪名，加害于他，故在一次战争失利后，率众投降项羽。羽立章邯为雍王，安置于楚军之中，另派司马欣为上将军领秦降卒为先锋，渡黄河，西进入关伐秦。当大军行至新安时，由于楚军中大部分官兵过去曾因服役、戍边路过秦境，那时秦地官兵对他们多有凌辱，故对投楚秦兵就像对待奴隶一样驱使、摧残、侮辱。因此，投楚的秦军官兵心里多有怨气，在私下议论说：“章将军欺骗我们投降了楚军，现在又让我们入关攻秦，而我们的家室全在秦地，如果胜秦则好；倘若失败，楚军定逼我们随其东去，那时秦必杀死我们的父母妻子。”此话让楚军将领听到后，报告给项羽，项羽就找来黥布和蒲将军商议说：“现在，我们军队里秦兵众多，但其心不服，如果入关后不听我们的指挥，或者倒戈，那么取胜就非常困难，不如及早杀掉，以免后患。”于是，楚军夜间突然动手坑杀秦卒20余万人于新安城南。《括地志》载：“新安故城在洛州渑池县东一十三里，汉新安县城也，即坑秦卒处。”

民国二年（1913），在该村西南修建陇海铁路时，发现累累白骨；20世纪70年代农民在坑内平整土地时，也常常挖出大量人骨。“楚坑”为习惯性的叫法。因坑内所埋是秦卒，当谓“秦坑”或“秦军坑”。公元759年，大诗人杜甫途经这里，留下“项氏何残忍，秦兵此处坑。愁云终古在，鬼灿至今明”的诗句，其中的“鬼灿”指的便是“鬼火”。“鬼火”实际是磷火，是尸骨腐烂时分解出的磷化氢自燃所致。旧时迷信，人们把这种骇人的现象称为“鬼火”。

• 崤渑故道要塞——新安故城 •

新安故城位于今义马市千秋镇下河村，城址南临涧河，地处两京之间的崤渑故道上，为秦、汉两函谷关之间的咽喉地带，既是交通要道，又是战略之要塞，为当时中原地区政治、经济、军事重镇，受到历代王朝的重视。

早在新石器时代，就有人类在这里定居生活，繁衍生息。据文献记载，新安故城形成于战国时期。公元前221年秦始皇在此设置新安县，著名的“楚坑”就在古城遗址附近。《史记·项羽本纪》有项羽夜袭坑杀秦降卒20余万人于新安城南的记载。西汉初，此处设新安县，属三川郡。至北魏孝明帝孝昌三年（527），改置西新安县，属宜阳郡。而新安县东迁至洛阳新安县今址。东魏仍为西新安，属渑池郡。西魏大统元年（535）改属河南郡。隋大业元年（605），渑池县治所移此，大业十二年（618）迁至大坞城。清末，这里建有慈禧行宫。据《渑池县志》载，清光绪二十六年（1900）“八国联军”攻陷北京，慈禧皇后和光绪皇帝携部分大臣逃往西安。次年又从西安返回北京，东出潼关，路经此地并修建了行宫。

新安故城南临涧河，北靠公路。经考古勘探，遗址平面呈长方形，南北长约600米，东西宽约400米，城基宽9米，文化层厚1.5～2.5米，总面积约29.4万平方米。地面现存有周秦古道、汉魏古道等遗迹，北城壕南侧局部可见城基夯土。近几年来，由于农田基础设施建设，在新安故城遗址内，经常出土大量的陶器残片、铜镞，以及秦汉时期的筒瓦、板瓦、空心砖、方形花纹砖，陶制排水管道等。这些出土实物，说明当时城市规划已经初具规模，为进一步研究和证实新安故城提供了珍贵的实物资料。1989年，新安故城被义马市政府公布为市（县）级文物保护单位。2000年9月，被河南省公布为省级文物保护单位。

• 豫西最大官营冶铁作坊——渑池冶铁遗址 •

崤渑一带铁矿储量丰富，还拥有足够量的用于冶铁的煤炭、木炭等燃料资源。汉武帝时，实施冶铁官营，在渑池设铁官，负责管理铁矿的开采、冶炼和铸造铁器事宜。渑池冶铁遗址，就是豫西最大的官营冶铁作坊。

该遗址于1974年在渑池火车站发现，总面积约5.5万平方米，出土4000多件汉魏至南北朝的窖藏铁器，有60多种器形，总重约3500千克。包括铸铁器的铁范模和残铁器、铁材、烧结铁等物，其中铸有各种铭文和铁范就有400多件，经鉴定，这些铁器除少量为东汉时期，多数属于曹魏至南北朝期间。铁范有铁板范、双柄犁范、三角形犁范、锸范、箭头范、锄范、镰范、铲范、碗形器范等。铁器有六角承、圆承、凹字形承、铁齿轮、双柄犁、犁镜、犁铧、釜、鏊、灯、案形器、炙炉、杈、斧、箭头、铺首衔环、鸠、帷幕角架、车惠、车饰、盖弓帽、泡、刀、网坠、钩、铃、圈、条、棒与铁板等生产工具，生活用品、车马器、兵器等。并有700多千克铁材和烧结铁。铁农具上所铸铭文多数是地名，有津右、黾、黾左、黾右、新安、新安右、夏阳、山、绛邑、口左、口治、黾池军左、黾池军右等。曹魏时期是按军事编制管理盐铁生产的，这些铁器铭文可能是冶铁场所在地的官营冶铁场的名称。这说明魏晋南北朝时期的冶铸铁器手工业作坊的数量是相当多的。在铸范中又多采用铁范铸造，这是我国目前发现最多的一批铁范。

这些铁器，现代铸铁的基本结构几乎都有，尤其令人惊异的发现是球墨铸铁技术。有一件铁斧，整体经过脱碳退火处理，器件断面大部分相当于含碳0.4%的中碳钢，没有石墨析出。但在銎的底部发现有球状石墨，分布在平均厚度约3.2毫米、总长50毫米的“U”形断面上，共约30颗，外形比较规整。这类具有球状石墨的铸件在豫西是首次发现。北京钢铁学院金属材料系中心化验室化验后，证明其中有十分良好的球状石墨，有明显的石墨核心和放射性结构，与现代球墨铸铁国家标准一类A级石墨相当，可见我国早在汉代已经发明球墨铸铁技术了。

球墨铸铁技术就是在铁水中加入一定量的镁或镁合金，将存在于铁内的片状石墨变成球状，从而大大地增加了强度、韧性和延展性。这种技术不仅在铁的冶炼方面有重大意义，而且对机械制造业也有重大的推进作用。英国1946年开始冶炼球铁，美国1948年生产球铁，而我国远在2000年前，就有球铁铸件，这是世界冶金史上一大奇迹，是我国古代钢铁冶铸史上一项重大发明，比西方早2000多年。遗憾的是，我国古代球墨铸铁这样重要的技术发明没有及时得到推广传播。相反的是，当西方发明球墨铸铁技术时，马上推广到多领域和广大地区，对整个社会生产和生活起到了巨大的推动作用。

崤函古道第一关——函谷关

函谷关是我国建置最早的雄关要塞之一，因关在谷中，深险如函而得名，是东去洛阳、西达长安的咽喉，自古为兵家必争之地。它东临弘农涧河，河宽流急；南依秦岭，巍峨挺拔；西靠衡岭，绵延逶迤；北濒黄河，惊浪滔天。

函谷关有三处，第一处关是周、秦函谷关。据乾隆十二年（1747）《灵宝县志》载，灵宝在夏商为豫州地，周为畿内，始置函谷关。它位于灵宝市城北15千米的王垛村。周康王时已置关。春秋关令为周大夫尹喜。战国时，秦派重兵据守，凭险恃强，曾屡败六国诸侯，完成统一中国之大业，故又称秦函谷关。

第二处函谷关为魏函谷关，位于新安县城东。

第三处函谷关为新函谷关，位于灵宝市城北10千米的孟村。据史书记载，东汉末年，曹操为了西征张鲁，开粮道于此。当地县令便在山口设关，因距故关不远，故称新函谷关，成为沟通东西的重要关卡。之后，多有维修，城楼在抗日战争时期毁于战火。近现代所称函谷关多指此关。

函谷关城由东、西、南三道城墙组成。据考古调查，东城墙长1800米，西城墙长1300米，南城墙长180多米。其中东城是三道城墙的主城口。远远望去，城墙自南向北一字排开。建于陡峭的两壁之间，高十几米，正中留有两个门洞，洞上石碣刻着“函谷关”三字，门洞上矗立着三层砖木结构的悬山四阿式城楼，巍峨挺拔、气势非凡。

函谷古道，东起弘农涧西岸的函谷关东门，横穿关城向西，由王垛村的果沟、黄河峪、狼皮沟至古桑田（今稠桑），全长15千米，是这里唯一的东西通道。谷深50～70米，谷底宽10米左右，窄处只有2～3米，谷岸坡度40～80度，谷底道路蜿蜒，崎岖狭窄，人行其中，如入函中。关道两侧，绝壁徒起，峰岩林立，地势险恶。古人说函谷之路“车不能方轨，马不能并鞍”“一泥丸而东封函谷”，看来并无半点夸张。

函谷关之所以闻名天下，在于它是一个军事要冲，在此发生了许多著名战事。在函谷关东城门右侧城墙下端，有1个直径90厘米的竖井窖穴式兵器仓库，是战国时期守关官吏储藏兵器的箭库，里面放着一捆捆箭镞，箭头是铜质，箭杆是铁质，已经锈在一起，无法分开。周慎靓王三年（前318），楚怀王举六国之师伐秦，秦依函谷天险，使六国军队伏尸百万，流血漂橹。秦王政六年（前241），楚、赵、卫等五国军队合纵以伐秦，在函谷关，大败而退。公元前207年，楚汉战争时，刘邦守关拒项羽。“安史之乱”时，唐军与叛军在此发生“桃林大战”。1944年中国军队据守函谷关，给日本侵略军以重创。

函谷关不仅是一处军事重地，还是古

函谷关

代中原腹地与西北地区文化、经济交流的要地。围绕着这座重关名城，流传着“紫气东来”“老子过关”“鸡鸣狗盗”“公孙白马”“终军弃繻”“唐玄宗改元”等历史故事和传说。司马迁、唐太宗、唐玄宗、李白、杜甫、白居易、司马光等历史名人临关吟诗作赋，流传至今的有100余篇。

这里还是驰名中外的《道德经》的诞生地，有瞻紫楼和太初宫等建筑。瞻紫楼传说是关令尹喜登高远望、观测天象之地，又名“望空台”。唐朝时重修，三丈多高，民国时毁于战火。太初宫，是老子写《道德经》的地方，为殿宇式建筑，殿脊和山墙檐边有麒麟、狮、虎、鸡、狗等禽兽，形神兼备。史载，太初宫始建于西周。现存太初宫主殿建于唐以前，元明清各代均有修葺。庙内现存石碑两通，一通立于元大德四年（1300），一通立于清顺治年间，上面都记载着老子骑青牛过函谷关的故事。

终军弃繻——大丈夫百尺竿头勇往直前

大树将军的防地——冯异故城

“冯异故城”遗址，位于渑池县城北7千米仰韶乡礼庄寨村西部的回溪河北岸，坐落在突兀拔起的台地上，三面临沟。城址东距礼庄寨村500米，遗址总面积1.85万平方米。

冯异

“冯异故城”是东汉大将冯异应战赤眉军时所修的战时城池，故得名。据《后汉书·冯异列传》记载，冯异，字公孙，颍川父城（今河南宝丰东）人，好读书，精通《左氏春秋》《孙子兵法》，是东汉“云台二十八将”之一。曾为刘秀开疆拓土，为建立东汉政权立下汗马功劳。冯异功勋卓著，但他处世谦虚恭敬，从不趾高气扬。每到一个地方停下宿营，其他将士坐在

冯异故城——失之东隅，收之桑榆的见证

一起讨论功劳时，冯异经常独自退避到树下，思考每次作战得失，故军中都称他为“大树将军”。

据《后汉书·光武帝本纪》记载，东汉光武帝刘秀即位后，为结束战乱，早日实现国家统一，于建武三年（27），拜冯异为征西大将军，会同邓弘、邓禹征讨赤眉起义军。当时光武帝虽然已经令邓禹交兵权于冯异，但邓禹不甘心失败，并未交权。冯异与赤眉军最初交手时，由于邓禹的掣肘，冯异曾遭受惨败。邓禹的部将邓弘军被赤眉军击败，邓禹、冯异合兵救援，赤眉军退。冯异认为士卒饥倦，应该休息，不宜出战。邓禹不听，继续出战，结果大败，死伤3000余人，只带24骑逃归宜阳。冯异也被击败，一个人弃战马徒步退守渑池城北礼庄寨村一带。冯异收集散兵和诸营守军，共得几万人。为防御赤眉军，他一方面抢修城堡，坚守待援，另一方面和赤眉军约期再战。冯异预先派精壮将士改换服装，把眉毛染红，以与赤眉军外观相同，在崤底（今雁翎关以东之峡谷内）布阵设伏。作战时，冯异故意示敌以弱。赤眉军见汉军兵势不振，就调来大部队，想一举全歼。冯异遂纵兵与之大战，鼓角齐鸣，呼声震天。战至下午，赤眉兵势渐衰，汉军伏兵突然冲出，由于他们跟赤眉军衣服相同，眉毛也是红的，无法识别，赤眉军败退。冯异驱兵追击，直到崤底，大破其军，收降8万多人，筑城停止。剩下的赤眉军十几万人，跑到宜阳后，也全部投降。至此，前后延续10年之久的赤眉农民起义战争遂告失败。冯异成为西线剿灭赤眉军的最大功臣。光武帝下诏慰劳冯异，说：“赤眉破平，士吏劳苦，始虽垂翅回谿，终能奋翼黾池，可谓失之东隅，收之桑榆。方论功赏，以答大勋。”（《后汉书·冯岑贾列传》）成语“失之东隅，收之桑榆”，即由此而来，也是对冯异胜不骄、败不馁的最好褒扬。崤底大战也是一场以少胜多、以乱制胜的著名伏击战。

“冯异故城”距今已经1900多年，虽几经风雨剥蚀，仍保存较为完好。古城墙系土质结构，采用分层版筑法而成，层次不规整，坚硬程度不同，土层厚薄不均，夯窝疏密不匀，确系当年紧急情况下所为。当地百姓深感惊奇，以为是鬼神帮助冯异修筑，故又讹传为“鬼修城”。城堡现存南、北、西三面城墙，呈“匚”字形。其西城墙长119米，南城墙长33.5米，北城墙长39米；城墙基底宽9米，顶宽2.5

米；城墙残高最低约15米，最高约20米；夯土层厚10～20厘米，夯窝8～10厘米，城墙周长约200米。1978年，“冯异故城”被渑池县政府公布为县级重点文物保护单位。2000年9月被河南省人民政府公布为省级重点文物保护单位。

• 崤函之险甲天下——崤函古道 •

崤函古道，是西起潼关东至洛阳的古代官道在古陕州境内的总称，是“襟带两京”的锁钥，是自古以来中原通关中、达西域的咽喉要道。古道在陕州城（今三门峡境内）以东的交口分为南北崤道，因此又叫“二崤古道”。南北崤道在交口合二为一后一路向西，过陕州区的温塘、大营和灵宝的大王入函谷关，再由西阎经老阌乡、故县、豫灵至潼关入秦。汉唐以前，无论称雄关中还是入主中原，崤函都因其险固和交通之艰而成为兵家必争之地。

历史上的崤函古道，不是一个朝代完成的巨大工程，它有周秦古道、曹魏古道、隋唐古道、宋元古道和明清古道等，如今绝大部分古道都消失了。在今陕州硖石乡还存在一段古道，叫石壕古道。石壕古道是在灰褐色岩石上由铁轮车长期辗轧所形成的壕沟，车壕东西长约100米，宽6～8米，车辙印迹清晰可见，两辙间距1.06米，辙深0.25米。车辙两边，能明显看出人工开凿的路面痕迹，可见行车艰难、路人悲苦之情况。清初顾祖禹《读史方舆纪要》说：“今新安以西，历渑池、硖石、陕州、灵宝、阌乡，而西至于潼关，凡四百八十里，其地皆河流翼岸，巍峰插天，绝谷深委，峻坂迂回，崤函之险，实甲于天下矣！”明确地记述了古道的路线、距离及险峻程度。

中轴之路——崤函古道掌两京锁钥

央视网

崤函古道

北崤道，往东，从陕州出发至交口、张茅、硖石、观音堂入渑池英豪、城关镇、千秋镇，再沿涧河经铁门镇、新安东到洛阳。商代已经开通此道，虽经后世多次整修，到清朝中期仍艰险难行，马不并列，车难并辕。往西，从陕州出发，沿黄河西行至灵宝故城、函谷关、阌乡故城、陕西潼关，至西安。修北崤道时，十分艰难。据史书记载，古人先到山中砍材烧火，将石头灼裂，然后再用锥凿，速度极慢，从硖石到乾壕不过20里，就整整修了1年。难怪《硖石山修路记》碑文中记载："自硖石抵乾壕，往来称苦，不啻走孟门太行间。"

南崤道从陕州出发，沿青龙涧河、交口、菜园，过雁翎关、宫前，过陕县空相寺，再沿永昌河东行，经三乡、韩城、宜阳，沿洛河向东到洛阳。南崤道贯穿了青龙涧河、永昌河和洛河三条河谷，地势相对平坦，便于驷乘大车奔驰，是古代连接东西的主要官道，夏代时就已开通，之后多次整修，盛唐时达到顶峰，御辇銮驾通过南崤道往来于两京之间，沿途驿馆离宫繁荣一时，陕州区境内尚存绣岭宫和则天行宫两遗址。南崤道上有雁翎关，关西北土丘上有夏后皋墓。村民们常常在雁翎关捡到铜箭头之类的战争遗物，可知此关不仅是古代险道要塞，还是古代战场。

汉献帝建安年间，曹操西征巴蜀，为避开铁门以西渑池一带积水成湖，百里谷间泥泞不堪，行军不便的境况，便修凿北山高道：由铁门入渑境，经洪阳、任村、坻坞、后涧，折向西南，过窑坡、韶峰、坡头、石板沟、口门山至大蛇湾，出渑境绕舜王庙南下与春秋古道合一入陕县老城。道路走山梁、坡腰、塬顶上，曹操征集民夫两万多名，历时两年才修成。

崤函古道蜿蜒数百里，存在数千年，是一条物资传输之路，是一条文化传播交融之路，也是一条军事地域控制方略的演变之路。崤函古道见证了周至唐两京之间乃至中国与西方之间的经济、文化往来，在漫长的历史演变过程中，留下了丰富的文化遗产。基于此，崤函古道被列为我国第一批丝绸之路申报世界文化遗产名单。2014年6月，经第38届世界遗产大会审议，我国与其他国家联合申报的丝绸之路项目成功入选世界文化遗产名录。

漕运生命线——黄河古栈道

黄河古栈道西起三门峡的人门栈道，东到渑池县与新安县交界处的"八里胡同"。1955~1957年，为配合三门峡大坝的修建，文物部门对三门峡长达625米的12段人门栈道和散落在大坝下游的7段栈道遗迹进行了实地考察。1998年，为配合小浪底水库工程建设，山西省考古研究所对山西平陆、夏县、垣曲3县黄河北岸的库区淹没区进行调查，发现总长5000余米的黄河古栈道遗迹，并考察了黄河北岸有关黄河漕运与军事布防的建筑遗迹。这一成果与洛阳市第二文物工作队对位于小浪底水利枢纽上游的汉代大型建筑遗址的发掘成果一起，被评为1998年全国十大考古发现之一。

三门峡境内的黄河古栈道遗址，保存较多的地段是在湖滨区高庙乡与陕州区王家后乡交界的黄河边。这里的黄河峡谷如门夹峙，地势之险，堪与三峡相匹。在紧靠黄河的陡壁悬崖上，共有两条黄河古栈道。一条离河面比较高，一条离河面较低，都是紧挨着石壁的河水冲击处开凿的。所谓栈道，就是在黄河两岸的峭壁悬崖上凿出一条供纤夫拉纤行走的凹槽石路，人们根据形状，称其为“老虎嘴”。“老虎嘴”高约2.5米，底部宽约1米，凿得很平。由于地形的限制，在无法开凿凹槽的绝壁上，每隔2米左右凿有一个0.2米见方、深0.3米的方孔，用来楔入木梁，铺板架桥。方孔的正下方，向下凿有方形底孔，用来插入木桩，支撑或固定横梁，增加栈道的承重能力。在栈道中部的石壁上，凿有许多“牛鼻孔”，用以拴绑绳索，供拉纤人把持使力。而栈道的拐弯处，柔软的纤绳用千百年的执着，居然把坚硬的岩壁“啃”出两条深达尺许的沟壕。开凿在栈道壁上的一个挨一个的四方洞和“牛鼻孔”，今天仍然清晰可见，散布在整个栈道的石壁上，有八九百个。

五代以前，长安（今西安）是全国的统治中心。为满足京师巨大的消费与西北边关的军粮供给，每年需调运大批物资和粮食。由于陆运艰难，花费巨大，黄河漕运便成为首选。但作为黄河漕运必经之路的三门峡，水势险恶，来往船只，十之有八要被河水吞没，运输成本巨大。为保证漕运的正常运行，从西汉开始，历朝历代都十分重视对黄河三门峡河道进行疏治。每年枯水季节，都要征调大批人力物力对这一段黄河进行疏通，所采取的主要措施，就是疏凿航道和开凿供纤夫行走的栈道。开凿栈道的方法“烧石沃醯”，即先以火烧石，继以醋泼于其上，石裂后，再为修治。开凿三门峡漕运栈道的工匠，当地人称之为“门匠”。从三门峡两岸流传的“古无门匠墓，谓皆溺死也”的民谣中，可以想见此段栈道开凿的艰难。

栈道的开凿时间已无法考究，现存最早的关于开凿时间的石刻是东汉桓帝和平元年（150）。但这方石刻是刻在重修后的栈道上的，可见栈道的开凿时间还要更早一些。栈道上还有魏、隋、唐、宋、明、清等90余处摩崖题记。

黄河古栈道不仅是古代黄河纤夫艰苦生活的真实写照，而且也是研究我国东西交通史和黄河漕运史的珍贵文物。黄河漕运凝聚着古代劳动人民的智慧和血汗，对稳定京师、救灾备荒、巩固统治等都起到了举足轻重的作用，可谓古代沟通关中的生命线。

古脊椎动物化石的宝库——卢氏盆地

中国是世界上古脊椎动物化石保存较丰富的区域之一，三门峡的卢氏则是古脊椎动物化石蕴藏较多的一个县。自1934年法国生物学家德日进到卢氏开展科考工作以来，卢氏一直是中外古生物科学家关注的地方。1956年中国科学院古脊椎动物与古人类研究所收到卢氏文化馆寄去的古脊椎动物化石标本后，所长周明镇便于1957年带领40多位专家，到卢氏对地质第三纪进行了一次普查，并在王家坡（当时叫孟家坡）发掘3个多月，挖出了大量的化石。从此，卢氏的化石驰名世界。1984～1985年，卢氏县文物普查时，认定的动物化石点达40处之多。比较著名的有卢氏县三门岭化石区、铁炉沟化石区、锄钩峪刘家岭化石区、王家坡化石区、东坪化石区等。

1957年，中国科学院古脊椎动物与古人类研究所在王家坡的科学发掘，收获巨大：发现了30多种哺乳动物化石，如始新世剑齿虎、卢氏两栖犀、卢氏秦岭鼠、卢氏兔等动物化石，还发现一种生物学上未见过的中兽化石，即“洛河中兽”。发掘出的跗猴头骨化石是最为宝贵的，因为在卢氏出土，专家即命名为“卢氏跗猴”，距今4000多万年。它是我国目前发现年代最为久远的原始灵长类动物标本，是研究人类进化的珍贵实物标本，被专家称为中华人民共和国成立以来晚始新世哺乳动物研究最重要的收获之一。

1979年冬，童永生和王景文两位专家来卢氏考察，在沙河乡薛家沟意外地发现了长60厘米、高30厘米的犹他兽头骨化石（因有六个角，也叫六角兽），因首先在美国犹他州发现，故名。但卢氏的化石比美国的更大，保存更完整，十分珍贵。1981年该化石随中国恐龙化石一道赴日本展出，在当地引起轰动。

在五里川和朱阳关盆地的红层中还保存着距今2.1亿～1.6亿年前的恐龙蛋化石。1993年2月初，五里川乡河南村农民修建山区公路时，发现一窝36枚恐龙蛋化石。这批恐龙蛋呈单层状排列，蛋形为椭圆形，长径17厘米，短径13～14厘米，厚10厘米，外壳厚0.3厘米，重3000克。刚出土时蛋皮呈白色，接触空气后呈暗绿色，除少数蛋受地层挤压，表面略呈凹陷外，大部分完整如初。1993年12月16日，在与五里川乡毗邻的朱阳关村农民在南山坡上也发现一窝7枚恐龙蛋化石。

1976年9月，卢氏县文化馆工作人员牛树森在外贸收购站拣选化石，惊喜地在一袋袋的“龙骨”堆里，发现了4块人类头盖骨和2枚牙齿化石。经中国古人类学家贾兰坡教授鉴定为更新世晚期的智人化石，专家命名为“卢氏智人”，被定为国家一级文物，进入“国宝”序列，现藏三门峡市博物馆。最新出版的《河南通史》，将卢氏发现智人化石编写在全书第一页，在论述人类起源时说，卢氏是河南人类最早的发祥地之一。

目前，卢氏县是中国科学院古脊椎动物与古人类研究所的研究基地，是古生物学家前来考察最为频繁、最为关注的地区之一。

• 最古老的银杏化石——义马银杏 •

在河南省西部，有个以煤炭产业为经济支柱的县级市，这就是义马市。义马市北露天煤矿开采煤炭资源时，意外地发现了遥远的中生代的动植物石，一时震惊世界。

义马中生代陆相盆地是中原唯一的中生代产煤盆地，东西长30千米，南北宽10千米。这里的早中侏罗纪的义马组合煤地层和晚三叠世地层中保存有大量完好的各类动植物化石。不但数量众多，而且门类较为齐全。截至目前，经权威机构鉴定的古植物化石有真蕨类4属22种，苏铁类5属12种，银杏类达10属24种，另有松柏类2属9种。其地层层序之完整、化石类型之丰富，为华北之冠。

国内外专家对“义马银杏”化石研究后，认为“义马银杏”化石是世界上至今发现的最古老的银杏化石，距今已1.8

亿年，产出层位被命名为“银杏层”，以“义马银杏”为代表的义马古植物群被确定为东亚及欧亚的标准植物群。2000年在我国举办的国际古植物大会，将义马中生代古植物群列为四条野外考察路线之一，有13个国家20多名学者进行了现场考察。“义马银杏化石”复原图分别于1995年和2000年被国际古植物大会和第六届古植物代表大会作为会徽。义马古植物群被国际上确认为研究银杏植物起源、生长、演化的里程碑。

与此同时，在义马北露天煤矿采场一块灰白色粉沙岩层面上还发现有恐龙脚印化石。这是河南首次发现侏罗纪时期的恐龙遗迹化石。该恐龙脚印化石为中型肉食恐龙所留，其中一个保留完整，另一个保留前二分之一。恐龙脚印相对窄长，为三趾型，长约34厘米，最大宽度20厘米。从脚印的大小看，该肉食恐龙长度约6米。恐龙脚印化石与“义马银杏”为代表的义马古植物群同处一套地层。过去，中国发现的侏罗纪恐龙化石大多分布在西南、西北地区，包括云南、贵州、四川、新疆等地，在中国的中东部还没有发现侏罗纪时代的恐龙化石。义马发现的侏罗纪恐龙脚印化石比云南、四川、新疆等地发现的恐龙脚印化石大。义马兽脚类恐龙脚印化石的发现，说明中原地区侏罗纪时期也曾经有恐龙活动或生活过，这对于研究侏罗纪时期恐龙的迁徙、分布和古地理环境具有重要意义。

2006年，在义马市北露天煤矿的义马侏罗纪义马组二段化石区还发现了距今1.8亿年前的鳖化石。这次发现的鳖化石长约20厘米，虽经亿万年的地质构造演变，其表面的轮廓、纹路依然清晰可见。以前这里也曾经发现过大量腮、叶肢介等20多个种类的动物化石，但都属于低等的动物化石。鳖化石的发现，填补了义马地区爬行类动物化石的空白，在国内甚至国际考古发现上都属罕见。

为使地质遗产得到保护和永久利用，义马市拟在该地建设义马地质公园，主要包括北露天矿园区、中生代地层剖面园区、梁沟硅化木化石群园区等，总面积约4.7平方公里。建成后义马地质公园将成为古植物演化史、煤炭开采史的集中展示场，集地质遗迹保护、资源综合利用、科普科研及旅游观光于一体。

• 西周盛宴上的金声——虢季编钟 •

1990年，虢国墓地发掘了一座国君大墓——虢季墓，在椁室的西北角出土了大量青铜乐器。其中的一套编钟、一套编磬和一件铜钲尤为珍贵。后来在椁室的南端发现了8件编钟钩。虢季甬编钟共 8 枚，形制、纹样基本相同，大小依次递减，是典型的西周中晚期编钟，总重146.75千克。最大的一件甬钟高58.7厘米，重30.1千克；最小的甬钟高22.7厘米，重2.85千克。这套编钟钟体厚重、结构匀称、铸造精细、大方典雅、庄重沉稳，保存基本完整。前四钟形体较大，为低音钟组，每钟铸全铭，每篇51字；后四钟形体较小，为高音钟组，仅钲部铸有铭文，有“虢季作宝”等语，说明此套编钟是虢季自作之器，是其生前享用的乐器。

编钟

钟，一种打击乐器，用木槌敲击来演奏。盛行于西周和东周。斜挂的钟称为甬钟，直悬的钟称纽钟，成套的称编钟。这套编钟，是我国目前所见西周中晚期墓葬中唯一一套最完整的编钟，也是西周严格的礼乐制度的真实写照。

虢季编钟形体最大的前两件正面右鼓部没有铸造凤鸟纹，而另6件钟正面右鼓部铸有凤鸟纹，这是因为前两钟为单音钟，只有正鼓音，不用侧鼓音；后6钟为双音钟，铸有凤鸟纹的地方就是侧鼓音的敲击点。同时期的其他成套编钟最大的两件也无侧鼓音的敲击点——凤鸟纹标记，可见这是西周时期编钟铸造的一种可以普遍遵循的规律。

据专家测试，虢季编钟构成相当准确的“宫、角、徵、羽”音列，符合现代人的音阶听觉习惯。这里只用四声而唯独缺“商”音，这是因为，周人灭商后，由于对商人的轻视，将五声减为四声。可见，

“不用商音”具有较强的政治意义，是奴隶主贵族必须坚持的原则，是西周社会的普遍规律。虢国作为周的一个诸侯国，严格遵守这一政治原则，体现了虢公对周礼的恪守，对周王室的忠诚。当钮钟创制出来后，则主要用于演奏，其追求的是五音齐全，甚至七声完整。

虢季编钟的钲部及左鼓部均铸有铭文，共计228个字。前四钟每钟各铸全铭，每篇51字，后四钟仅钲部铸有“虢季作宝”4个字。铭文中有“用义其家，用与其邦”一语，“家”指宗庙或宗室，“邦”指的是诸侯之封国，这里特指虢国。铭文大意就是虢季铸造编钟，来祭祀虢国宗庙里的先祖，并向他们祈福，保佑虢季家族万事如意，国家兴旺。铭文上的字体属西周中晚期典型字体，它不仅为我们研究西周礼乐制度提供了翔实的资料，而且笔道精细典雅、锋露圆润，是西周时期一幅极为珍贵的书法艺术作品。

虢季编钟，造型雄伟，时代特征鲜明，有长篇铭文，音律十分准确，且保存较为完整，是中原音乐文物宝库中的瑰宝，在历史学、考古学、美学和音乐学的研究方面上都具有十分重要的意义。

• 失而复得的国宝——虢姜鼎 •

在三门峡市虢国博物馆内，有一个“虢姜遗珍”的小展厅，展出着15件精美青铜器，分别是六鼎、四鬲、二壶、一方甗、一盘、一匜。青铜器上均铸刻有“虢”姜作器的铭文。国家文物鉴定委员会鉴定后认为：“以上十五件铜器均出自同一墓葬，墓主人为虢国夫人虢姜，时代为春秋早期，应为一组器物中的一部分，具有重要的历史价值。应定为国家一级文物。”其中6件虢姜鼎，通高25.5～37.3厘米、口径24.1～38.1厘米、腹径23.8～36.6厘米、深12.7～17.3厘米；形制相同，纹样相近，大小依次递减；铭文内容、格式相同，清晰程度略有差异；立耳，半球状腹，马蹄形足；口沿下饰一周“C”形平目或无目窃曲纹，下有一周凸弦纹，腹部素面，耳外侧饰有珠或无珠重环纹；器壁内侧铸竖款铭文两行八字，从右至左为：“虢姜乍旅鼎永宝用”。虢姜是姜姓女子嫁到虢国后的自称，这是她为自己作器。

虢姜鼎

虢姜鼎铭文

2000年7月，山西省运城市的黄某某伙同三门峡市陕县李某某及毋某某等人以做化肥生意的名义，租下邻近墓地的十一工程局总库院里一号库房。从库房内掘地打洞近300米，盗掘了虢国墓地3座高等级贵族墓葬。共盗掘出鼎、簋、鬲、壶、盘、玉璜、玉玦、玉璋及车马器等数千件。2001年4月29日，由于案犯内部分赃不均，毋某某到三门峡市公安局投案。三门峡市公安局紧急部署，成立专案组，三门峡市文物、公安部门密切配合，艰苦奋战，案件于同年7月告破，将黄某某、李某某等12名盗掘古墓的犯罪嫌疑人全部抓获，但仅仅追缴文物170件。据犯罪嫌疑人黄某某交代，他将盗掘的3座墓葬的精品文物大都卖给了一个叫“侯三”的人。然而，“侯三”一直没有被抓获，文物的去向不明。2001年5月8日，山西省临汾市公安局开发分局刑警队破获一起文物走私大案，追缴文物36件。其中15件青铜器带有“虢姜”作器铭文，被确定为国家一级文物。临汾市公安局2008年8月1日依法将这批文物返还给三门峡市虢国博物馆。

据盗墓的犯罪分子交代，他们盗掘的3座墓中有1座为“女墓”，随葬器物非常丰富，有10鼎、8簋、8鬲等青铜器和大量玉器。同时，根据三门峡市文物钻探部门提供的钻探资料及三门峡市公安部门对盗掘现场的勘察证明，这座被盗“女墓”位于M2009虢仲墓的西侧3米处，长4.2米，宽4米，深12米，双棺单椁。根据墓葬形制、随葬器物及西周贵族夫妇异穴合葬的特点，专家断定该墓墓主应为虢仲的夫人。

“虢姜”组器器形高大，铭文清晰，

为研究虢国的政治、经济、文化提供了可贵的实物资料，尤其为虢国的对外联姻提供了又一有力实证。

姬姓与姜姓通婚历史悠久，是西周两个互为婚姻的政治集团，许多周王都取姜姓女子为妻。作为姬姓的虢国与姜姓国联姻通婚的事实更是在许多传世青铜器铭中都有反映。如齐侯匜铭文云："齐侯乍虢孟姬良母宝匜……"这是齐国国君齐侯为其妻虢孟姬作器。其妻是虢国之长女，故称虢孟姬，良母是其字。该铭文说明是虢国之女嫁于姜姓齐国国君。这组被盗青铜器反映了姜姓女子嫁与虢国的事实，或许她来自齐国，这反映了虢国与姜姓国互通婚姻的历史事实。

• 美好姻缘的见证——虢仲盨 •

1991年，上村岭虢国贵族墓地M2009墓出土4件虢仲盨。虢仲盨通高24.3厘米，腹长30厘米，宽20厘米。椭方形，口稍敛，鼓腹圈足，兽首双耳，圈足正中有弧形缺，盖隆起，可以卸置，上有四个不相连接的翼形钮。钮上饰回首夔龙纹，盖沿、器口沿和圈足均饰“S”形窃曲纹，盖顶和器腹饰瓦龙纹。器盖、器内底有铭文14字：“虢仲作虢妃宝盨，子子孙孙永宝用。”虢仲是作器者。虢妃应是嫁到虢国的妃姓女子，是器物的所有者。《三代吉金文存》记录了一件虢仲鬲，颈内壁铸铭文17字：“虢仲作虢妃尊鬲，其万年子子孙孙永宝用。”它和M2009墓出土的虢仲盨铭文相类同，风格相同，应为虢仲同时制作。

M2009墓是截至目前虢国墓地已发掘清理的形制最大、规格最高、出土器物最丰富的一座大墓，也是全国范围内所发掘的同时期墓葬中首屈一指的，尤其是多组成套的铜礼器和大量的玉石器更是无与伦比。专家们根据墓中出土器物的形制、纹饰和铭文风格判断，此墓的年代应属西周

虢仲盨

虢仲盨铭文

晚期。铭文中的虢仲就是曾经任周厉王的卿士，辅佐周厉王南征淮夷、酿成国人暴动、被史书称为嬖臣的虢公长父，死后谥为虢厉公。

虢仲盨中的虢妃是嫁与虢国的女子。那么她是哪国哪族人？传世的一件青铜器苏冶妊鼎铭为我们提供了一条重要线索。苏冶妊鼎铭文云："苏冶妊乍虢妃鱼母媵，子子孙孙永宝用。"苏冶妊是苏国的国君夫人，是虢妃的母亲，这是她为出嫁到虢国的女儿做的媵器。《左传·成公十一年》记载，以前周朝战胜了商朝，为诸侯分封土地。苏忿生据有温地，做了司寇。可见苏国在西周初期，被周武王封为重要的诸侯国，其国君还在周朝担任司寇一职。据《国语·郑语》："己姓昆吾、苏、顾、温、董。"己通妃，古姓氏。可见苏国为妃姓。故其女儿出嫁到虢国后称"虢妃"，鱼母应该是虢妃私名。1957年，虢国墓地1820墓出土的一件铜铺铭文云："苏貉乍甫。"铜盘铭文云："虢姪妃乍宝盘，子子孙孙永宝用。"1753墓出土的一件铜鼎铭文云："苏子叔乍。"上述器物说明虢国与苏国世为婚媾，自西周一直延续到春秋早期，其通婚的范围并不限于虢国国君，还涉及其他贵族，而且常常是虢男娶苏女。

婚姻是西周、春秋时期重要的政治和外交手段。虢国是两周时期重要的姬姓封国，是周族的嫡系。虢国国君多在周王朝担任卿士等要职。苏国虽为异姓，却通过与周王室，以及虢国、卫国等诸侯国联姻，不断提高着自身地位。从西周到春秋早期，苏国国君确实特别受周王器重，在朝中担任司寇、卿士等重要官职。因此，同朝为官的虢、苏两国国君，充分利用了婚姻关系，建立了长久的政治联盟，既巩固了姬周王朝的统治地位，也保证了两国的权益。

揭开虢国东迁之谜——虢硕父器

20世纪90年代，三门峡上村岭发生虢国墓地被盗案件。公安人员追缴了一大批文物。其中部分青铜器还带有铭文，显得尤为珍贵。比较引人注目的是虢硕父器。一件是虢硕父铜簠，由形制相同的两个方盘扣合而成。腹壁两侧有一对龙首耳。口沿与圈足周围各饰一周窃曲纹，每一腹壁上各饰一组背向的双首龙纹。盖、器同铭，有铭文3行17字：“虢硕父乍旅簠，其万年子子孙孙永宝用享。”另外两件是虢硕父铜鬲，大小、形制、纹样均相同，高度在13厘米左右，口径18厘米，颈部内侧呈逆时针方向有铭文一周24字：“虢仲之嗣国子硕父作季嬴羞鬲，其万年子子孙孙永宝用享。”从铭文判断，铜鬲是虢硕父为他的妻子季嬴铸作的礼器，铜簠是虢硕父为自己作的礼器。

古代“硕”字与“石”字相通。《说文》载：“硕，头大也，从页石声。”所以，金文中的硕父即史书记载的石父。虢硕父就是虢石父。他是西周末年虢国的国君，同时还是周幽王的卿士。《史记·周本纪》《国语·郑语》中都有周幽王任命虢石父担任卿士，治理国家的记载。石父为人佞巧，善谀好利，所以朝廷上下和国人百姓都不满意。特别是《国语·郑语》记载，褒姒得宠后，生伯服，并与虢石父结为同党，赶跑了太子宜臼，另立伯服为太子。于是，后人在编写《吕氏春秋·当染篇》时，将西周灭亡、幽王失国归罪于

虢硕父簠

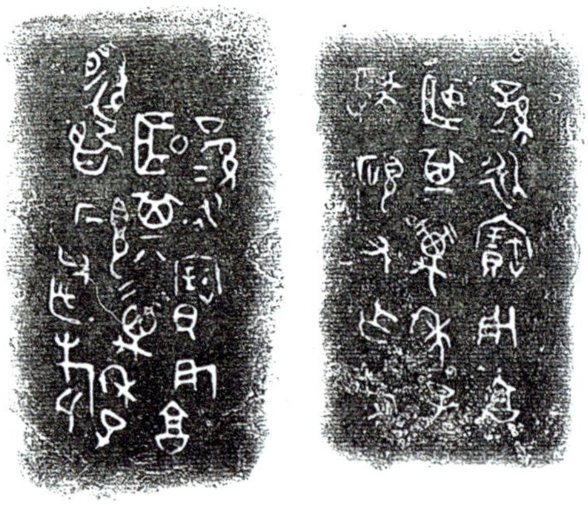

虢硕父簠铭文

虢石父。“幽王染于虢公鼓、祭公敦。”这个虢公鼓和虢石父是同一个人。因为古代人有名还有字，名与字要有一定关联。“鼓”与“石”皆为古代量器的计量单位名称，符合古人取字与名有联系的制度。著名的史学家杨宽先生在《西周史》中也认为“鼓是名，石父是字”。因此，虢公鼓与虢石父为一个人，是周幽王时期执掌朝政的显赫人物。

虢硕父鬲铭文不算长，只有24个字，但却极有价值，它向后人透露了几个重要信息。一是虢硕父与虢仲有一定关系，再一个是虢硕父与季嬴有密切关系。另外，虢硕父器出土于三门峡，也为判定虢国何时东迁提供了重要线索。

虢硕父鬲铭文显示虢石父是“虢仲”的后代。那么虢石父是虢仲的儿子还是孙子？有人认为虢石父是虢仲的儿子，和宣王时期的虢文公是兄弟。另有人认为虢石父是虢仲的孙子，是虢文公的儿子。查阅西周历史，周宣王的卿士是虢文公，周幽王的卿士是虢石父，根据周代父死子继的继承制度，虢石父应是虢文公的儿子、虢仲的孙子。

因为古代人迷信，相信祖先的在天之灵会保佑子孙后代，另外，祖父虢仲是当时的显赫人物，将祖父的名字写在前面，其目的是为表明自己高贵的出身，有对外炫耀的意思。可能在铸造此器时，虢硕父尚未继承国君，也不在朝中任职，只是一个年轻的太子而已。此时，他刚刚结婚，妻子就是某嬴姓国家的小女儿“季嬴”，所以，这两件铜鬲应是虢硕父在继承君位前，即做“太子”时铸造的。虢硕父器在虢国墓地出土，说明虢国的东迁早在厉王、宣王时期就开始了，具有重要的历史价值。

凝聚着母爱的媵器——梁姬罐

1991年，虢国墓地发掘了一座大墓，编号为M2012。该墓为长方形竖穴土坑墓，南北长5.3米，东西宽3.74米，墓深12.33米，墓室四壁涂有厚0.1厘米左右的淡绿色涂料。葬具为木质棺椁，为两棺一椁。出土大量青铜礼器和玉器。但该墓没有出土一件青铜兵器。专家据此判定墓主是女性，身份是虢国国君夫人。

梁姬罐

梁姬罐铭文

该墓出土带铭文的青铜器只有一件，而且是微型器，高11.8厘米，口径8.1厘米，腹径9.4厘米。虽然器物不大，但造型端庄，纹饰华丽，铸造工艺精美，是一件极为罕见的青铜珍品。器盖上隆，顶有人首形扁钮；球体，器身子口，深腹，圈足。口、盖缘各有两个方形兽首双系，两两相互对应。钮饰束发侧面人首纹，盖饰曲体双龙双兽纹，腹饰人龙缠体纹，皆以细云雷纹衬地，圈足饰无珠重环纹。盖内铸有2行5字铭文，自右至左竖款排列为：梁姬作××。后两字，人们的释读不一。发掘者根据器铭、器形命名为梁姬罐。

梁姬罐铭文中第一字为梁，国名，梁为嬴姓。《元和姓纂》云："梁，嬴姓，伯益之后，秦仲有功，周平王封其少子康于夏阳（今陕西韩城南），是为梁伯，后为秦所灭，子孙以国为氏。"这个梁国是春秋时期所建，而西周时的梁国不见史书记载。但由梁姬罐及其他青铜器铭文可知，在西周晚期梁国已存在。春秋时期，梁国更是活跃于历史舞台。《左传·桓公九年》载："秋，虢仲、芮伯、梁伯、荀侯、晋伯伐曲沃。"由此可知虢国与梁国关系密切，且相距不远。

铜小罐铭文中的"梁姬"，乃女性称谓。发掘者认为梁姬乃姬姓梁国女子嫁与虢国，是为同姓通婚。但西周的婚姻制度是同姓不婚，所以梁姬不应是M2012之墓主，也就不是虢国国君夫人。

据虢国博物馆的专家研究，梁姬是姬姓女子嫁与梁国，是梁国的国君夫人。因为梁国与虢国有通婚关系，梁国的女子嫁到虢国，作为母亲一定要送媵器，所以，这件器物是梁国的国君夫人在其女儿出嫁到虢国时所送的珍贵的礼物。

至于梁姬罐的用途，有人说是礼器。所谓礼器，就是王室贵族在进行祭祀、宴享或朝会、歃盟等活动时举行礼仪使用的器物。而铜小罐只是个人的喜好，没有任何政治意义。M2012内棺盖上曾出土了一个铜方盒，内装有绿松石、料珠、煤精等组成的串饰一组和一个小玉环。因此梁姬罐和铜方盒的功能应该一样，都是用来盛放玛瑙、绿松石、玉珠、小玉雕等装饰品的闺中器皿。

• 同姓不婚的见证——兽叔盨 •

1990年，河南省文物研究所与三门峡文物工作队在上村岭虢国贵族墓地抢救性地发掘了一座女性贵族墓葬（编号为M2006），出土了大量的青铜器和玉器。特别是其中的两件铜盨制作精美，出土时色泽光亮，通体基本无锈，是西周晚期青铜器中少见的精品。这两件铜盨器型、纹饰、大小均相同。器身椭方形，弇口，垂腹，兽首耳有螺角；盖可卸置，盖上有两组不相连接的翼形纽；矩形圈足外侈，前后两侧有弧形缺口，沿部饰带状重环纹，由中线分左右；器、盖中部饰瓦纹，盖顶饰夔龙纹，其中心兽目突起，扉棱饰云纹，圈足饰垂鳞纹，器底有斜网格纹。通高20.4厘米，口长16.5～23厘米，腹深9.3厘米，盖深5.6厘米。铭文相同，应属于同一家族的器物。器、盖对铭，共4行33字（含重文2字），自右自左为："兽叔奂父

兽叔盨

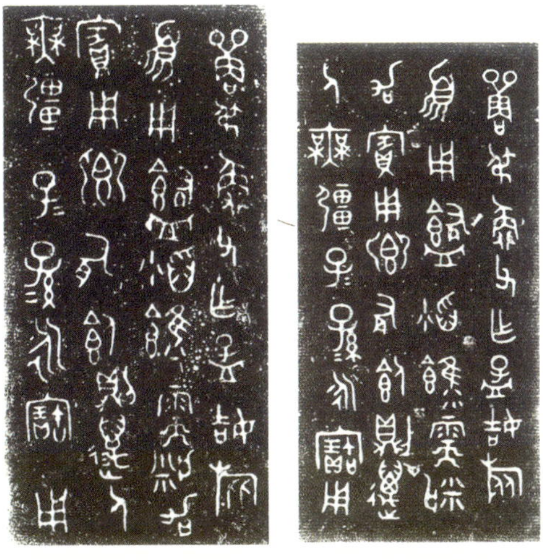

兽叔盨铭文

兽叔盨壶

乍孟姞旅盨用盛稻穛需梁嘉宾用有飤则迈人年无疆子子孙孙永宝用。”

“兽”，在金文中写法同“单”，应是西周诸侯国名或氏族名。叔奂父为作器者的字。孟姞应是姞姓贵族单叔奂父的长女。通篇铭文的大意是：兽国的叔奂父为大女儿孟姞作媵器盨，用来盛放稻米、糯米、高粱米做成的食物，招待嘉宾享用，有了粮食，就可以健康长寿。子子孙孙永久宝藏使用此器。

姬姓和姞姓是两周时期互通婚姻的两大姓氏集团。正如《左传·宣公三年》记载石癸云：“吾闻姞、姬耦，则子孙必蕃。姞，吉人，后稷之元妃也。”这句话的意思是说，我听说姬、姞两姓联姻，他们的子孙一定繁衍昌盛。姓姞的人，是吉祥的人。姬姓始祖后稷的正妻，就是姞姓的女子。虢国与姞姓诸侯国通婚还见于虢仲鬲与虢姞鬲。虢仲鬲铭文云：“虢仲作姞尊鬲。”这是虢仲为其妻子姞氏作器。虢姞鬲铭文云：“虢姞作鬲。”虢姞为女性自称，是在自己姓前冠以夫家所属之氏，这表明姞姓女子嫁与虢国为妻，这是她为自己做器。

兽叔盨见证了虢国与姞姓国的通婚关系，是两周时期同姓不婚的婚姻制度的真实反映。

• 撷取天火的神器——虢国阳燧 •

1956～1957年，黄河水库考古工作队在三门峡上村岭发现了虢国贵族墓地，清理了234座墓葬、3座车马坑和1座马坑，出土文物近万件。其中1052号大墓比较引人注目。该墓口南北长5.8米，东西宽4.25米，深达15.3米，随葬器物丰厚，达970多件。其中青铜礼器26件：七鼎、六簋、六鬲、方壶两件，甗、铺、小罐、盘、盉各一件。该墓还出土一件铜甬钟和一套九件的钮编钟，是当时唯一出土乐器的墓葬。1052号墓是当时规格最大的一座墓葬，也是出土文物最为丰富的一个墓葬。

该墓还出土一件精致的凹面形器。器物整体圆形，直径7.5厘米，铸造十分精美，表面十分光洁，呈银白色，有锈斑。背面有鼻形钮，钮旁铸有两只首尾相接的斑斓猛虎与双头虺龙和怪鸟组成的图案。猛虎血口大张，尾巴卷起，似是发出低沉有力的吼声。但是，它的用途大家都琢磨不透。林寿晋先生在编写考古发掘报告时，只好根据其形状叫它弧面形器，夏鼐先生在最后审定报告初稿时也没有提出任何疑问。这件器物后来调到国家博物馆。文物调走了，但问题还没有解决。三门峡文物局的老局长许永生，一直在琢磨这个神秘的小东西。突然有一天，在查找资料时，他发现了关于阳燧聚焦点火的记载，莫非这件圆形凹面器就是古人聚集阳光取火的工具？于是，在许永生指导下，虢国文物复制厂按原样复制了一件，经过打磨、抛光等技术处理后，在太阳下一试，果然短短几秒钟，就能将棉絮引燃。

阳燧

崔豹在《古今注·杂注》中描述了阳燧的质地、形状及用法，说："阳燧，以铜为之，形如镜，照物则影倒，向日则生火，以艾炷之则得火。"《周礼·秋官》记载，西周有一种官职，称"司烜氏"。其职责就是专门管理阳燧，并负责用阳燧在太阳光下取明火，供祭祀时用。由此看来，在西周时期阳燧出现后，主要用于祭祀礼仪中的取火。后来，阳燧也成为高级贵族的日常用具。《礼记·内则》记载古代子事父母，妇事舅姑，也要左佩金燧，右佩木燧，这里的金燧就是取天火的阳燧，木燧就是钻木取火的用具。虢国太子是未来的国君，其地位决定他在祭祀时可以担任主祭，这件精美阳燧或许就是当年太子采集"天火"的用具。虢太子生前使用它，死后也带入地下，希望在另一个世界，仍然能够看到阳光，享受温暖。可见，阳燧是我们祖先最早利用太阳能的见证。

·中华第一剑——玉柄铁剑·

1990年，虢国墓地发掘了一座国君大墓（M2001），出土大量文物，计5293件，既有成组的青铜礼器，也有华美的玉器、金器，更让人震惊的是出土了两件铁器。其中一把玉柄铁剑，因在地下埋藏时间久远，剑已断为两截。从上面残存的丝织品痕迹判断，剑身被丝织品包裹后插在皮革制作的剑鞘内。皮革表面有一道纵向缝合的痕迹，针脚清晰可见。

玉柄铁剑长34.2厘米，由铁质剑身、铜质柄芯和玉质剑柄嵌接组合而成。铜柄表面嵌入条状绿松石片，圆形柄芯下端套入中空的玉柄之内。玉柄由茎、首两部分套接而成，两者均为和田青玉，玉质细腻，光洁透润。剑茎表面饰成组斜竖向平行线纹与“C”形云纹，剑首表面饰以四瓣花萼形纹样。该剑用玉作柄，还镶嵌着条状的绿松石片，是目前所见用玉装配剑的最早制品，为汉代玉具剑的雏形。

剑是古代贵族区别身份、地位的标志之一。当时贵族主要佩带铜剑，偶尔发现的铁剑，经过鉴定都是陨铁。那么，这把剑到底是人工冶铁还是陨铁制作呢？后来经北京科技大学冶金与材料史研究所鉴定，此剑是用块炼法制成，是名副其实的人工冶铁制品，其中不含镍与钴。

玉柄铁剑

块炼法是中国古代早期冶铁技术之一。人们常说的熟铁就指的是块炼铁，是矿石在800～1000 ℃的较低温度下炼成，出炉时为铁块而非铁水。块炼铁是含夹杂物较多的海绵状固体块，质地相当软，只能锻，不能铸，难以制作形状较复杂的器物。当块炼铁在加热锻造、制作产品的过程中与炭火接触，将碳渗入铁中，使其硬化，就变成了块炼渗碳钢。这样的材质制作的兵器性能远远超过铜器，具有更大的杀伤力。俗话说“好钢用在刀刃上”，看来早在2500年前，虢国人已经为我们总结

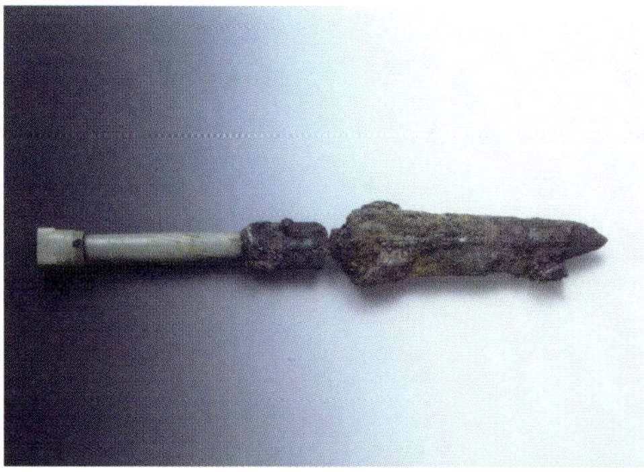
中华第一剑

了这个道理。

这件铁器的出土，改写了中国的冶铁历史，将我国人工冶铁的历史向前推进了一个多世纪，成为我国目前发现的最早的人工冶铁制品。1991年5月12日，时任第六届全国政协副主席杨成武到三门峡视察时看到这把珍贵的铁剑，忍不住挥毫题词“中华第一剑”。1999年6月20日时任中共中央总书记江泽民视察河南博物院，当讲解员向他介绍这把剑是用铜、铁、玉三种材料复合而成，是我国最早的人工冶铁制品时，总书记连连点头称赞“了不得！了不得！”第四届世界冶金史大会在三门峡召开，中外专家一睹铁剑风采，无不对中国发达的冶炼技术啧啧称奇。一位英国学者曾经说过：“世界冶金史的中心在中国，而中国的冶金史中心在河南。”这把铁剑的出土再次向世界证明古代中国科技文化的发达。

• 西周礼制的体现——大型组玉佩 •

20世纪90年代，虢国墓地进行了第二次大规模的抢救性发掘，出土了大量文物，尤以青铜器和玉器为大宗。特别是晶莹温润、雕琢精美的玉器令人大开眼界。玉，作为当时的一种时尚，渗透到虢国贵族生活的各个领域，上至国君，下至贵族，都以佩玉作为对君子风采的追求。礼仪玉有玉琮、玉璧、玉环、玉钺、玉戚、玉戈等。佩玉不仅数量多，制作也精美。如玉人、龙、凤、虎、牛、羊、鹿、猴、鸟、鹰、鸮、蝉、鹅、蚕、蛇、龟、鱼等，题材丰富，品类纷呈，造型生动，栩栩如生。出土的两件大型组玉佩更体现了西周用玉制度。

这两件组合玉佩，一件出自国君虢季墓，为七璜联珠组玉佩；另一件出自虢季夫人梁姬的墓葬中，为五璜联珠组玉佩。这两件组合玉佩制作精良，做工细致，堪称组合玉佩中的精品。它们的共性是以玉璜为主体，间配以别种小件玉饰。M2001出土的七璜联珠组玉佩挂于颈间而达于骨盆以下，十分豪华。它分为上下两部分，上部由1件人龙纹玉佩、18件玉管及两行103颗红玛瑙珠相间串联而成；下部的7件玉璜均为青玉，从上而下，由小到大依次递增，各璜之间由374颗玛瑙珠和琉璃珠以双

七璜联珠组玉佩饰

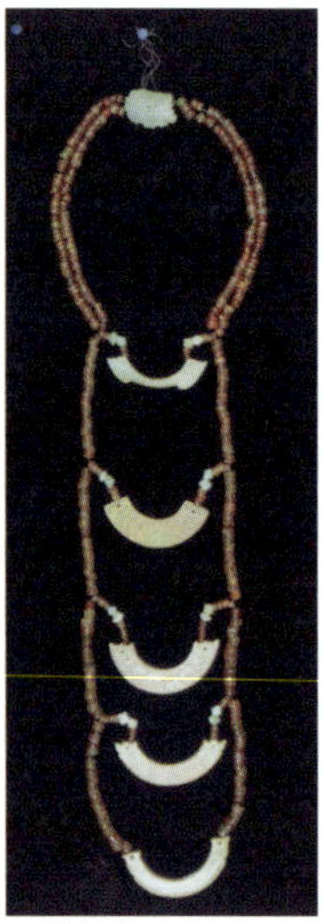
五璜联珠组玉佩

排左右对称的形式连缀而成，整串佩饰长达74厘米。7件玉璜的纹饰形态各异，纹样有尖尾双龙纹璜、缠尾双龙纹璜和人面龙纹璜3种。各璜之间珠玉串联，红蓝相间，左右对称，绮丽美观。M2012所出土的五璜联珠组玉佩，由1件人龙合纹佩、5件形态各异的璜、368颗红色或橘红色玛瑙珠、16颗菱形料珠相间串系而成。整组佩饰组合完整，制作精细，串系匀称讲究。5件玉璜自上而下排列，依次是鸟纹璜、素面璜、尖尾双龙纹璜、人面双龙纹璜、双首龙纹璜。

西周组佩以璜为主体，玉璜弯曲如彩虹，又如拱桥形，两端穿孔，或上端中央亦穿孔。拱桥形玉璜，在组佩中可承受较大的重力；二或三穿孔，可保持组佩整体的均衡与对称，并使之平衡稳定。因此，璜是组佩的“骨架”，起支撑作用，使数十件甚至上百件玉饰组成整体，在佩者行走时，通过璜的连锁保持它的平衡稳定。在获得视觉审美效果的同时，佩组玉佩者还可听到玉佩之间因轻轻撞击而发出的丁丁零零的悦耳玉震之声，获得听觉审美效果。贵族们还要保持“行步有佩玉之度”，佩者的步伐与组佩的摆动也要相和谐，以表现出佩者仪态与风度之美。

大型组玉佩，是贵族们身份地位及权势的象征。从墓葬中所出土的组玉佩情况看，墓主人的身份地位越高者，其所佩组玉佩的结构越复杂，长度越长。M2001墓主人为虢国国君，是七鼎大墓，所佩璜件数为七璜；而M2012墓主人是五鼎大墓，所用璜件数为五璜。这种佩玉方法是西周用玉开始礼制化的表现。组佩体现出多样统一、形式有序，实质即是“礼”，也是一种秩序观念，尊卑有度，等级森严。

在M2001墓七璜组玉佩出土时，发现在玉璜的背面有红色条带“朱组”痕迹存在，说明这件七璜联珠组玉佩是由红色带所系。《礼记·玉藻》记载：“天子佩白玉而玄组绶，公侯佩山玄玉而朱组绶……”就是说只有周天子可以佩白色玉璜，用黑色丝带系之；诸侯国君佩青玉，而用红色丝带系之；对大夫、世子、士的佩玉颜色、质地、系玉丝带也都有详细规定。M2001中出土组佩中的7件玉璜，是上好的新疆和田青玉，所系丝带又用红色，仅次于周天子，为诸侯玉佩。总而言之，这种佩玉方法，是虢国贵族们高贵身份的体现，是西周用玉归于礼制化的一种表现。

虢国墓地出土的精美组玉佩，为西周玉文化的研究提供了不可或缺的实物资料，是中国玉文化的瑰宝。

• 汉代玉衣的雏形——缀玉面罩 •

1990年，考古人员在三门峡市上村岭的西周虢国墓地发掘编号为M2001的虢国国君虢季墓时，出土了大量精美的玉器。这些玉器盖满墓主人全身，根据用途不同，分为礼玉、佩玉、葬玉三大部分。其中，葬玉中最具代表型的器物就是缀玉面罩。

这件缀玉面罩覆盖在墓主人的面部。中间部分由14件玉片饰分别构成了额头、眉毛、眼睛、耳朵、嘴唇、面颊等，形状与成年男子的面部相仿。这14件玉片饰均为上好的和田青玉，原为浅冰青色或深冰青色，受沁后大部分呈黄白色或灰白色。外侧是由环绕两周的44件玉片饰所组成，这些玉片大致可分为三角形片、梯形片与三叉形片3种，也是由和田青玉制成。在每件玉片的正面、侧面、背面都有穿孔，经专家推测，这些玉片是由丝线连缀于丝织物上形成一个完整的面部形状，覆盖于墓主人的脸部之上的。

缀玉面罩

这件缀玉面罩构成的五官，比例匀称，形象逼真，神态安详，富有艺术表现力，是截至目前西周时期墓葬发掘中所发现的结构最为完整、形制最为规范、工艺最为考究的殓葬玉器，是后来汉代玉衣的雏形。

在西周时期，虽然人们有了“敬鬼神

而远之”的观念，但祖先崇拜却因宗法制度的关系而备受人们的重视，对祖先遗体的保护也更为精心，人们喜爱的玉器也被纳入到丧葬制度之中。葬玉与等级制度、宗教祭祀有关，但最直接的目的则是保护尸体，晋人葛洪在《抱朴子》中说：“金玉在九窍，则死人为之不朽。”这句话道出了当时人们使用葬玉缀玉面罩的目的。古人视玉石为自然界的精华，能够与自然界的神灵相沟通，借助玉石的坚硬来保持尸体不腐。

作为玉衣的前身，玉面罩在西周时期成为一种流行的丧葬习俗。不同考古现场都出土了形制大致相同的玉面罩，虽然玉片的造型被琢制成不同的形状，但它的用途都是覆盖在死者的面部，以祈求尸身不朽。直到汉代，在一些无法陪葬玉衣的贵族墓葬中，还有用玉面罩来替代的。在虢国墓地编号为M2001的墓中出土的缀玉面罩虽然不是虢国人的独创，但却是迄今所发现的最精美的玉面罩。它不仅仅是葬玉的长足发展的代表之作，而且是以后葬玉的新起点。

凝固的戏剧——金代砖雕

1988年12月，三门峡市文物工作队在义马矿务局机修厂工地发掘了一座金代砖室纪年墓，共出土砖雕10块。其中北壁4块，西壁4块，东壁2块。北壁是花卉砖雕，排列于门饰两旁。荷花、牡丹各二，姿态各异，怒放争艳，制作精细，线条流畅。人物砖雕6块，其中墓内西壁的一组戏剧人物砖雕排站于舞台上，属三门峡地区首次发现，非常珍贵。砖雕均为灰陶质，先做胚胎雕刻，然后烧制。戏剧人物栩栩如生，没有一丝拘泥之感，充分体现了当时的戏剧表演及雕塑艺术之精湛。

墓室东壁镶嵌的两块砖雕，其人物为老翁、老妪，其悠闲的神态与西壁上镶嵌在砖雕上的演出舞台上的内容，正好构成了一幅精美的观戏图，具有浓厚的生活气息。老翁头戴尖顶软帽，身着圆领长袖袍，腰束软带，双足着靴，左手掩于袖内，右手抬起，执一串念珠坐于椅上，面向西壁观望，面目和善留有长须。老妪头梳髻别簪，身着花边对襟窄袖衫，坐于椅上，双手相袖，面向西壁观望，姿态端庄，慈眉善目，面部皱纹密布。

宋金时代的主要戏剧形式是宋杂剧和金院本，它们的共同特点是体制短小，出场演员一般仅2～5人，没有复杂的情节，剧情以喜剧和闹剧为主，略近于现代戏剧中的小品。遗憾的是当时的杂剧院本都没有剧本留存下来。因此，该墓出土的4块砖雕戏剧文物对于了解宋杂剧和金院本的演出形式是非常重要的。

一号砖雕人物头戴幞头，身穿曲领窄袖花袍，腰系革带，左手抱笏，口中正在唱或说些什么，右手也在比画着。这是四人中最有派头的一位，扮演的是一位官员——在当时称为“装孤（孤即官）”。

二号砖雕人物头戴花幞头，肩披斗篷，身上无衣裤，只在腰下系一小块布掩住裆部，身踮起，双脚弯曲，上身前倾面对前方，挤眉弄眼，仿佛在表演“猴戏”。

三号砖雕人物头裹软巾并簪花，身着窄袖长袍，右手执磕瓜（一种皮棒槌），另一只手捂口，满脸恐惧紧张的表情，同时作扭身疾走状。这位演出的行当属于杂剧院本中的“副末”，这类角色专门打诨、制造笑料。他手拿的是一种专用小道具，通常用来打别人的脑袋，制造“当头棒喝” 的特殊效果。

四号砖雕人物也很有意思，肥胖臃肿，佝着背，身着圆领窄袖长袍，袍角掖在腰里，下面露出花裳，像是要对谁发动攻势，却又止步迟疑不知所措。这位的表演行当属“副净”，他和上面那位副末正好是一对很好的搭档，一个憨鲁，一个鬼精。从戏剧表演效果来说，一个是“捧哏”，一个是“逗哏”，他们两位的表演构成杂剧院本中最令人捧腹的场面。

金代戏剧人物砖雕

有关专家给这组戏剧砖雕高度的评价。一位艺术教授撰文指出：这一组砖雕人物，就形象之生动、神态之活脱逼真而言，在豫西北及晋南的戏剧文物圈中属最佳，而且在所有历代出土的各类戏剧人物造型中，要找出可以与这一组砖雕人物互见高下的艺术佳作也太不容易。美学家常把美妙的雕塑称作“凝固”的音乐，故此，也不妨把这组砖雕比喻为“凝固”的戏剧。

·彰显许氏家族的辉煌——明代铜俑·

1986年3月，一个盗墓团伙对灵宝市大王镇南营村南许氏墓地的3座主墓进行了盗掘。公安机关接到报案后，抓获了盗墓分子，缴获了一批文物，其中有明代铜俑58件。后来河南博物院调走30件，三门峡市博物馆调走28件。许氏家族在明代中后叶是名门望族。自明宪宗成化年间至明世宗嘉靖年间，许氏父子先后出任兵部尚书、吏部尚书、户部尚书、刑部尚书等，有“一门四尚书”的美誉。许氏家族墓中一次出土如此多精美的铜俑，在全国也是极其少见的。

这些铜俑虽然铜锈斑驳，但个个栩栩如生。每件通高24～38厘米，均立在长方形铜座上，座高 5 厘米，全系青铜模铸而成。种类有鸣锣开道俑、男女侍俑、舞女俑和男女乐俑等。该铜俑组成一支高官出行的仪仗队，浩浩荡荡、威震四方。

走在最前的是鸣锣开道俑，头戴尖顶毡帽，身着扯领掩襟长袍，腰间外系腰带，作边走边敲状，瞪眼张嘴，仿佛在喊着“走开”“让道”。后边紧跟的是执牌举旗俑，双手执“回避”“肃静”大牌和迎风招展的大旗。其后是纵横排列成行的武士方阵，每个武士肩宽腰粗，威武凶猛，右手叉腰，左手执枪、刀、剑、戟之类兵器，身披全副盔甲，活灵活现。其中有一甲仗俑，通高33厘米，头戴兜鍪，鍪顶缀二龙戏珠顶饰，身着铠甲，外套战袍，足蹬战靴，方脸大耳，金刚怒目，一张巨口咧至最大，作呐喊状，左手向前自然弯曲做持物状，右手叉腰，姿态豪横。

在武士方阵之后，是展现高官贵族日常生活的场景。文官俑，头戴文官帽，身着宽袖长袍，双眼微闭，目光下视，面部尽显恭顺、拘谨、小心翼翼、诚惶诚恐之气，双手捧书籍、卷宗、文本之类物品，在恭候主人批阅。看家护院俑，头戴尖顶毡帽，身着扯领掩襟束腰长袍，手执棍棒、绳索之类的简单工具，不像武士，倒也干练利索。男侍俑，头戴六面瓜菱形小帽，身着束腰过膝短袍，双手托起长条形织巾，像是侍候主人擦脸之用。捧盒俑，头戴六合一统帽，脑后束一长形发髻，头微低，方脸大耳，双目炯炯，鼻梁方正，脸上是一副谦恭相；身着右衽宽袖长袍，腰束绦带，长袍下只露出履尖；双手交于腹前，手上搭上帛巾，上面放着小盒。女侍俑，头顶束高髻，披头巾，身着长裙，面带微笑，双手捧铜盆，身体微向左倾，静候主人盥洗之用。有的女俑双手托起盛有食品的盘、碟，侍候主人食用。其中一捧碗的女侍俑，面容沉静，长着一双细长凤眼，鼻梁挺直，抿着樱桃小嘴，头挽圆髻，上插梅花簪，外裹卷云纹饰扎巾，扎巾飘带自然垂落，身上外穿广袖圆领长衫，内穿曳地长裙，肩披花边卷云纹云肩，霞帔一直垂至地面，腰间丝绦系成蝴蝶结状，双手放在胸前，手上盖着帛巾，碗放在帛巾上，亭亭玉立，站在几形座上。舞女俑，高耸的发髻，形式多样的发式，精美的发簪、发卡、头饰，华丽的长裙，端正秀丽、面带微笑的脸庞，优雅妩媚的身姿，均塑造得惟妙惟肖、栩栩如生。

男乐俑，头戴尖顶抓抓帽，身着束腰短袍，灵巧、活泼，双手执笛、箫之类的管乐在吹奏乐曲。女乐俑，高发髻上挽着头花，身着束腰长裙，或抚琴，或弹唱，呈现为主人演奏状。琵琶俑，长发梳于头顶，盘成高高的发髻，一根发簪横贯髻中，一张银盆样的圆脸，下巴微微翘起，灵秀的双眼向前直视，嘴角弯弯，溢着淡淡的笑意，上穿右衽窄袖绣花长衣，下着及地长裙，足蹬尖头履，衣饰较捧碗女俑简朴利落了很多，姿态充满动感，怀抱着琵琶，右手扬起扶着琵琶柄端，左手抚弦，好似有悠扬乐音正从其手中流泻而出。

灵宝许氏墓地出土的这批铜俑，种类专一，造型简练。器型虽不算大，但从质地上讲，打破了人们对明代无铜俑的一般认识；从制作上讲，其雕琢精细入微，人物造型栩栩如生，神态刻画逼真，线条流畅而富有质感，件件都是精美之作。这组铜俑，既表现出高官出行的威武场面，又展示出高官日常的生活内容。同时也丰富了明代随葬俑像的研究资料，对研究明代雕塑工艺、造像艺术，丧葬习俗、服饰文化等有着积极的意义，也为研究明代灵宝许氏家族史乃至整个明代历史，提供了极其难得的实物例证。

胜景掠影

——虢国故都的美丽容颜

三门峡市被誉为镶嵌在黄河岸边的一颗璀璨明珠，先后获得中国优秀旅游城市、全国双拥模范城市、国家园林城市、国家森林城市、河南省绿化模范城市、全国水土保持生态环境建设示范城市、中国楹联文化城市等荣誉称号。

三门峡是个美丽的充满活力的城市，这里既有北方粗犷质朴的风情，又有江南水乡灵秀婉约的韵味。在三门峡可以领略大自然的瑰丽，探寻古文明的踪迹，品味农家田园的淳朴，感受豫西人的情怀。

在新的历史时期，三门峡将以建设旅游经济强市为目标，以特色旅游产品开发和龙头精品景区建设为核心，精心打造“文化山水”旅游品牌，使三门峡这颗黄河岸边的明珠更加璀璨。

让我们以“国家A级景区”为路标，开始欣赏三门峡的风景名胜吧。

虢国博物馆

• 虢国博物馆：中国最早最大的车马坑群 •

虢国博物馆是国家AAAA级景区，是建立在全国重点文物保护单位——西周虢国墓地遗址上的一座专题性博物馆，占地10万平方米，是集文物陈列、遗址展示、园林景观为一体的国家二级博物馆。该博物馆基本陈列共5个部分，分别为“虢宝撷英——虢国墓地出土文物精华展”“梁姬风韵——虢国国君夫人墓出土文物展”“车辚马萧——虢国地下车马军阵遗址群展”“国君觅踪——虢季墓遗址群展”等。

虢国墓地是我国迄今为止发现的一处规模宏大、等级齐全、排列有序、保存完好的西周至春秋时期的大型邦国公墓。其中虢季和虢仲两座国君大墓分别被评为1990年、1991年“全国十大考古新发现”。2001年4月，虢国墓地入选“中国二十世纪百项考古大发现”。它对研究虢国乃至西周的历史、政治、经济、文化、宗教制度及冶金、交通、纺织、战争等各个方面，

虢国车马坑遗址

虢国车马坑博物馆

都提供了难得的实物资料，具有十分重要的历史价值。

虢国博物馆建筑造型独特，国宝重器美轮美奂，地下军阵威武壮观。 虢国墓地出土珍贵文物多达1万余件。其中两座国君大墓出土了许多国宝级文物，有“中华第一剑”之称的玉柄铜芯铁剑，精美华丽的“缀玉面罩”等。虢国车马坑开创以军阵随葬的先河，2800年前由真车真马组成的地下车马军阵气势恢宏，让人叹为观止。这是全国最早、规模最大的车马坑群，比著名的秦兵马俑军阵早六七百年。

虢国博物馆作为世界郭姓的衍源地，海外郭姓后裔也到此寻根祭祖，被誉为“郭氏源头”。

• 函谷关：道家之源紫气绕 •

函谷关位于河南省三门峡市灵宝市函谷关镇，是中国历史上建置最早的雄关要塞之一，因关在谷中，深险如函，故称函谷关。这里曾是战马嘶鸣的古战场，素有“一夫当关，万夫莫开”之称。这里又是我国古代思想家、哲学家老子著述五千言《道德经》的地方。千百年来，众多海内外道家、道教人士都到这里朝圣祭祖。

函谷关是国家AAAA级景区，主要景点有太初宫、道圣宫、道家养生园、藏经楼、瞻紫楼、鸡鸣台、碑林、蜡像馆、博物馆、关楼、函关古道等20余处。

函谷关古文化旅游区

函谷关不仅是一处军事重地，而且是古代中原腹地与西北地区文化、经济交流的重要节点。围绕着这座重关名城流传着“紫气东来”“老子过关”“鸡鸣狗盗”“公孙白马”“唐玄宗改元”等历史故事和传说，司马迁、唐太宗、唐玄宗、李白、杜甫、白居易、司马光等历史名人临关吟诗作赋，流传至今的有100余篇。

函谷关是我国古代伟大的思想家、哲学家老子著述道家学派开山巨著《道德经》的灵谷圣地，是道家文化的发祥地。2002年10月20日，中国道教协会会长、玉溪道人闵智亭为函谷关旅游区题写了“道家之源”四个字。

• 甘山国家森林公园：怡人氧吧后花园 •

甘山国家森林公园是国家AAAA级景区，位于三门峡市区南20千米处，地处豫、秦、晋三省交界处。公园规划面积为7860公顷，最高峰海拔1884.64米。公园内动植物资源十分丰富。植物种类达2100多种，最年长的要数“千年槲树”，虽历经千年沧桑，却依然枝繁叶茂，郁郁葱葱。还有500年树龄的河南巨杨，获“河南小叶杨树之冠”称号。动物种类110余种，其中国家级保护动物8种。林木植被覆盖率达95%以上，空气中的负氧离子含量较高，达到每立方厘米4000～10000个，被誉为“森林沐浴，天然氧吧”。因为离市区很近，所以被称为三门峡的后花园。主要景点有

甘山国家森林公园

蝴蝶沟、铁瓦庙、祖师庙、钟楼、马武寨、崔氏洞等。

甘山84座峰，峰峦叠嶂。主峰为甘露峰，还有玉翠峰、罗汉峰、聚仙峰、光武峰等山峰，它们峰耸姿雄威，气势磅礴。站立峰顶，举目眺望，万千景色尽收眼底，三门峡市、九曲黄河依稀可见，令人心旷神怡。

甘山历经沧桑，人文景观荟萃，庙宇遍布，典故传说优美动人。神秘莫测的崔氏洞、古树参天的望乡台、高耸入云的铁瓦庙、万仞如削的舍身崖、玄妙神奇的拉钟槽、挺拔突兀的马武寨、五彩缤纷的蝴蝶谷、景色秀丽的锦鸡岭等，真是“洞、碑、庙、殿华宝地，峰、崖、寨、岭神仙境”。

甘山春夏秋冬景色各异，精彩纷呈。春天万木吐绿，百花竞放，蜂飞蝶舞；夏天山峦叠翠，天蓝云白，流水潺潺；秋天层林尽染，丹枫流霞，红叶满山；冬季林披银甲，银装素裹，分外妖娆。

• 豫西大峡谷：神奇瀑布群，激情漂流处 •

豫西大峡谷风景区是国家AAAA级景区，位于河南省三门峡市卢氏县官道口镇。以瀑布群、潭池群为特色，峡谷呈东西走向，像一条由西向东延展的飘带，由大大小小99级瀑布及300多个潭池组成。

峡谷内飞瀑高悬、潭幽池清、峰峦叠嶂、古藤缠绕、野趣横生。标志性景观大淙潭瀑布，落差40米，宽约5米，水量全年保持在每秒0.6立方米以上，是豫西最高、最大的瀑布，被誉为“豫西第一瀑”。峡谷内几处悬崖绝壁势如刀削，植被丰茂，峰峰相连，步移景换，河道蜿蜒曲折，流经峡谷汇集多处瀑潭，形成“十步一瀑，五步一潭”的神奇景观。主要景观有大淙潭瀑布、濯足池、白龙瀑、挡箭石、潭中井、三叠潭、饮马槽、双龙潭、情人池、水帘瀑、刘秀湖等30多个景点。

豫西大峡谷“一山一石一水”构成了

一幅动静皆宜的美丽画面，被誉为“中原一绝，人间仙境”。近年来，豫西大峡谷漂流名闻遐迩，“神奇瀑布群，激情勇士漂”广为人知。

• 双龙湾景区：北国江南好风光 •

双龙湾风景区地处秦岭东脉、洛河上游，位于三门峡市卢氏县磨沟口乡，面积约20平方千米。因景区内屹立着大龙头、小龙头两座奇峰而得名，是国家AAAA级景区，有“秦岭罗敷”“北国江南”的美誉。

双龙湾景区既有灵山秀水的自然景观，又有底蕴丰厚的历史文化，自然景观与历史文化融为一体，相映生辉，使其成为风格别致、内涵丰富、特色独具的旅游胜地。有各具特色的六大游览区：一是宛如漓江的宓妃峡；二是潭瀑相连、蟹弄清溪的螃蟹沟生态野趣游览区；三是钟乳石林的五彩溶洞——有情洞；四是曲径通幽、世外桃源、水帘瀑布群——桃花谷；五是闯王军事文化遗迹游览区；六是浪漫温馨的沙滩戏水娱乐休闲区——水一方。

双龙湾是当年闯王休养生息、扩军备战的根据地，山山水水遍布着李闯王、高夫人及其兵将活动的遗迹。由奇山、奇水、奇石、奇树构成的人间仙境，与名人、名迹、名典组合的历史故事相互印证，优美动人。身临其境，可看、可听、可想、可议，既能够观赏自然山水的灵光秀气，又能够感受历史文化的浓厚韵味，获得精神的愉悦和身心的养息，使人心旷神怡，流连忘返。

暂避锋芒——高夫人藏兵双龙湾

• 黄河丹峡：沧海桑田留印痕 •

黄河丹峡，位于三门峡市渑池北21千米处的黄河岸边，地处豫晋两省五县交界处，是国家AAAA级景区，省级地质公园。

整条峡谷由红色石英砂岩构成，从谷底到崖壁全成红褐色，属典型的丹霞地貌。隐形峡谷呈“V”字，宽2～30米，海拔落差200～600米。12亿年前这里曾是一片汪洋大海，丹峡正是沧海桑田的有力见证，峡谷里还能看到当年海洋波浪冲刷留下的石印。现已保护性开发了天然壁画、双龙戏珠、七星石、神猴望月、守谷雄狮、石人山、神女池、一线天、千层崖、钟乳石、擎天柱、骆驼峰、情人谷、仙女洞、水帘洞、官印台、地质天书、天坑地缝以及由龙凤潭、龙瀑组成的八潭八瀑等50多处自然景点。景区内怪石林立、峭壁千仞，古树参天、飞瀑湍急，汇集了奇山、怪石、险谷、清溪、深潭、密林等多种奇特的自然景观，堪称世界峡谷奇观、中国“最美”的峡谷。

• 宝轮寺塔：回音建筑真奇妙 •

宝轮寺塔位于三门峡市区西部陕州风景区内，原为陕州城内宝轮寺的寺塔。始为唐代僧人道秀所建，金大定十七年（1177）僧人智秀重建，距今已有800余年。此塔塔门面南，平面为正方形，为13级迭涩密檐式砖塔，塔高26.5米，塔围21.6米，用青灰条砖一顺一丁垒砌而成。塔底有台基和台座。塔的正面刻有“三圣舍利宝塔”的塔铭，塔身自下而上逐层收敛，每层高度均匀递减，外轮廓呈抛物线型，用菱角牙子砖和迭涩砖层砌出塔檐，秀丽俊俏。每层塔身分别辟有半圆形拱券门、佛龛、窗洞，上翘的翼角下有风铎（铁铃），风吹铃动，叮当作响。塔内有塔心室和梯道，可以登临远眺，观赏“黄河远上白云间”的壮景。

宝轮寺塔

宝轮寺塔

游人立于塔四周数丈，叩石、击掌，会听到“呱呱呱”的类似蛤蟆的叫声。叩石或击掌越响、越快，这种蛤蟆叫的声音也就越逼真、响亮，所以俗称其为“蛤蟆塔”。

宝轮寺塔同北京天坛回音壁、山西普救寺的莺莺塔、四川潼南县大佛寺的石琴，同列为我国古代四大回音建筑。现为全国重点文物保护单位。

空相寺

·空相寺：禅宗祖茔神圣地·

空相寺位于三门峡市区东50多千米处的陕州区西李村乡。据《陕县志》记载，空相寺是与白马寺同一时期建造的佛门圣地，是中国最早的寺院之一，距今已有1900多年的历史。公元536年，禅宗初祖达摩圆寂后葬在这里。千百年来，空相寺成为中国乃至世界佛教禅宗信徒追忆达摩禅师、弘扬禅宗精神的最佳场所之一。寺院鼎盛时期规模宏大，香火极盛，曾与嵩山少林寺、洛阳白马寺、开封相国寺一同被誉为中原“四大名寺”。空相寺现为全国重点文物保护单位。

据碑文记载，空相寺原名定林寺，素有“陕郡之圣地、天下之名蓝”的美誉。寺院建筑布局严谨、排列有序，呈现出“清幽古刹名寺院，宝殿巍巍绕玉栏。香烟断径径未断，松柏郁郁紫钟悬。梵门开处金容显，洞天福地境非凡”的壮丽景观。

山上的“八大奇景”和“四大绝胜”

空相寺达摩塔

名甲天下。八大奇景为：龙嘴喷雾、土桥卧虹、井底明月、达摩铜佛、高楼洪钟、铁薪烧粥、椿抱翠柏、汉代松林；四大绝胜为：藏兵洞、濯心泉、八仙庙、公孙瓒藏甲处。

因为佛教禅宗初祖菩提达摩大师安葬于此，历代帝王将相多有来此朝山拜佛，文人骚客亦到此舞墨咏叹。

• 安国寺：曹洞宗正宗寺院 •

安国寺位于陕州区西李村乡，距三门峡市约64千米。寺院殿堂彩釉筒瓦，俗称琉璃寺。安国寺建造于隋朝末年，是隋炀帝为镇压豫西一带农民起义而敕建的，因为“安国寺”意为安国定邦，所以颇受以后历代封建王朝的重视。唐、宋、元、明、清均有增建和修葺。

安国寺坐北朝南，北依瑞云山，南临永昌河，地处我国古代由洛阳至长安的必经之地。它背靠的瑞云山围拢环抱，恰似一把带靠背的大圈椅，中间是一块开阔的平地，安国寺就建在这块平地上。永昌河流水潺湲，犹如玉带绕腰间。晴朗的夜晚，瑞云山上方会升起一颗很亮很亮的星星，像一盏明亮的灯，照耀着安国寺，真是山明水秀，禅意悠远，一派诗情画意。

安国寺院依山而建，结构严谨精巧，以火墙为界分为前后两处院落，包括山门，前、中、后佛殿三重及正殿，另有经房、禅房、钟楼、东西莲池和石碑经幢

安国寺

等。后院有佛殿一重，石碣两块。还有寺院附属建筑多所。院内总面积2728平方米，其砖雕、木雕、壁画不仅面积大，而且制作精美，具有较高的艺术价值，是目前豫西地区保存较完整、规模较大的古建筑群体之一。半山朝雨、龟首夜灯、瑞岩现佛、昌水鸣钟、莲池通碧、翠柏交荫、古碑苔篆、苍鹰秋落为安国八景。

1987年，河南省人民政府将其公布为第二批省级重点文物保护单位。2013年5月，安国寺入选第七批全国重点文物保护单位名录。

• 甘棠苑：甘棠遗爱传千古 •

甘棠苑位于三门峡市区陕州风景区内，在古陕州召公祠遗址上重建，占地12000余平方米，是集人文景观与园林艺术为一体的旅游景点。

甘棠苑入口处是钟鼓楼，又称谯楼，始建于唐，跨街而建，气势恢宏。楼下是用大青砖砌起大拱门，楼上有鼓，系古代“晨钟暮鼓”敲击之用。苑内有召公殿、遗爱阁、清风亭、甘棠书院等建筑，亭台楼阁、幽径曲水、怪石修竹、浮雕名匾错落有致，风景优美。其中八景更是引人入胜，有诗赞曰：高楼洪钟震古城，苑门朝晖彩云封。大象无形迎紫气，碑亭夕照拂清风。玉桥卧虹映祥光，圣殿烟霭觅贤踪。苑中瑰宝放光华，棠荫会贤留芳名。

西周初期，武王去世，年幼的成王

甘棠苑

甘棠苑召公像

即位，由周成王的两个叔叔周公、召公分陕而治，辅佐朝政。据《史记》记载，召公下乡视察时，就在田间地头处理民间事务，地方官吏要群众腾出房屋让他休息，烧茶备饭招待他，他说：“不劳（我）一身，而劳百姓，不是仁政。”召公于甘棠树下听取民讼，为百姓排忧解纷。召公去世后，老百姓常聚集在甘棠树下，怀召公其人，思清明之政。《诗经·甘棠》就是根据他的故事而做的，他“劳己，不劳民；为民，不扰民”的廉政思想，一直滋养着中华民族，他个人也被尊为中国的廉政始祖。老子的“圣人无心，常以百姓心为心”，孔子的“思其人，爱其树，尊其人，敬其位”“见于甘棠，甚于宗庙”，都是对召公的民本思想、治国理念，都做出的高度赞美和评价。

甘棠苑整个建筑突出召公精神的主题，寓情、寓意、寓教于各个景点之中，情景交融，引人入胜，是“召公文化研究中心”，也是“廉政教育基地”。

• 亚武山景区：景色秀美“小华山” •

亚武山景区位于灵宝市豫灵镇南25千米的小秦岭山脉之中，东据崤函，西临潼关，背靠秦岭，俯视黄河，主峰海拔2156.9米，总面积100平方千米，是河南省海拔最高、面积最大的风景名胜区。相传真武大帝在此出家，后转至湖北武当山得道，这里便称作亚武山。因为远看诸峰如凤凰展翅，跃跃欲飞，故又名凤凰山。

亚武山

亚武山风光

亚武山自然景观雄、险、奇、秀。自甘泉峪入山，犹如走进幽深的天然画廊，清泉潺潺，奇峰竞秀，巨石峥嵘。“迎宾石”笑迎宾客；“同心石”鼓劲添力；豆腐峰像一块豆腐堆垒而起；鸡鸣峰似一只报晓的雄鸡伸颈长鸣；四郎寨、石女峰像一对情人在含情相望；五色石相传为女娲补天所留；“仙人盆”“仙人床”据说是供神仙洗浴和休息的地方；在亚武山巅开放的娇艳妩媚的牡丹，传说是当年牡丹姊妹被武则天贬往洛阳时路过此山，迷恋这里的仙境定居于此的。还有“老鹰石”“蘑菇石”“苍龙戏水”神形活现；石上松、风洞、“金蟾拜观音”奇景悦目；“青龙潭”“黑龙潭”深不可测；“朽木桥”“上天梯”“鹞子翻身”触目惊心；玉锁关、倚天门紧锁云天。瀑布倒悬，喷雪撒玉；清泉碧流，游鱼可数；松柏奇秀，绿荫蔽天；野花竞艳，百鸟争鸣。

● 鼎湖湾：豫西的白洋淀 ●

鼎湖湾是国家AA级景区，地处国家黄河湿地自然保护区。位于河南省三门峡市灵宝市西闫乡阌东村北，距三门峡市约70千米。鼎湖湾是一处以水波芦苇荡为主的湿地型自然风景旅游区，有着“黄河第一荡”“西部白洋淀”的称号。

该景区面积约6.5平方千米，拥有我国北方少有的黄河湿地景观——万亩芦苇荡，湖中芦苇丛生，水道纵横，自然形成一座水中迷宫。这里地下泉水奔涌，水下鱼虾成群，野生禽类长年生存在草丛中。植被区系具有三方交会、南北混杂的过渡特点。唐代诗人李白曾在此写下“鼎湖流水清且闲”的诗句。明代诗人彭刚则写下“鼎湖烟树接孤城”的诗句，唐代诗人姚合在此写下《题河上亭》：“亭亭河上亭，鱼踯水禽鸣。九曲何时尽，千峰今日清。晨光秋更远，暑气夏常轻。杯里移樯影，琴中有浪声。岸莎连砌静，渔火入窗明。来此多沈醉，神高无宿醒。”

景区内植物资源丰富，盛产苹果、大枣、花生、棉花、阕莲等。野生动物有36科140余种，其中白天鹅、白冠鸡、黑鱼、灰鹭等具有保护价值。有景点16余处，著名的有观景亭、鼎湖滑道、荷花观赏池、游船码头、鼎湖渔村、钓鱼台、卧龙潭、四爷泉、黄河晚渡、半崖春燕、鸵鸟养殖场等。

此处的万亩芦苇荡是黄河流域最大的水泊芦苇荡。每年的4月份开始泛青，5~10月是最为茂盛季节。芦苇高度约3~4米，12月份开始枯萎。其中夹杂有马兰，马兰出薹颜色呈棕红色，可作保健枕芯用。

荷花观赏池共有两个。荷花颜色以白色为主，另外还有黄、红、绿等颜色。每到夏天，荷花池中荷花争艳，荷叶茂盛，每年可产莲藕50余吨，是全国有名的九孔莲生产基地。

鼎湖湾湖面约6.4平方千米，有大小天鹅、丹顶鹤、灰鹤、鸳鸯、鸿雁、白冠鸡、大雁、野鸭等在这里栖息，游客在此可观赏“鱼鹰常在水中立，白鹭成行天上飞”的自然景观。

• 黄帝铸鼎塬：人文始祖铸鼎处 •

黄帝铸鼎塬为国家AA级景区、国家重点文物保护单位，位于河南省灵宝市西25千米阳平镇境内。汉武帝时在铸鼎塬建鼎湖宫、太初祖庙以祭祀黄帝。此后唐明清历代都对黄帝陵庙修缮扩建，由于铸鼎塬位于函谷关、潼关两个雄关要塞之间，屡受兵祸，建筑及参天古柏多遭毁坏，当地政府于1992年复修。景区现已复建了始祖殿、献殿、阙楼、东西廊房、功德柱、神道等大型建筑，铸成了天、地、人三尊巨型铜鼎，象征天神、地神和祖宗，保护加固了黄帝陵冢，总占地面积8万余平方米。

黄帝铸鼎

人文始祖——黄帝铸鼎荆山塬

铸鼎塬是中华人文始祖轩辕黄帝奠定邦国、铸鼎铭功、驭龙升天的地方，也是海内外华夏炎黄子孙寻根祭祖、缅怀圣德、领略黄帝文化、上溯华夏文明起源的旅游观光胜地。灵宝黄帝铸鼎塬聚落遗址包括北阳平、西坡、东常、轩辕台等50多处仰韶时期的文化遗址，总面积4.36平方千米，是国务院公布的第五批重点文物保护单位，被国家文物局、国家发改委列入“十一五”期间全国100处重点大遗址保护专项，并被确定为中华文明探源工程六大遗址首选。

• 娘娘山景区：地质画廊风光美 •

娘娘山景区位于河南省灵宝市西南11千米处，2004年5月被批准为省级地质公园。

相传远古之时，天神太上老君为铸炉炼丹选中了秦岭东端的这座山峰，将拐杖插在山头作为证据。后来王母娘娘为普度众生也看中了这座山，将绣鞋埋于老君杖下。二神为此山争执，玉皇大帝派司山之神洞察，鞋先杖后，便断此山应属王母娘娘。王母娘娘选此山的目的是造福民间，于是点化灵宝市纪家庄一李姓人家所生三女，后三女长大后泪别父母，登山羽化。王母娘娘分别赐她们为“天母娘娘”“地母娘娘”“人母娘娘”，三位娘娘所居之处称为“娘娘山”。

娘娘山四时景色各不相同，春天百草含芳、春意盎然；夏天青峰翠谷，潭瀑相连；秋天枝繁叶茂、果实累累；冬天山坡白雪皑皑，谷底琼冰玉瀑。

• 仰韶大峡谷：美景天成景色秀 •

仰韶大峡谷位于举世闻名的仰韶文化发祥地渑池县，北邻黄河小浪底库区。峡谷全长50余千米，总面积56平方千米，有各类自然人文景观500余处。已初步开发了仙峡、神龟峡、龙虎峡、金灯峡、卧羊峡、悬棺谷等6个景区。仰韶大峡谷以险、奇、幽、雄为特点，备受游客青睐。仙峡绝崖对峙，苔藓满石，瀑流飞溅，险峻无比；神龟峡潭泉相连，奇石妙生，群峰竞秀，秀美如画；龙虎峡古木遍布，洞庵迭

仰韶大峡谷景区

现，曲径通幽，宛如仙境；金灯峡峰回水转，奇峰陡立，气势恢宏，壮美如歌。大峡谷步移景换，四季风景各有特色，堪称世外桃源、天然氧吧、潭瀑大观、奇石宝库。

• 古秦赵会盟台：智勇之举传千古 •

渑池县城西约1千米，渑水和羊河之间，有一高大的土台，相传为战国时期秦昭襄王和赵惠文王“友好”会见时的会盟地，故称之为“会盟台”，“盟台夕照”是渑池八景之首。

据《史记·廉颇蔺相如列传》载，公元前279年，秦昭襄王和赵惠文王于渑池相会，在秦、赵两国会盟的宴会上，秦王恃强凌弱，胁迫赵王鼓瑟，并令史官记入秦史，以此嘲弄赵王。蔺相如见秦王如此无理，义愤填膺挺身而出，不卑不亢地要秦王击缶，秦王不肯，蔺相如正气凛然地威胁秦王说：“我距大王不过数步，如果你不击缶，相如愿将颈血溅大王之身。”秦王无奈只得击缶，相如转身招来史官将此事记入赵史。这时秦王随行官员恼羞成怒，蛮横地提出要赵王割十五座城池与秦王祝寿。蔺相如寸土不让，亦要秦王献都城咸阳与赵王祝寿。双方针锋相对，唇枪舌剑，直到宴会终了，秦王丝毫没有占到赵王的便宜。随后秦赵签订了盟约，双方士兵将盟书及兵器掩埋于此，以示罢兵修好，遂成“会盟台”。

岁月悠悠，虽然秦去赵亡已逾2000余载，但蔺相如在敌强我弱的情况下，以其智勇屈强秦于数步之内，抑秦威，扬赵志，留下了以弱胜强、名传千古的智勇之举。

古秦赵会盟台以生动的历史故事和丰富的文化内涵，吸引着古今中外无数游客，留下许多佳话和诗词。

古秦赵会盟台

• 八路军渑池兵站：红色记忆永难忘 •

渑池兵站位于渑池县城关镇东关小寨村。1938年11月经十八集团军司令朱德同志签署文件，委派刘向三与国民党当局谈判后创办的我党我军公开机构。1963年被河南省人民政府公布为省级重点文物保护单位。

渑池兵站在抗日战争时期为我党我军往太行山八路军总部、抗日前线运送了大批军需物资，护送了前往革命圣地延安、华北、华东、苏北等地的大批干部和进步学生，是通往全国各地的交通枢纽之一。1938年，党的六届六中全会后，刘少奇（当时化名胡服）由延安经西安八路军办事处到渑池，于12月20日在渑池兵站召开了“中共豫西特委扩大干部会议”，传达贯彻六届六中全会精神。会后还举办了两期党训班，参加党训班学习的同志有80余人，刘少奇在党训班上首次宣讲了《论共产党员的修养》。

1938年11月下旬，邓小平、杨尚昆等领导同志从延安到渑池兵站，并由此北渡黄河，奔赴太行前线。1939年11月21日，国际著名医生柯棣华率印度援华医疗队在渑池兵站停留两天，由兵站派人护送奔赴太行前线。朱德、彭德怀同志也曾亲自到兵站指导工作。

渑池兵站的建立对于发展壮大党的队伍，扩大抗日民族统一战线，巩固豫西革命根据地等都起了重要的作用。

• 韶山景区：“半个药柜”在这里 •

韶山位于渑池县城北20千米处，主峰海拔1492.9米，因山腰云雾缭绕，升腾而起，如云生其处，故又名“云门山”。

韶山层峦叠嶂，林壑幽美，大小山峰35个连成一体。除主峰外，另以王朵山、关山、麦尽山最为出名。北麓10多公里是悬崖绝壁，屏障天成，仅有3处可以勉强攀登。西北有条泥鳅背似的长山脊，云雾袅袅，飘然来去，人行走其间如穿云过雾。从山顶极目远望，苍山翠碧，奇石满目，长啸一声，山响谷应，余音缭绕。韶山四季风景各异：春天刺槐花盛开，一片锦绣；夏天阔叶林交枝接柯，郁郁葱葱；秋天层林尽染，如诗如画；冬季银装素裹，分外妖娆。

主峰南侧的云门寺，始建于宋嘉祐元年（1056），大顶彩瓦，建筑奇巧，雕梁画栋，光彩夺目。但经过历代兵火战乱，原貌已变。寺西有清泉一眼，不溢不流，不竭不涸，可供游人饮用。

韶山山珍野味极多，有红果、黄柿、紫葡萄、山核桃等，亦有野猪、山鹿、獾、狼等动物。药材有200多种，号称“半个药柜”，传说神农尝百草曾来此地。

• 玉皇山景区：森林景观多壮美 •

玉皇山景区是国家级森林公园，位于卢氏县狮子坪乡的淇河林场，距卢氏县城90千米。其主峰玉皇尖海拔2057.9米，比东岳泰山高出527.1米。临顶极目，40余平方千米林海尽收眼底，给人以“云雾脚下生，一览众山小”的仙境感觉。景区内群峰竞秀，奇石林立，古树名木繁多，珍禽异兽随处可寻，以罕见的原始生态植被、迷人的飞瀑流泉而著称。挺拔的落叶松是我省唯一的高大型森林景观，身临其中可以领略茫茫林海的苍劲古朴；明朗河流水潺潺，清澈见底，锦鳞游泳，虾蟹相

玉皇山

戏。公园内动植物种类繁多，其中保护植物有连香树、水曲柳、桦栎树、天麻、灵芝等；稀有动物有金钱豹、麝、青羊、草鹿、红腹锦鸡、大鲵（娃娃鱼）等，主要景点有大块地原始林区、小灵山、壮沟峡谷、闯王点将台、石船、闯王试刀石、玉皇庙、黄龙潭、白龙潭、龙井等处。

• 九龙山景区：美丽传说景色奇 •

九龙山风景区位于河南省卢氏县双槐树乡境内，地处伏牛山南麓，西接秦岭，东与熊耳山主峰毗连，南与国家级森林公园玉皇山相望，属长江流域，温带大陆性气候，雨量充沛，气候湿润，森林茂密。

景区面积约10平方千米，内有构造奇特的九龙神洞，种类繁多的史前化石，风光潋滟的日月碧潭，气势磅礴的九龙飞瀑，北方少有的柯楠奇树，中原最大的地下暗河。景区景色宜人，文化底蕴深厚。

九龙洞不仅景色奇特，而且故事生动神奇。传说很久以前，朱阳关的杜家店住着一位杜员外，他有位独生女叫润玉。杜员外虽有家财万贯，却贪心不足，为富不仁。润玉小姐长得花容月貌，心地善良，是远近有名的好姑娘。

润玉18岁那年冬天，一次帮本家嫂子在小河边洗衣服，忽然河面上漂来一个鲜红硕大的桃子。姑嫂二人相互推让，最后还是杜小姐将桃子吃了。自从吃了桃子后，润玉不思饮食，日见消瘦，杜员外以为女儿病了，请郎中诊治，不料女儿已有孕在身。杜员外气得七窍生烟，将女儿打得遍体伤痕，为保全名声，决计将女儿活埋。

润玉被嫂子和乡亲们救出，连夜逃到数十里外的一座大石洞里，由嫂子和乡亲们轮流送饭。一日嫂子送饭，到石洞之后，发现杜小姐倒在血泊之中，身上横七竖八爬了九条小蛇。她以为润玉已死，回去哭着告诉乡亲们，从此再没有人送饭去了。其实润玉并没有死，那九条小蛇是她所生的九条龙。九条龙渐渐长大，并常说人语，尊其母为“九龙圣母”，称此生身之洞为“九龙洞”。

九龙洞位于石门水库上游东岸数十米处的青峰脚下。洞口宽约3米，高2米，称为“献殿”，前端稍低，须躬行入内，数米后渐高敞，地面有积水，数米处有一深潭，大股泉水自石洞下部流出洞外，绕潭上石阶，有一平台，其上有八层，人称“九棚楼”。洞极幽深，人莫能穷其源。洞内多异石，或蹲踞，或悬挂，形态各异。洞口有奇树，年年开花迥异，经专家鉴定，系柯楠树，多生于南方，北方少见。泉水自洞下涌出，浪花飞溅，流量稳定，常年不涸，极为清澈甘冽。

九龙洞是一座极富传奇色彩的大型溶洞，它与附近的仙家洞、老君洞等共同组成了一组极具特色的山、水、洞景区。

• 汤河温泉景区：淳朴民风代代传 •

汤河温泉位于卢氏县汤河乡，俗称“汤池”。汤河温泉周围绿山碧水，峻峰峭立，环境清幽，风景秀美。温泉天然溢出，年平均水温达57 ℃，富含硫、氟、铁、钙、镁、磷等28种矿物质及微量元素，水质pH值8.5，常浴此水，对风湿、类风湿、关节炎及各种皮肤疾病有神奇疗效，可祛病强身、延年益寿。洗浴后皮肤光滑、富有弹性、有非常爽快之感觉。而且长期洗浴对慢性胃炎、肠道炎及失眠等症有辅助疗效，因此被誉为“天赐圣水”。

汤河人古来就有露天裸浴的风俗，阴历单日为男洗日，逢双日为女洗日，毫不避人，呈现出“天人合一，自然和谐”的原始风俗。民风之淳，令无数游客叹为观止。河南省著名历史学家单渊慕观后兴致以诗：“夜宿汤池青山下，一夜涛声来入耳。对岸数十裸浴女，微雨清晨洗文化！”

这里现已建成露天浴池、温泉疗养院、人工湖等，是休闲、度假、洗浴、保健的好去处。

• 回春河景区：中原“小九寨” •

回春河景区位于陕州区店子乡，自然景观十分丰富。既有古老的地质地貌、文化遗存，又有罕见的珍奇异草、地下鱼群。丰富的历史传说，层峦叠嶂的群山和天然造就的龙泉、龙窟，使整个景区笼罩着一层神秘的色彩。

景区有上百座千米以上的山峰，气势磅礴，蔚为壮观；有大小河流30余条，四季长流、清澈见底，鱼蟹并茂；有20多万亩天然次生林和人工林，苍翠浩瀚，一望无际。平湖瀑、龙潭瀑、龙女瀑、圪台瀑各显特色；神龟石、三人石、灵蛙石、石鸡山形象逼真，千姿百态。自然泉水含多种微量元素。这里既有北国风光的韵味，又有南方水乡的灵气，是一处佳境荟萃的旅游胜地。素有三门峡“后花园”、中原“小九寨”之称。

雪花谷漂流是景区一个特色旅游项目，距三门峡市区近，漂流里程8千米，自然落差110米，可同时容纳千余人漂流，峡谷两岸悬崖陡壁，水流湍急，峰回路转，但安全系数又极高，整个漂流过程既惊险刺激又富有趣味，堪称“中原峡谷第一漂”。

• 陕州区温泉景区：天然“神水”美名扬 •

陕州区温泉景区位于三门峡市西温塘村，距市区15千米，交通便利、风景优美。温塘泉水水质极佳，清澈透明，无菌，无污染，口味甘甜，清新爽口，水温高达60 ℃，经国家级机构鉴定，确定为含偏硅酸和锶的重碳酸硫酸钙钠型低质矿泉水。陕州区温泉分布面积达4.1平方千米，每日可开采水量达6000吨，其流量之大、水质之佳在国内外矿泉水开发史上都是少有的。它不仅可与世界著名的法国维希温泉相媲美，而且又以自己的特点雄踞国内矿泉水之首。常饮此水，对胃病、心血管病、糖尿病等有明显的理疗作用，同时可增强人体免疫功能，经常用此水洗浴，可舒筋活血，散寒祛痛，有延年益寿之功效。

陕州区温塘矿泉水被利用的历史悠久，据《陕县志》记载：西汉年间，在县西温塘村大沟中，水四季皆热，病患洗浴者常来自四方，谓之“神水”。唐朝诗人、陕州司马王建曾作《温泉赋》赞美曰“院内引得温塘水，二月中旬已进瓜。”目前景区有多家温泉宾馆和疗养院，是一个配套设施完善的“温泉保健度假区”。

• 周总理视察大营纪念馆：伟人关怀留记忆 •

周恩来总理视察大营纪念馆坐落在陕州区大营镇大营村中心，距三门峡市区20千米。该馆落成于1977年，主体建筑连同外宾接待室和综合展览馆，总面积为2360平方米。馆内陈列有1958年4月24日周恩来总理视察大营时的照片和有关实物，还有彭德怀、习仲勋，以及河南、山西、陕西三省党政负责人陪同周恩来总理视察时的照片。

• 夏后皋墓：夏王的陵墓 •

夏后皋墓位于陕县东南雁翎关关口北，距三门峡市约28千米。其墓呈圆丘形，高约1.5米，周长约30米。古树苍苍，草木茂盛，庄严肃穆。

《左传 · 僖公三十二年》载：“崤有二陵焉，其南陵，夏后皋之墓也。”即指此地。夏后皋是夏代帝王孔甲之子，相传暴君夏桀就是他的孙子。夏的活动范围在豫西晋南一带，至皋时数迁都邑，统治基础已不稳固。当时部落间战争十分频繁，皋极有可能在转战途中死去葬此。20世纪60年代，郭沫若、夏鼐曾来此考察夏文化。距夏后皋墓不远处有唐绣岭宫遗址，“绣岭横云”为古陕州八景之一。

夏后皋墓

【知识链接】

陕州古八景

茅津夜渡架飞舟
洪崖秋霁望秦楼
金沙落照光明显
岘山烟霭锁中州
崤陵风雨虎奔啸
草堂春晓龙抬头
绣岭云横腾空绕
禹门积雪万古留

灵宝古二十景

轩鼎烟霞，汉台风雨
九龙神窟，三鳣书堂
王濬旧居，吴融故冢
黄河晚渡，秦岭暮云
风陵波浪，石姥仙潭
半崖春燕，十里桃花
函关鸡鸣，老子故宅
关龙逢墓，弘农晚钓
桃林牧竖，秦岭雪樵
汉柏古庙，项城暮雨

渑池古八景

盟台夕照、天池落雁、韶峰叠翠、周党隐居、利津古渡、桓陵秋草、涧源春涌、渑水清波

卢氏古八景

东涧缠桥、高村古渡、南寺晓钟、西霞晚照、洞庭明月、柳林烟雾、熊山积雪、铁岭层云

名品荟萃

——虢国故都的丰富物产

三门峡市物华天宝，资源丰富，名品荟萃。已发现矿藏66种，其中大型矿床12处、中型矿床31处。其中黄（黄金）、白（铝）、黑（煤炭）是三大优势矿产资源。黄金储量、产量均居全国第二位；铝土矿、煤、锌、硫铁矿、玻璃石英砂岩、铸型用砂、砷等17种矿藏居全省之冠；钼、铀、铅、银磷、压电水晶、熔炼水晶、石墨等9种矿藏居全省第二位。这些矿藏不仅储量大、品位高、质量好，而且分布相对集中、覆盖浅、易开采，共生、伴生矿多，益于综合开发利用，是河南省乃至全国重要的贵金属和能源开发基地。此外，农林产品资源也十分丰富，以灵宝寺河山为代表的优质苹果驰名中外，灵宝大枣久负盛名；渑池仰韶杏全国独有，牛心柿饼为古代贡品；卢氏的木耳、猴头、核桃、板栗、猕猴桃等土特产在全国享有盛誉；卢氏山区有“天然中药库”之称。目前，三门峡市共有16个地理标志产品，其中国家地理标志产品11个，即灵宝苹果、大枣、杜仲，仰韶酒、大杏、柿饼、小米，卢氏鸡绿壳蛋、核桃、黑木耳、连翘；农产品地理标志产品5个，即灵宝香菇、朱阳核桃、仰韶牛心柿、仰韶贡米和仰韶大杏，数量之多，居全国省辖市之首。另外陕州区温泉水是全国少有的优质矿泉，还有珍稀的两栖动物“大鲵”保护区，有亚洲最大的人工种植良种杜仲生态园基地等。

三门峡市位于晋陕豫三省交界处，特殊的地理位置，使这里的美食、小吃具有独特的地域特色。厚重的黄河文化，浓郁的民俗风情，造就了三门峡源远流长、丰富多彩的民俗文化，澄泥砚、剪纸、面塑、捶草印花等民间工艺美术更是巧夺天工，让人叹为观止。

• 灵宝苹果：中华名果美名扬 •

灵宝苹果

灵宝以盛产苹果而闻名国内外，素有“苹果之乡”的美称。灵宝苹果以其个头大、颜色鲜、糖分高、香味浓、质脆甜、耐储运蜚声中外。早在1923年，实业家李工生就从青岛、烟台等地引进优良品种栽培。1956年，灵宝市在海拔1300米高的寺河山建起了300亩国营园艺场，被誉为“东亚第一高山果园”。新红星、红富士、青香蕉、小国光等品种在国家组织的鉴评中，先后夺得第一名。灵宝是国家确定的优质苹果商品基地和外贸基地，所产苹果远销东欧、东南亚和港澳地区。1998年灵宝苹果被中国果协授予“中华名果”称号，灵宝苹果获得“国家原产地保护”，是“中国地理标志产品”，2009年被推选为“河南十大最具影响力地理标志产品”。“灵宝苹果”品牌价值不断提升，连续多年居全国苹果产业品牌价值县级市第一位，2016年进入“中国果品区域公用品牌价值榜10强”，获得“2016中国最有影响力的十大苹果区域公用品牌”，是闻名遐迩的地方特产，被誉为“中华名果”。

• 灵宝大枣：蟠桃哪有灵枣鲜 •

灵宝大枣为灵宝著名的三大宝（大枣、苹果、黄金）之一，灵宝大枣栽培历史悠久，在唐宋年间就有栽培，目前尚有千余亩明清古枣园。品种以圆枣为主，又称疙瘩枣。果实大，多为短圆筒形，果皮深红，肉厚核小，质韧汁少，味甘甜，肉质松软，营养丰富，口味佳，带有清香，含糖量高，适宜制干枣和酸枣。制作成的干枣富有弹性，压扁后可还原，适于长途运输，因而驰名全国。鲁迅先生曾称赞说：“红枣极佳，为南中国所无法购得。”著名翻译家曹靖华亦写诗赞道：

"……顽猴探头树枝间，蟠桃哪有灵枣鲜。"早在1914年，灵宝大枣就作为河南省名产在巴拿马国际博览会上展出并获金奖。2000年9月，在山东乐陵举办的全国农产品博览会上，灵宝大枣又以其独一无二的品质夺得红枣金奖。灵宝大枣获得"国家原产地保护"，并被批准为"中国地理标志产品"。

灵宝大枣

• 灵宝杜仲：亚洲最大的人工种植杜仲基地 •

灵宝杜仲栽植历史悠久，于2006年被批准为"中国地理标志产品"。目前灵宝杜仲基地已发展5万余亩。灵宝市天地科技生态有限责任公司，现已建成亚洲最大的人工种植杜仲基地，被中国林学会杜仲研究会命名为"中国第一杜仲籽园"。

• 仰韶酒：醴泉之水酿佳品 •

仰韶酒属浓香型，系中州佳酿，是古"醴泉春"的继承和发展，因产自举世闻名的"仰韶文化"发源地渑池县而得名，是"中国地理标志产品"。

仰韶酿酒，历史久远。从仰韶村和附近的二里头文化遗址中出土的大量酒具看，早在五六千年前，我们的祖先就在这里酿酒了。据《渑池县志》记载：县治东里许，玉皇庙沟，有水极甘美，能助酒味，酿酒家多取之，故名醴泉。"良酒出佳泉"，仰韶酒所以有名，是因为用名泉——醴泉水所酿造。醴泉水质优良，用醴泉水所酿的仰韶酒，其特点为清澈、透明，窖香浓郁、甜绵爽净、清爽甘洌、略带苹果香味，喝之无头晕脑涨之感，有回味悠长之美。仰韶酒色、香、味配合适当，是饮宴的上品。

品重醴泉——仰韶美酒国父赞

"悠悠七千年仰韶文化，绵绵八万里美酒飘香。"仰韶酒是中国七千年酒文化的传承和发扬，是在继承"醴泉春"的基础上，采用醴泉甜水，用人工培养老窖泥池，用上等原料优质高粱，吸取名家名酒之长，精心配制而成。仰韶系列酒先后获得“首届国优精品金奖”“巴拿马万国名酒特级金奖”“中国名牌产品”“国家质量达标食品”“国家绿色食品”“跨世纪中国著名白酒品牌”“中国白酒著名创新品牌”“中国历史文化名酒”“中国驰名商标”“世界之星包装设计大奖”等省、部、国家、世界级荣誉达50多项。其中仰韶彩陶坊酒2009年7月在北京人民大会堂成功推出后，被国际奥委会主席罗格先生和G20峰会20国国家元首收藏，被业界誉为“中国国礼、国家名片”。仰韶酒在中国白酒市场独树一帜。

• 仰韶大杏：个大味美营养高 •

仰韶大杏，又名仰韶黄杏，因产于渑池县仰韶文化发源地而得名，已有2000多年的栽培历史，因为其果形似鸡蛋，俗称鸡蛋杏。果实成熟后，核肉分离，摇晃有响声，又称“响铃杏”。其特点是个大、味鲜、营养丰富，果皮和果肉橙黄色，阳面有红晕，单果平均重70克，最大果重126克。肉细汁多，无纤维，酸甜可口，芳香浓郁，适宜鲜食，加工后制成的糖水杏、杏浆等均为上品。仰韶大杏历史上曾作为贡品，也曾作为珍奇树种赠送给罗马尼亚。1986年6月，在河南省大杏鉴评会上获得冠军。2011年，被批准为“中国地理标志产品”。

仰韶大杏

• 仰韶柿饼：名不虚传好滋味 •

仰韶柿饼，又称牛心柿饼，是由牛心柿制成的，被批准为“中国地理标志产品”。牛心柿产于渑池县石门沟，因其形似牛心而得名。牛心柿，个大皮薄，肉细味甜，汁液丰富，少核或无核，纤维少，平均单果重250克，最大可达375克。柿子

段村柿饼——牛将军大爱遗人间

成熟后，晒制的牛心柿饼，质地软，含糖多，吃起来香甜可口，若将柿饼放在冷水中搅拌，能化成糖浆，别有风味。这种柿饼曾为清代贡品。

仰韶柿饼

仰韶小米：皇家贡米香万家

仰韶小米，又叫坻坞小米，产于渑池县仁村乡南坻坞村，已有几千年的种植历史。此米色黄如金，米粒饱满，米油丰富，黏性强，入口甘醇，清香宜人，回味悠长，营养价值很高。被批准为“中国地理标志产品”。据县志记载，清朝乾隆皇帝1736年来渑池巡视，听说坻坞小米很好，他吃过以后，精神大振，龙颜大悦，大夸此米为神米，并亲临农田观之，当即吟诗一首：“登上方山顶，遥望坻坞川，山间谷粮优，米香益中原。”随后把此米定为“坻坞贡米”，从此“坻坞贡米”名扬四海，成为馈亲赠友的佳品。

卢氏鸡绿壳蛋：天然绿色世罕见

卢氏鸡具有个体轻巧、觅食力强、耐粗饲、产蛋多等优点，更为奇特的是有4%~6%的蛋壳为青绿色，在国内外极为罕见。卢氏鸡肉质鲜嫩，味道可口，是理想的天然绿色保健食品。所产的鸡蛋蛋清浓厚，蛋黄呈橘红色。绿壳蛋富含对人体神经发育有重要作用的卵磷脂、脑磷脂和神经鞘磷脂，同时含有很多胆碱物质，这种物质有助于增强记忆力，经常食用能增强免疫功能，所以绿壳蛋被誉为“鸡蛋中的人参”，是纯天然、无污染、营养丰富、风味独特的绿色食品。卢氏鸡绿壳蛋被批准为“中国地理标志产品”。

• 卢氏连翘：历史悠久质量高 •

卢氏连翘有着悠久的种植历史，连翘苷含量和醇浸出物含量高，且富含维生素P，品质优于其他产地的连翘。2004年卢氏被国家定为唯一连翘野生保护基地，卢氏连翘被批准为“中国地理标志产品”，2005年又被国家定为国家级农业标准化示范项目。卢氏连翘质量之优，产量之高，均居全国之冠，卢氏连翘每年产量占中国连翘总产量的四分之一，畅销国内20多个省市，外贸出口到日本、马来西亚、新加坡、泰国等，广受好评。

• 卢氏黑木耳：屡获大奖名远播 •

卢氏黑木耳是三门峡市食用菌的传统优势品种，具有朵大色深、光滑透明、干净无杂、肥厚脆嫩、耳圈明显、呈菊花形等特点，多侧生于栎、桦等朽木上。因其色正、肉厚、朵大、味美、发泡率高等特点，曾两次获得国际金奖，并曾在全国黑木耳质量评比中名列第一，在国内外市场上享有盛誉。被批准为“中国地理标志产品”。

卢氏黑木耳

• 陕州糟蛋：酒糟腌出好滋味 •

陕州糟蛋采用鸡蛋和黄酒酒糟加工酿制而成，为古陕州名吃。相传是晚清时浙江绍兴一个酿酒师傅把这种工艺传到了陕州。陕州糟蛋以清明节前后制作为宜，因这时蛋多质好，气候渐暖，糟易发酵，不致霉烂。糟蛋制作用料选取严格，操作精细，工艺讲究。成品蛋蛋心呈红黄色细腻糊状，无硬心，有蛋香、脂香、酒香等多种香味，风味独特，回味悠长。成品蛋宜存放于清凉处，随吃随捞，食时去壳，加香油少许，搅拌成糊状，是豫西有名的风味食品。

• 大营麻花：豫西名品脆酥香 •

大营麻花，产于陕州区大营。相传很久以前，大营一带毒蝎横行，人们为了避害，每年农历二月二，家家户户把和好的面拉成长条，扭作毒蝎尾状，油炸后吃掉，称之为“咬蝎尾”，久而久之，这种“蝎尾”就演变成今天的麻花。大营麻花配料和口感独特，有别于天津、山西、陕西等地的麻花，是享誉晋、陕、豫“金三角”地区极具特色的传统食品。其基本配料为面粉、食盐、鸡蛋、糖等，分为甜、咸两种，具有“香、酥、脆”之特点。2007年被河南省委宣传部、省文联授予首批河南“老字号”称号。

• 观音堂牛肉：色味俱佳美名扬 •

观音堂牛肉产于陕州区观音堂镇。用料选取严格，制作方法独特。先将宰杀的鲜牛肉置于盛满清水的缸中，内加适量的食盐、火硝腌渍。时间长短根据季节而定，一般冬季为一个月，夏季三四天，春秋两季七八天，直到腌得里外透红为止。腌好后，放进大锅沸煮，一般需六七个小时，沸煮中，一次放进适量的茴香、丁香、白芷、姜、蒜、辣椒等。勤翻勤看，控制火候，以肉煮烂不散为止。观音堂牛肉色泽鲜艳，酱香浓郁，咸味适度，肉嫩可口。20世纪50年代国庆时，观音堂五香牛肉曾礼献北京，20世纪80年代被编入《中国名特食品大全》，20世纪90年代在全国农副产品博览会上备受青睐，在河南省第三届风味美食节上被中国烹饪协会授予“中华名小吃”称号。

• 东寨面豆：土里炒出乡土味 •

“面豆”是独具特色的豫西传统面食小吃，采用手工工艺，用精制的小麦面经过揉面、发酵、搓揉成条，刀切成如大豆一样的颗粒，用白绵土做介质焙烤而成。

因其味道的酥、脆、香、耐保存，具有养胃、开胃的作用，成为豫西一带人出行远游和节日待客的特色小吃。

陕州区菜园东寨面豆在传统工艺的基础上，从选料到工艺进一步精细，再加之其村特有的白绵土和天然井水，生产出的面豆外观洁白、入口酥脆、香气浓郁，富含多种微量元素，对胃溃疡有较好的疗效。东寨面豆久存不霉变，不加任何添加剂，以其独特的风味深受食者喜欢，产品远销全国各地。

• 北湾挂面：手工制作工艺绝 •

北湾挂面产于陕州区菜园乡，手工制作，历史悠久，工艺传统独特，具有细、长、软、滑的特点，耐储藏，无霉味，耐煮而不烂，味道鲜美可口，自问世以来，数百年间，深受食者欢迎，声名远播，是豫西地方名优特产之一。

据产地老人讲，北湾挂面始创于唐开元年间，当时唐玄宗东巡，和杨贵妃在菜园境内的行宫秀岭宫居住，当地官员为让他们品尝到具有当地特色的面食品，就令当时陕州一赵姓名厨，对当地的传统挂面工艺进行改进。改进后的挂面，深得玄宗和贵妃的赞誉，这个赵姓名厨家居菜园的北湾村，就把生产挂面的工艺代代传了下来。从此，北湾的挂面也就以其独特的工艺和风味，成了当地的特产。

该挂面制作时间是每年霜降后（因面内含有盐，天热不收潮，故在冬季），制作的工序分揉面、盘条、上筷、出架等。每10斤面粉加七八两食盐，用当地的井水和面成团（该村的井水独特，用该井水浇灌的白菜嫩而无筋），然后倒在面板上，用刀切成条，手搓细盘放在木盆或陶器盆里，每层涂上麻油、菜油，称盘条；而后再次搓细，两头绕上长竹筷，放入挂面箱里；一筷筷面条插入特制的木架，用手往下拉扯，面条由粗变细，拉到线香般粗细，便可晾晒，然后取刀，沿竹管削下即可。

• 灵宝阌莲：九孔莲藕不多见 •

灵宝阌莲是灵宝市的主要土产之一，因产于原阌乡县城一带而得名。这种藕色香味俱佳，已有数百年的历史。其主要特点是：肉细且白，极少莲丝，质脆多汁，味甘清香，十分爽口。阌莲“藕断丝不连”和一般的藕“藕断丝连”大有区别。这种藕一般九孔，比通常的多两个孔，又称“九孔莲”。

『非遗』概览

——精神家园存记忆

三门峡市地处晋、陕、豫黄河“金三角”地区，历史悠久，非物质文化遗产资源丰厚。2009年经过第一次全面普查共收集线索116475条，涉及民间文学、民间美术、民间音乐舞蹈、传统戏曲、传统手工技艺、民间习俗、传统中医药等14大类100多个种类；调查确立县级以上项目7218个，市级项目1055项；编撰形成市、县、乡三级成果汇编，乡镇卷166册、县级卷64册、市级卷19册。这些成果的取得将极大地推动三门峡市非物质文化遗产保护工作的快速推进。

截至目前，三门峡市已入选国家级、省级、市级非物质文化遗产代表性项目名录分别为4个、33个、87个；被命名为国家级、省级、市级非物质文化遗产项目代表性传承人分别为2人、32人、267人。

• 民间剪纸：三门峡文化瑰宝 •

三门峡民间剪纸历史传承久远，全市乡村普遍流行，以灵宝市、卢氏县、陕州区最具代表性，它广泛应用于传统节庆、避邪、祈福、游艺，以及服饰绣样、工艺花样等生活生产中。正月二十三家家门上贴金牛的习俗和“药葫芦”剪纸祛病的象征意义，与老子散仙丹治病的传说密切相关。

三门峡民间剪纸有三大特色：①具有原创性。染色窗花与全国其他地方相比，风格迥异，对研究我国染色剪纸的起源、变异、种类分布、发展脉络有重要价值，同时纠正了民俗学术界认为河南没有染色剪纸的认识。②具有“聚窝特色”。如陕州区南沟村有300多人剪卖窗花，并且90%是男性农民，被称为“剪纸窝”。大营村也有100多名剪纸艺人。这对确立民间剪纸的概念、传承等都开拓了新的思路。③崇黑习俗。表现在春节和结婚等喜庆场合，黑色剪纸被大量使用，这和各地喜庆场合忌讳黑色，形成鲜明对比，被专家认为是夏代崇黑习俗的活态延续，对研究夏代崇黑文化在剪纸艺术中的应用和影响具有重要的学术研究价值。

剪纸的种类主要分为单色剪纸、染色剪纸和套色剪纸。由于剪纸与人们的生活习俗密切相关，从形式上又分为5个种类：①装饰剪纸。装饰剪纸中窗花应用最为广泛，是剪纸中的一个主要组成部分。窗花内容主要以花鸟草虫、人物等为主。它有两种形式，一种为“小窗花”，约7～8

剪纸《紫气东来》 摄影：李爱英

剪纸《牧童》 摄影：王蓬草

南沟村剪纸艺人任孟仓

厘米大小，小巧玲珑、简洁单纯。另一种叫“窗亮方”，用同窗格同样大小的彩色纸中间镂刻成图案直接贴在窗格上，既美观又能起通风作用。②婚俗剪纸。婚俗剪纸中除了窗花必不可少外，还有顶棚花、角花、板围花、炕屏花、双喜字，以及灯花、壶花、盆花等，其内容以象征美满婚姻、多子多福、生活幸福等，如“龙凤呈祥”“凤凰牡丹”“福贵不断”“鸳鸯戏莲”“太子坐莲”“石榴莲”等。③花灯剪纸。元宵节，人们要用剪纸装点彩灯，尤其是转灯，要用精雕细刻的剪纸图案加以装饰，中间火伞上要贴“走马人子”的剪纸，内容以神话、戏剧刀马人物为主，动感极强。④纸扎剪纸。主要用于庙会祭神和丧葬用的纸扎上，内容有建筑纹样、花鸟，以及宣扬儒家礼、孝、仁、义等思想的历史故事，如“二十四孝”“三娘教子”等。⑤与民俗和巫术活动密切相关的剪纸。主要有“顺风旗”“晴雨娃娃”“祛病娃娃”等。

• 地坑院营造技艺：豫西民居别具风格 •

地坑院广泛存在于我国中西部的黄土高原上，陕州区是其中最有代表性的地区之一。陕州区属浅丘地带，黄土堆积层多在300米以上，主要由石英和粉沙构成，具有抗压、抗震、抗碱作用，地下水位多在30米以下。典型的黄土塬地貌，是地坑院形成的地理因素和营造技艺得以传承的前提条件。

地坑院是在具有深厚黄土层的平地上，向下挖掘6米左右，形成矩形深坑，然后在四壁凿出窑洞，供人居住的一种民居形式。地坑院属减法营造的负建筑形态。四周有低矮的拦马墙，防止雨水倒灌和人物坠落。内部有8～12孔窑洞，其中一孔通

地坑院

地坑院内景

过斜坡式甬道延伸至地面，供居民上下。另有公用的厕所窑、碾磨窑和水井。地坑院建造涉及堪舆、土工、泥工、瓦工、木工等行当。营造过程由业主自行组织人员实施。

地坑院营造技艺有完整的设计规制、设计模数和工艺口诀，绝大部分和现代建筑理念相吻合。如：①依据“庙正院不正”原则，方位要稍偏。②为体现尊卑秩序，主位要高大，口诀是地势“上高下低”，天井“上宽下窄”，主窑为“九五窑”，其他为“八五窑”。③为解决通风采光，窑洞要“前高后低”“前宽后窄”，安装要“扑门仰窗”。④独特的模数制。使用的土工尺子，长5尺，和古代男子的平均身高相似。通过其数值和尺度控制，保证各建筑部位与人体活动需要的空间协调平衡。⑤建造技艺具有环境负荷极小的生态性、极强的适应性和传承的有效性。

地坑院

地坑院形成历史极早，仰韶文化时期的半地穴式民居是其雏形。南宋绍兴九年，郑刚中著的《西征道里记》说：“自荥阳以西，皆土山，人多穴居。”“初若掘井，深三丈，即旁穿之。”陕州区有大量明清时期的地坑院遗存，20世纪80年代前，这里95%的民居是地坑院，地坑院有万座之多。

其主要营造技艺为：①相地、方院。由风水先生勘察地形，按照“后靠前蹬”“上高下低”要求，确定宅型。依据“庙正院不正”原则，方位稍偏，长宽尺寸含五（土）。②下院、打窑。由人工粗挖，精修刷洗后，形成“嵌斗式”天井。窑洞口呈“抄手式”抛物线状，“前高后低”“前宽后窄”。③饰边、碾场。用砖、瓦裱、衬砌券口、窑腿、拦马墙等，挑檐建造要“一拔二牙三跑四抄五扣”。拦马墙外用石磙压实找场坡。④安装、粉饰。安装要“扑门仰窗”。窑壁和崖面分层用麦秸泥粉刷。⑤排水、砌炕。靠近厕所打一直径0.8米、深6米渗坑排水。窑内炕灶相连，土坯垫层为“灶三炕四”，炕的尺寸含“七”（妻）。

地坑院建造模数范制、技艺要领体现了民俗性和科学性的统一，具有重要研究价值。环境负荷极小，宜居性较强，体现了以人为本、科学发展的要求。由于对原创性建筑及技术的重视和人类社会科学发展的探索，地坑院已成为国内外学术界研究热点之一。

• 老子传说：颂扬圣贤 •

老子，字伯阳，谥号聃，又称李耳，楚国人，是春秋时代的思想家、哲学家、文学家，是道家学派的创始人，道教后人将其奉为宗师。在漫长的中国社会发展史中，老子的思想影响着整个国家、社会和民族，深深根植于华夏儿女的血脉之中。

老子文化是三门峡市重要的文化标志。2000多年前，文化圣贤老子在灵宝市函谷关写下了不朽之作《道德经》，在当地留下了一批优美动人的传说和故事。这些故事都以尊崇的心情围绕怀念颂扬圣贤老子的主题而展开，大体上有三方面内容，一是老子神奇的生平，如“老子出世”“孔子问礼”“紫气东来”等；二是老子在灵宝的活动及其超凡睿智的传说，如“看水著经”“福祸相连”“娘娘争山”等；三是老子为老百姓排忧解难办好事的故事，这是数量最多的部分，如“老子造镰”“老子神权”“老子炼丹”等。

老子的传说深深扎根于民间，一批与传说相关的文化遗址、地名、风物、建筑更始流传至今，如函谷关、老君塬、三清殿、青牛观、老君神井、灵石等。在老子的传说中，还涉及当地的民生民情、风俗民俗。比如传说中关令尹喜看见东方紫气，迎来了老子，所以这里的百姓也常常在门楣上书写“紫气东来”来迎接客人，以示吉祥；老子看到农民收割小麦的辛苦，发明了桑杈，农业上至今沿用；老子了解到民间的瘟疫，就用他所骑的青牛的牛黄治好了百姓的疾病，所以在民间流传着“正月二十三，家家户户贴金牛”的习俗。

老子的传说已经成为老子文化研究的重要内容。无为而治、顺其自然、祸福相依、水利万物而不争等哲学思想，无论从古到今，对达官显贵还是平民百姓的生活，都有着极其重要的指导意义。他的思想在世界上都有着极大的认同感和影响力，老子也被称为现代的“圣哲”，他的思想已成为中华民族的文化瑰宝。

• 王莽撵刘秀传说：逢凶化吉 •

三门峡市的陕州区、灵宝市流传着王莽撵刘秀的传说。相传王莽篡权后，追杀刘秀，刘秀曾在这里隐身避难，逃过一劫。“王莽撵刘秀传说”在群众中广泛流传，一些地名、景观和传说中的人物、事件都有密切的关联。

“王莽撵刘秀传说”在民间流传两种版本。一是王莽篡权后，为了消除隐患，便疯狂铲除汉朝皇帝后裔，刘秀当时年幼，被母亲藏在衣柜中，由于不懂事，在柜中哭闹不止。但当王莽带领人马前来搜查时，刘秀却突然一声不吭，王莽的士兵把刘秀家中翻个遍，包括藏刘秀的柜子，但就是不见刘秀的踪影。等王莽的人马走了，刘秀母亲便让他沿小路向东出逃，逃到函谷关时，被王莽获悉，便带领人马急忙追赶。于是在陕州区一带留下了许多传说，并作为“刘秀走南阳”的一个故事铺

王莽撵刘秀的传说发生地——汉山

垫。二是王莽篡汉建立新朝，下令将全部土地收归国有，此举首先遭到汉朝皇帝后裔刘秀等人的反对。王莽为了消除后患，便诏令传见刘秀，准备加害于他，刘秀事先得到消息，只身单骑逃出长安，到陕州搬兵（当时绿林豪强马武在陕州区干山聚众练武）。刘秀在前面仓皇逃窜，王莽领兵在后紧紧追赶，由此留下了许多传说。

这两个版本，虽有差异，但却有一个共同点：就是刘秀单身一人或者领兵很少，缺少食粮，而王莽人多势众，供给充足。两相比较，强弱悬殊。于是刘秀在前面疲于奔命，王莽在后面穷追不舍，但由于刘秀是真龙天子，有神灵护佑，因此，一路故事虽然都是险象环生，使听众对刘秀的命运提心吊胆，可是最后结果，均有惊无险，逢凶化吉。

王莽撵刘秀传说具有一定的历史事实。一是辅佐刘秀推翻王莽政权，建立东汉王朝的著名将领马武、姚琦，当时就在陕州区南部干山聚众练武；二是东汉建武三年（27），刘秀派大将冯异用计将赤眉军8万余人引到崤山（三门峡市陕州区菜园乡雁翎关）的峡谷内，黄昏时分，埋伏在两边山上的冯异士兵，身穿赤眉军装进行突袭，赤眉军8万人马死伤殆尽，从此彻底溃败。这些都说明刘秀在建立东汉政权过程中，三门峡市是其主要战场之一。

三门峡市有许多与刘秀避难有关的山名、水名、沟名和洞名，如汉山、刘秀路、马蹄岔、马刨泉、刘秀庙、刘秀崖等。汉山原名“喊山”，风光秀丽、林木繁茂、奇石林立，这里流传着刘秀避难的故事传说。相传西汉末年，王莽篡权，追杀刘秀，刘秀曾在这里隐身避难，刘秀登基后，为感念大山的救驾之功而诏封此山为“汉山”，意为“汉室之山”。

“王莽撵刘秀传说”是具有浓厚地域特点的一种文化现象，由于来自于民间口传，其故事多具神话色彩和传奇色彩，但是它具有激恶扬善、教化于人的作用，在当地老百姓中有着广泛的群众基础。

• 灵宝黄帝的传说：采铜铸鼎 •

黄帝传说流传于灵宝市阳平镇铸鼎塬一带。5000多年前，黄帝在黄河中游的河南省灵宝境内采铜铸鼎，实现了华夏民族的第一次大融合，在灵宝大地留下了许多

黄帝陵冢（修葺前）

黄帝陵冢（修葺后）

有关黄帝的传说。

据《史记·封禅书》记载，黄帝“采首山铜，铸鼎于荆山下”。相传，轩辕黄帝统一天下后，在荆山一带采矿炼铜，铸成了天、地、人三个大鼎。鼎成之日，玉皇大帝派黄龙来迎接黄帝上天。大小朝臣和宫娥彩女们也想随着黄帝升天。黄龙腾空而起，随行的人有的抓断了黄龙的龙须，有的抓脱了黄帝的靴子和衣服，从此这个山岭便叫黄帝岭，这个土塬就叫铸鼎塬，掉下龙须的地方叫龙须沟，掉下弓箭的地方叫鼎湖。后来人们为黄帝建起了陵冢，叫黄帝陵，在黄帝驭龙升天的地方建起了驭龙阁和黄帝庙。唐中叶，房玄龄七世孙房朝静任阌乡县令时，在铸鼎塬为黄帝立碑（见唐碑照片）。灵宝境内因此而得名的山名、水名、地名、村及民风民俗很多，并且史册典籍都有记载。如黄帝铸鼎的铸鼎塬，黄帝采铜的首山和荆山，嫘祖娘娘的圣母行宫和植桑养蚕的桑园村，黄帝找矿的独游山，黄帝铸鼎的炉底，后人叫娄底村，纪念黄帝功德的轩辕台。还有以黄帝大臣而得名的大常、小常、东常、西常等，这些地名的来历，大都来源于黄帝的传说。

关于黄帝的传说故事在灵宝大地和相邻的陕西与山西周边地区广泛流传。轩辕黄帝是中华民族的始祖。缅怀黄帝，对于振奋民族精神，增进民族团结，增强海内外炎黄子孙的凝聚力和向心力，促进祖国统一大业，有着极其重要的意义。

· 夸父神话：逐日溯源 ·

《山海经》载："夸父与日逐走，入日，渴欲得饮，饮于河渭，河渭不足，北饮大泽。未至，道渴而死，弃其杖，化为邓林。"夸父逐日的神话传说在灵宝流传已久，相传5000多年前，轩辕黄帝战胜了炎帝的蚩尤和夸父，从先秦一直到汉代《山海经》成书，夸父追日的故事才得以完善，它描写了一个为了追求光明死而无怨的英雄，丰富了我国的民间文化宝库。因夸父追日的故事发生在此，唐代善男信女、道士、和尚在此建庙修寺，夸父山的香火达到了兴盛时期。据普查统计，与夸父神话传说有关的内容有建筑遗址、地名、山水名等类别。地名类有夸父峪、桃林县、桃林塞、桃林街、夸父茔、夸父营等；水名类有夸父河、夸父泉等；山名类有夸父山、太阳沟、禺园等。建筑遗址类有三神庙、夸父庙等。与夸父追日故事相关的有太阳沟、禺园村等。"十里桃花"是旧闵乡县十二景之一，"桃林牧竖"是旧灵宝八大景之一，现在的灵宝市有桃林街、桃林路、桃林市场等。灵宝在商时称桃林，周代称桃林塞，隋代设桃林县，唐代玄宗改元才有了灵宝之名。它们都和夸父神话有着千丝万缕的联系。

夸父山

• 皮影戏：道情演艺 •

灵宝皮影戏是一种用道情曲谱演唱和皮影表演相结合的传统戏曲剧种，在豫、秦、晋一带颇有影响。它的演出历史可上溯到明代，最初只是官宦人家的一班秀才举人们用来自拉自唱自娱自乐的。后来流传到民间，出现了道情艺人和演唱班子。艺人们随着演出的实践，吸收了当地戏曲音乐的因素，借鉴了戏曲打击乐的形式，使原来的说唱道情逐渐演变为富有地方特色的皮影戏剧种。

灵宝皮影戏的韵律生动丰富、风格轻灵细雅。所用乐器主要有四弦、玉箫、月琴、渔鼓、简板、手板、碰铃、三叉板等8种，均由八仙人物所用器物演变而来，所以，艺人将道情乐器称作“八仙”，将皮影戏称作“八仙乐”。

皮影戏的唱腔自成体系，丰富而又独特。主要属于板腔体，但又保持有曲牌体的一些特点。其唱腔分为官、梅两种腔调，每种腔调都有一套富于变化的板式，可以满足各种人物、各种情绪内容的表现需要。它的演唱与伴奏是两位一体的，除了曲笛外，所有演奏者都是演唱者。演唱的一个鲜明特点就是每唱一句或一段之后，由众人齐声和唱。

皮影戏表演所用的皮影，都是牛皮制作。有古代及现当代各种类型的人物形象，还有作为布景道具用的仪仗、桌椅、花草林木、动物鬼怪等多种多样的造型。其刻工精细、色彩绚丽、造型生动、富有

道情皮影戏

传统剧目《拷打林英》

立体感。表演者用2～3根一尺余长的竹棍儿，操纵着各种造型的皮影在白色的幕布上进行表演。人们从灯光投射在幕布上的影像活动，欣赏艺人用双手演绎出古往今来一个个悲欢离合的动人故事……

灵宝皮影戏剧目最多时有100多部，目前流传下来的有30多部，题材主要有宣扬道教经义、八仙人物、二十四孝等。其中有关八仙人物故事是道情皮影戏的重点题材，特别是韩湘子的戏更是演出中不可缺少的剧目，正如艺人们所说："打纸札离不开糨子，唱道情离不开'湘子'。"还有古代二十四孝方面的内容，其剧目有《西山观景》《湘子归山》《女中孝》《拷打林英》《郭举埋儿》《张廷贵奉母》《槐荫树》《白杨山》等。另外还有一些富于情趣的生活小戏，艺人们称为"笑话戏"，经常上演的有《小货郎翻箱》《小二姐做梦》《吃油馍》《三怕妻》等。

目前灵宝皮影戏演出剧团仅有尹庄镇西车道情皮影团。该团多次受到国内外多位艺术家好评，曾两度漂洋过海赴法国、奥地利等国家作国际性文化交流展演，受到国外专家的肯定。而皮影也作为艺术价值和学术研究价值极高的手工艺品，成为馈赠友人、展示文化特色、进行对外文化交流的纪念珍品。

• 扬高戏：三门峡特有的稀有剧种 •

扬高戏亦称"弦子戏""羊羔戏""秧歌戏"等，起源于古陕州，形成于明末清初时期，光绪年间达到鼎盛，曾是当地的一个主要剧种，当地人称之为"神戏"，庙会及祭祀活动皆以清唱扬高戏才"灵验"。1965年，陕县文化馆原馆长李树滋在对扬高戏进行考察研究时，发现它的曲调与眉户、花鼓调的最大区别就是起伏大，调尾旋律上扬，多用"大跳"，因此将该剧种称之为扬高戏，后得

扬高戏业余剧团

到戏剧界的认可。

扬高戏旧时在豫西、晋南、秦东一带广为流传，兴盛时期曾扩展至山西临汾、洪洞和陕西宝鸡、咸阳等地，中华人民共和国成立前曾和蒲剧分庭抗礼。现仅存于陕州区大营镇峪里村和灵宝市大王镇南阳村。

扬高戏的曲调、道白、唱词、乐队、剧目各有其特色。它的表演、音乐、舞美都具有一股古朴气息，不重表演技巧，没有大段唱白，重故事表述。旦角男扮，延习至今。生、旦、末、丑同腔同调，唯净的唱法和音色稍有变化。唱调有72大调，36小调，旋律奇妙优美，音乐伴奏很有特色，弦乐多碎弓，加之高音竹笛，手锣花击，可谓繁弦急管，金声玉振，给人以欢快明朗或凄楚激越的感受，颇为迷人。

扬高戏所演剧目多为大本头戏，属于本剧种独有的剧目有七八十本，陕州区峪里村现存手抄本四十一本，灵宝市南阳村现存手抄本十本。题材广泛，内容丰富，故事完整，辞章严谨，多具有较强的群众性。演出剧目主要有表现宫廷大事的《文武魁》，除奸反霸的《司马庄》，鞭笞邪恶的《花柳林》，还有描写儿女情长的《明月珠》，神话故事《拜西岐》等。

扬高戏

• 木偶戏：木偶和道情的结合 •

木偶戏又叫撖戏儿，是木偶表演和道情音乐的结合，具有悠久的历史。相传自西周末年，老子在函谷关写下《道德经》后，被后来的道徒们用木偶的形式进行吟唱诵经，后来成了道情戏。而灵宝道情戏是清代中期，岳渡和沟东村在外地做官的大户人家从外地带回的音乐形式，后吸收了当地民间小调，自成体系，逐步流传开来。清代后期，灵宝木偶戏和灵宝道情均在当地广泛流传，二者逐渐结合，很快达到鼎盛时期，班社十几个。20世纪“文化大革命”期间，木偶戏被认为是封建迷信，属于“四旧”而被查封。1994年，阳平镇姚王村李学武找到原木偶剧团的传承人李丙生和几个弟子商量成立木偶戏艺术团。后在三门峡市群众艺术馆员更厚老师的指导下挂牌成立，并开始在周边地区演出。

木偶戏的音乐、唱腔表演都有鲜明的特色。木偶做工精细，色彩艳丽，造型独特生动，富有立体感。演出剧目100多出，有不少剧目与道教经义和八仙人物有关，另外有一些反映孝道的生活戏以及《货郎翻箱》之类的情趣小戏。据统计，古装剧目有《林公子投亲》《还魂带》《秦琼打登州》《烈女传》《五玉带》等；现代戏有《穷亲戚》《梁秋燕》《山村母亲》《小两口争嘴》《张连续妻》等。木偶戏表演所用的道具大部分由剧团人员自己手工制作，木偶的头像由木头雕刻制作而成，经过打磨、刷漆等工序后，在面部根据不同人物的脸谱化妆而成。头像下为身

木偶戏道具

灵宝木偶戏

段，以不同任务角色的服饰装扮。头部和四肢内由钢丝连接在约50厘米的钢棍上，钢棍在服饰之内，整个木偶身高约1米左右。木偶艺人在幕后根据剧情变化操纵表演。

木偶戏在当地很受群众欢迎，活跃于农村山区，与民俗活动紧密相连。由于其历史悠久，又与道教文化关系密切，所以它对研究道教文化，研究戏曲、曲艺音乐由曲牌体向板腔体的转化，都具有不可替代的价值。

蒲剧：三门峡最古老的剧种

三门峡戏曲中历史最悠久、民间最普及的是蒲剧。蒲剧也是中国历史悠久的古老剧种之一，流行于豫西陕州（今三门峡市）和晋南临汾、运城等地区。因其起源地在陕州、蒲州、同州，又称“陕州梆子”“山陕梆子”。中华人民共和国成立后，随晋南定名为“蒲剧”。由于山西省运城市永济县古称蒲坂，名字改过蒲州，所以这一定名后，戏曲艺术研究者便将蒲剧的发源地定在永济县。近年原河南省艺术研究院院长郭光宇和陕州区剧作家杨军茂对蒲剧这一古老剧种进行了源头考察，用无可辩驳的资料证明，不是三门峡地区传入“蒲剧”，而是在本地民间存在的一个土生土长的古老剧种“陕州梆子”，它在三门峡地区发源、发展、繁衍，和“蒲剧”是“同胞姐妹”。

已故的原晋南蒲剧院院长、著名的蒲剧研究学者墨遗萍先生在20世纪80年代首开研究蒲剧历史渊源、艺术特征的先河，足迹踏遍大河南北，深入民间调查考证，著有《蒲剧史魂》一书，说到蒲剧家底“是由吹弹说唱而骷髅（木偶）小戏，直到元代真人登台，战‘北曲’而胜之，才称‘大戏’。简言之，家底的‘乐户小戏’，而声腔不外乎‘唉乃’棹歌，‘得体’船曲，‘悟声’‘湾湾’，更夫‘梆’声，与晋南、陕州之‘民歌俚曲’汇成‘野呼子乱弹’而已。”并明确提到蒲剧音乐的原始组成有“陕县‘得体’‘纥那曲’，《霓裳羽衣》泽梵文”。其认为蒲剧是从山西永济传过来的陕州区，却成了墨遗萍先生考证蒲剧发祥地的中心，学者重新到陕州区及周边市县，走访专家学者及名老艺人，查阅地方志及历史书籍。大量的史料证明，因晋南和陕州地区民情风俗相同，方言俚语同源，通过这方区域艺人的互相交流，继承创新，才产生出蒲剧这一古老剧种。作为行政区和水陆码头的交通重镇陕州，不仅是蒲剧的发祥地之一，更是蒲剧表演艺术形成发展的中心。

中华人民共和国成立前蒲剧被称为“乱台”（文人常把民间的乱台雅写为“乱弹”）。称“乱台”者，是指武场面乐器乱得很。所谓“乱得很”，意思是热闹得很，给人印象很深。位于河南中部的人对从陕州过来演唱的“乱台”称“西戏”，评价是“戏班子大，戏箱子好，行当齐全，文武把式功夫到家”。而当时的河南梆子只是穷艺人组合的“包袱戏班子”，十几个人拎几个包袱就是全部家当，演出剧目仅限于“三小戏”（小生、小旦、小丑）。河南梆子从剧目、音乐到表演艺术的发展，受“西戏”影响很大。流行于陕州的蒲剧除了“乱台”“西戏”“南路梆子”外，还有另外名称，民国十八年（1929）编纂的《河南新志》中记载：“（河南）西部流行陕腔，亦称陕梆。”陕腔和陕梆，同属一个剧种。蒲剧被陕州的本地民众称“乱台”，北人称“南路梆子”，中原人称“西戏”，史志学者记载为“陕腔”和“陕州梆子”。

除生、旦、净、末、丑五大行当外，蒲剧艺术表演行当比其他剧种分得细。生角又分为老生、须生、小生、娃娃生，旦角又分为正旦、老旦、小旦、贴旦、丑旦、妖旦，其中小旦又分为彩旦和武旦，净行又分为大净、二净、三净，俗称大花脸、二花脸、三花脸（实际上三花脸已属丑角行当了），丑角又分为老丑、小丑、文丑、武丑等。就是这些很细的分工，把丰富多彩的蒲剧演绎得淋漓尽致。蒲剧艺人不满足于仅仅演绎故事，而是不断突破娴熟的技艺来提高表演艺术，使之唱白和谐，视听同感，歌舞相配，头发可甩，胡须可弹，帽翅可动，翎子可舞。即使一折戏中没有唱词道白，单看体态轻盈、婀娜多姿的演员在椅背上左右腾跃的演技，观众便发出“宁看存才《挂画》，不坐民国天下”的呼声。

蒲剧的音乐高昂、强烈，音节跳动性大，调活泼，感染力很强。它的唱腔慷慨激昂，腔高板急，板式繁多。表演夸张性很强，特技表演驰名全国，髯口功、翅子功、翎子功、稍子功（甩发）、鞭子功、椅子功、扇子功及跷功等特技为其他剧种广为借鉴，耍纸幡、彩功等，亦极为细赋精彩。乐队伴奏分文、武场：文场有板胡、二胡、横笛、唢呐等；武场有战鼓、锣、钹、枣梆等。其曲调丰富，常用的如“二性板”“慢板”“撩板”“站字句”等。蒲剧既善于表现慷慨激情、悲壮凄楚的英雄史剧，又善于刻画抒情剧的人物性格和情绪。传统剧目有本戏、折戏500多个，如《薛刚反唐》《三家店》《窦娥冤》《麟骨床》等。

蒲剧在三门峡地区有着悠久的历史和深厚的文化底蕴，从文学剧本到高台教化，从角色行当到表演特技，从民间俗曲到音乐唱腔，从戏曲班社到著名艺人，是一门博大精深的综合艺术。蒲剧在三门峡市只有陕州区和灵宝市两个专业蒲剧团，每个剧团每年演出300余场，深受当地老百姓的喜爱。近几年，三门峡市多次举办春节农民戏曲会演，所参加的农民业余蒲剧团演出积极性都很高。经济的发展，文化的繁荣，政府的重视，群众的喜爱，生长于三门峡地区的蒲剧这一艺术奇葩，将会结出丰硕成果。

• 十盘：豫西古老的民间器乐 •

“十盘”，又称“十番”“十番鼓”“社盘”。它是豫西地区农村中较为流行的一种古老的民间器乐，是中华民族乐曲中一种优秀的传统乐种，是集打击乐与吹奏乐为一体的民间交响音乐。

“十盘”是古代皇帝举行大型庆典活动的宫廷音乐，又是寺院道观用来祭祀的音乐，后来流传到民间，在宫廷音乐的基础上融入了浓郁的地方特色，形成了独特的民间器乐演奏形式，成为农民集会或婚嫁、喜庆的娱乐形式。传说十盘在唐朝武则天时兴起，宰相姚崇在告老还乡之时，唐主赐宫廷一组“十盘”音乐相伴，以享天年。到明洪武年间，姚崇之后、东安头姚氏祖先姚宽，善诗词、好琴瑟，不务科第，将十盘音乐传入民间。“十盘”以渑池县果园乡东安头村和天池镇张吕村最为著名，目前只有渑池县果园乡东安头村的民间艺人时有演奏。

“十盘”原以敲击乐为主，锣鼓和丝竹合奏则较晚。其打击方法别具一格，只敲击每节的第一个音节，其音调古朴、和谐、明快、热烈，“十盘”演奏的基本形式为吹奏乐，演奏时由两副“云板”击节，碰铃辅助，其主管乐器为“管子”，另有中、低音笙各两盘，竹笛4根、云锣10面构成基本乐队，多演奏一些古典曲牌，演奏基本定调为古乐“凡字调”，过去演奏员都用工尺谱，现在随着老艺人的逐渐离世，熟悉工尺谱的人越来越少，现在基本上用简谱。

“十盘”在长期流传和发展过程中，具有浓郁的地方特色和乡土气息，主要在民间节庆或喜庆活动演出，演奏人员均是民间艺人，演奏的是民间流传经典曲目，深受广大群众的喜爱。

• 卢氏劳号：豫西独有的质朴民歌 •

卢氏劳号是豫西地区更是河南省绝无仅有的一种民歌形式，在中国的民歌中极为罕见，是当地百姓在耕地锄草集体劳作时所唱的一种田歌，因在演唱时有很长的“吆嗬嗬”的吆号而得名，受自然环境及社会环境的影响，具有浓郁的地方特色。

卢氏县位于河南省西部，和陕西省毗邻，横跨长江、黄河两大流域，境内崤山、熊耳山、伏牛山三山横亘，熊耳山系是长江、黄河两大流域的天然分水岭。卢氏劳号主要传唱在卢氏的西南七乡镇。据志书记载，秦时西南山区已有唱山歌的风尚，到唐贞观年间因减兵屯田迁放民间的将士们（当地人称“唐将班”）在劳动之余以歌为乐，流传演变成卢氏劳号，到中华人民共和国成立时尤为盛行。

卢氏劳号在20世纪80年代初经文化部门搜集整理，编印《卢氏民歌集成》上、中、下三卷三百八十余首民歌，包括卢氏劳号在内有37首被《中国民间歌曲集成 · 河南卷》录入。卢氏劳号内容丰富，曲目众多，共有四十余种曲牌，内容则真实反映了当地百姓的生活、情感和理想，表达了百姓质朴的审美观点，是民间口头文学的瑰宝，具有音乐领域内多方面的研究价值，同时又为研究民俗、方言、历史等方面提供了珍贵的资料，具有较高的艺术价值。

• 黄河号子：一种船工音乐 •

黄河号子是一种流传于黄河流域的汉族民歌，是历代黄河船工用汗水哺育的一项黄河文化，是我国民间音乐史上的一朵原生态音乐奇葩。黄河号子具有协调与指挥劳动的实际功用，是人们参与集体协作性较强的劳动时，为了统一劳动节奏、协调劳动动作、调节劳动情绪而唱。产生在黄河三门峡段的号子有：“起船号子”“拉纤号子”“喂喂号子”“慢号”等，三门峡黄河号子高亢浑厚，婉转曲调富有召唤力，在地方音乐中占有重要的地位。

三门峡是黄河最险要的地段之一，汉族民间有句俗话叫“船行三门峡，如过鬼门关”。这里谷深峡险，水流湍急，明礁暗石，水势凶猛，曾有不少船只在这里葬身河底。黄河船工们逆流而上，步步艰难；顺流而下，提心吊胆。所以，船工们在这些河段里行船，必须有同舟共济之心、力挽狂澜之胆。船工们祖祖辈辈生活在黄河上，漂泊在木船上。他们对黄河了如指掌。在与黄河风浪搏斗的生活实践中，船工们创作出了丰富多彩、独具特色的黄河号子。声声号子，抒发了船工们复杂的感情，反映了他们的喜、怒、哀、乐、忧、怨、悲、欢。

黄河号子最常见、最典型的歌唱方式是一领众和，领唱者往往就是集体劳动的指挥者。领唱部分常常是唱词的主要陈述部分，音乐形式灵活、自由，曲调和唱词常有即兴变化，旋律常上扬，高亢嘹亮，有呼唤、号召的特点。和唱的部分大多是衬词或重复领唱中的片段唱词，音乐较固定，变化少，节奏感强，从歌词到曲调都敦厚质朴，雄劲开阔。

黄河船工长年累月航行在千里河道上，对黄河两岸的一山一石、一草一木都非常熟悉。船工们在用号子来调节单调、繁重的体力劳动的同时，也用歌声来描绘山川景色，抒发他们热爱大自然的感情。总之，黄河号子不仅有指挥劳动、鼓舞劳动情绪的实用价值，也使人们从中体会到黄河行船独特的风俗民情。

• 锣鼓书：一种走村串巷的曲艺 •

锣鼓书为坐唱形式，伴奏乐器有锣鼓，开始前都要先奏一阵开场锣鼓，借以制造气氛，招徕听众，所以称其为“锣鼓书”。后逐渐加上弦乐器，其主要演奏乐器为“四股弦”，所以当地群众也称为“四股弦书”。

锣鼓书流传于陕州区、卢氏县一带。锣鼓书的历史可上溯至古代，从敬三皇神开始，表演者击鼓打锣唱曲，并有弦乐和铰子、鼓板、筝击乐伴奏。从曲目考证，唱本属七字词格，以叙述为主，代言为辅，内容无演戏、唱戏情节，产生在戏曲形成之前。

锣鼓书音乐唱腔保持各自单纯古朴的特色，乡土气息浓郁。锣鼓书开始说唱时只有一人，行话称“单体”，后到师徒二人，其后发展到三五人，最多时也可为八九人，但最少不能少于三人。这是根据场面大小，时间的长短和曲目的大小而定，主要伴奏乐器为锣（底锣、中音锣）、鼓（边鼓）、板（鼓板、手板）、脚板、手钗、四弦、三弦、板胡、二胡、笙、笛子等。锣鼓书以唱为主，声调高昂，节奏严谨。曲调共有6种，即慢板、二行、流水、垛子、飞板、哭腔，在这6种曲调中，除飞板、哭腔乐器随唱腔伴奏外，其余皆为唱奏分开，唱时不奏，奏时不唱，音乐只起托腔和演奏过门儿作用。在卢氏锣鼓书的曲调中，糅合有蒲剧、秦腔、道情、碗碗腔等成分，尤其是蒲剧音乐更为浓厚，其打击乐曲牌，则干脆用蒲剧曲牌。

锣鼓书曲目众多，分长篇、中篇和短篇，大多为传统故事和历史故事。主要传统、历史书目有《红罗衫》《双龙记》《武松传》《割肝救母》《打蛮船》《四海要钱》《小二姐做梦》《李官保吊孝》《火焰驹》《走南阳》等。中华人民共和国成立后，锣鼓书艺人们创作说唱许多新生活的段子，深受群众欢迎。

锣鼓书艺人们深入山区，走村串巷，为群众乔迁、寿诞、祭祀、农业丰收等演唱。锣鼓书是一个十分古老的地方稀有曲种，由于艺人们严承师教，口传心授，所以曲目、音乐、唱腔都基本保持单纯古朴的原生态特色，具有十分珍贵的史料价值。其曲牌音乐、演奏形式对研究中国曲艺发展、变迁历程，从古老音乐中汲取有益成分等方面都有重要意义。

灵宝苏南村齐天圣鼓队

• 齐天圣鼓：从宫廷传入民间的猴鼓 •

相传，唐朝时，长安大恩寺和尚玄奘与孙悟空师徒四人，远涉千山万水，经过无数磨难终于到天竺（印度）取回真经，玄奘和尚不折不挠的取经事迹，当时轰动了长安。正在洛阳的唐太宗，在洛阳行宫盛情款待了唐僧一行。宴席之后，孙悟空欲返花果山，宫廷乐队和宫女鼓乐欢送，正好花果山众猴前来迎接，两队相逢，鼓乐喧天。孙大圣非常兴奋，不仅跳将起来，而且从小猴手中夺过鼓槌，尽情击打，时而缓慢悠悠，如远山滚雷；时而激越高昂，如波涛汹涌。现场的人们如痴如醉，目瞪口呆。后来唐宫大臣模仿孙悟空的击鼓姿态和鼓点节奏记录整理了“齐天圣鼓”。

佐乐（现灵宝市程村乡苏南人），当时是唐宫廷官员，告老还乡时，把“齐天圣鼓”带回家乡。后广为流传，深受群众喜爱。程村乡的齐天圣鼓队，一般由70人组成，大鼓3面，镲20对，大锣20面，小锣20面，宫女若干人（舞扇、彩绸、敲小锣）。表演分行进表演和场地表演两种形式。猴鼓又称“打猴鼓”，现住灵宝市阳平镇苏南村的左昌义老人是猴鼓的传人，被尊称为“猴王”。

猴鼓由木质和皮质材料制成，两端

齐天圣鼓队『猴王』左昌义

鼓面为皮质蒙制，呈圆台形。表演时置于0.5~1.0米高的木架上，也可置于汽车、拖拉机上。演奏时猴王围绕猴鼓进行不同动作的击打，其余人则围绕猴王站立一周。猴王击大鼓，猴王两手各执一槌击奏，不断变换舞姿，模仿猴子的跳跃、抓痒、翻滚、攀缘、嬉戏等各种机智灵巧、滑稽可爱的动作，一面击鼓，一面舞蹈。通常左手敲击固定节奏，右手敲击改变多种花点，敲击部位有鼓心、鼓边和鼓框等，分别发出“咚、切、哒”等音响。其余参舞者围绕大鼓敲打小鼓、锣、镲等乐器，场面宏大、气势磅礴、震天动地、激昂撼人。

“齐天圣鼓”曾多次参加省、市重大活动，1991年，应中华百绝博览会组委会的邀请，代表三门峡市赴广州进行表演。其间，《羊城晚报》《南方日报》《广州日报》，中央电视台、广州电视台、深圳电视台等新闻单位，对“齐天圣鼓”都做了重点报道，给予了高度的评价。1995年4月，河南电视台又将其制作成精美的专题，分别在《看河南》和中央电视台《神州风采》栏目中播出，使得全世界许多国家和地区的观众，通过卫星转播欣赏到中华民族这一独特而美妙的民间艺术精品节目。

• 王家热锣鼓：一种强健、剽悍的锣鼓 •

王家热锣鼓发源地在灵宝市豫灵镇杜家村的王家自然村。锣鼓历史悠久，可追溯到春秋战国，是古代战争中鼓舞士气的一种器具。而王家热锣鼓则起源于元末明初。

相传，元代忽必烈推翻宋王朝后，北方的游牧民纷纷迁入中原定居。到了元代末年，一支王爷家族从山西洪洞县南渡黄河来到黄河边的前渡村定居。因蒙古的姓名字多难记，呼叫不便，又是王爷，就改为了王姓。起初，这里荒辟，村中就有敲锣打鼓驱妖避邪的习俗。后来，村中的汉族张姓人家与后来的王姓人家和睦相处，亲如兄弟，张家就把中原锣鼓的打法传授给了王家。王家在原有的基础上加入了北方游牧生活的动作，改编成一种全新的表演艺术。中华人民共和国成立后，当家做主的王家村人，置办器具，时常演奏。

"文化大革命"中，王家热锣鼓被视为"四旧"，受到冲击。党的十一届三中全会后，王家村人敲锣打鼓庆祝丰收，还多次代表地方政府出外表演。

王家热锣鼓种类繁多，技艺丰富多彩，可分为三大类型两大形式。三大类型：跑锣、热锣、阴阳锣。两大形式：一是行走表演，30～100人来回移动街道表演；二是舞台表演，也叫固定表演形式，一般为10～50人。表演节目有《摘豆角》《摆阵》《香木草》《紧三锤》《鳖穴窝》《黑虎掏心》《双龙吐须》《风搅雪》等。王家热锣鼓正式打起的时候，往往是一方锣鼓刚落，一方声音骤起，只见锣鼓队径直冲上村道，随即自动成列，轻敲紧打，急步向前。表演时，喊声四起，鼓点强烈，锣镲高举，气氛异常紧张。表演的人经常把上衣和棉衣脱掉，三九寒天，大雪纷纷也是赤膊上阵，打得浑身冒汗，热气腾腾。看的人是人山人海，盛况空前。一场表演下来，往往要打烂几个锣，所以过去的人说看王家热锣鼓，不用拿饭钱，从地上捡铜卖的钱就够吃饭的费用了。

王家热锣鼓是在当地锣鼓的基础上，融进了北方游牧民族特殊的生活元素和性格特征，最后形成了一种具有强健、剽悍风格的特殊的锣鼓品种。这种锣鼓鼓点虽然不复杂，但是它与特定的内容、特定的表演形式还有一些舞蹈结合起来，显得特别有气势。

卢氏木版年画：中国木版年画中的精品

卢氏木版年画诞生于清康熙年间，距今已300多年的历史，生产卢氏木版年画的基地——"门神局"位于卢氏长江流域的五里川镇河南村，木版年画的第13代传人段海东于1982年将仅存的14块木版年画原版捐献给了卢氏县文化馆，完好保存至今。据段海东回忆介绍，他的祖上从山西移民到卢氏五里川后，看到五里川山清水秀，就在此定居，建房兴业，请来名师雕刻年画木版2000多块，分为门神版（大小门神版）、灶神版、天地全神版三大类，在五里川街开设"中和老店"印画店，推销各种版画，行销于省内各地，远销于山西、河北、湖北等地，声威远播。

卢氏木版年画

现保存在卢氏文化馆的木刻板，只有门神版和天地全神版两种。大门神版为45厘米×70厘米，又分文门神和武门神两类；小门神版为30厘米×40厘米；天地全神版为30厘米×40厘米，其中只有3块套色板。

卢氏木版年画刀法刚劲有力，构图饱满圆润，线条流畅细腻。大门神版画底面均用“※”字砖排列，这在其他门神画中是没有的，尤其是卢氏木版年画上均有“卢氏县（繁体）”“卢邑”“中和恒”“中和老店”等字样，不仅具有鲜明的地域特色，也是区别于其他木版年画的鲜明标志。卢氏木版年画是中国木版年画家族中的精品，是研究中国木刻史、美术史的标本。

• 陕州澄泥砚：中国四大名砚之一 •

澄泥砚产于陕州区张村塬上的人马寨村，这里泥土黏性大，适宜延烧，有着世代生产土陶澄泥器皿的条件和传统。澄泥砚贮水不涸、历水不冰，唐宋时人称“砚中第一”。

澄泥砚传人王国仓在制作砚台

澄泥砚历史悠久，早在唐元和年间（806），著名书法家柳公权在《砚论》中就把澄泥砚和端、歙、洮砚并称为四大名砚。民国二十五年（1936）《陕县志》卷十三物产土属记载：“澄泥砚，唐宋皆贡。说文云：‘虢州澄泥砚唐人品之，以为第一。’此砚今产于人马寨。王玉瑞制造有年。实取土于土门村，土质如红石，碾碎成粉，掺和为料甚佳。昔清乾隆皇帝

陕州区人马寨村产砚台　李俊林收藏

宫内宝藏数方，足证其有价值云。”清代及民国时的陕州澄泥砚便产于人马寨村的王氏家族。清光绪二十八年（1902）创立了“陕州工艺局”，人马寨村为官督商办的手工业工场，人马寨的制砚艺人独具匠心地制造出许多极具民间地域特色的澄泥砚，其造型粗犷、饱满、古朴，是清末民初澄泥砚工艺的代表作。清末时，人马寨的制砚作坊已是星罗棋布，“玉瑞堂”“福瑞堂”“盛瑞堂”“文善堂”“永兴堂”“永兴泰记”“三义合号”“集义通记”等多家堂号竞相烧制。

人马寨村生产的澄泥砚，属范模成型。制砚所用的范与模均为澄泥陶制，艺人们以家庭为作坊，根据所造砚的形状，利用内外范模分别进行翻制，选取土门村和当地的火烧阳沟的红胶泥土，经过拣选、捣碎、过筛、澄滤、配料、搅和等多道工艺，澄炼出十分细腻的泥浆。脱模后的砚坯放置室内阴干，在其半干时再用利器进行整修、刻画、压印铭记堂号，干透后，再在太阳下暴晒数日，趁热窑烧制。

人马寨澄泥砚的款式十分丰富。有仿生型的“伏虎砚”“双狮砚”“卧牛砚”“云蝠砚”；还有几何形的“圆”“椭圆”“四方”“长方”等；有传统式的“凤字砚”“瓦当砚”“马蹄砚”“覆手砚”；更有一些造型奇特古朴的随型砚，大者近尺，小者二寸。其中，

人马寨村产莲花池砚及模具

人马寨村产砚台金鱼砚

产量最大的是一种仿唐宝莲花簸箕砚，当地人称其为莲花池砚。其砚犹如一椭圆形簸箕前低后高，砚首有七个莲花瓣，宛如一朵盛开的莲花。

人马寨制砚艺人还把圆雕、浮雕、刻花、划花、画彩、髹漆、贴金等工艺运用到制砚工艺上，如金蟾澄泥砚就是髹漆贴金的典型代表。他们还发明两种澄泥暖砚，一为水砚，砚分两层，内层中空以贮热水；一为火砚，中空置炭火，使砚膛长暖，圆周透雕双线纹通风窗，独具匠心，十分奇特。

• 虢州石砚：昔日皇室贡品 •

虢州石砚又名稠桑砚、钟馗砚，是中国历史上著名的砚台之一。虢州石砚始制于唐朝中叶，距今已有1200多年历史，为中、晚唐时皇室贡品。

虢州石砚最早的历史记载出现在唐代杜佑所著的《通典》中，“虢州岁贡十砚”。唐代又一名人李匡文在《资暇集》中更准确地记载了虢州砚诞生的年代，“稠桑砚始因元和初”。宋代虢州石砚仍名重天下，誉满中华。宋代书画泰斗米芾在《砚史》中论及26种砚石，将虢州石砚列为极品，称虢州石砚“理细如泥，色紫可爱，发墨不渗。久之石渐损回硬，墨磨之则有泥香。”宋代高似孙在《砚笺》，苏易简在《砚谱》中都对虢州石砚倍加赞赏。

艺人正在制作虢州石砚

虢州石砚产于风景如画的灵宝市朱阳镇紫石沟。唐时朱阳属虢州朱阳县，盛产石砚，故因地得名“虢州砚”。虢州砚石的石品有鲜紫、檀紫、鹅黄、土黄、碧绿、三彩、多彩等10余种，质地细腻、色彩斑斓、制作的石砚柔而不绵，发墨不渗等特点，为历代皇室贵族、文人墨客所青睐。

虢州石砚的制作过程较为复杂，主

要有采石、选料、制坯、设计、雕刻、磨光、配盒等工序。①采石，要采未受到风化的砚石，必须一锤一钎刻凿。不能放炮，否则震成伤痕、酥化，无法成砚。颜色三种以上为普通，七种以上为中等，大型的藻类化石砚石为上等。②选料，选料工人按照规格、形状、工艺要求进行选料，然后剥板，将石料凿平，锯成一定形状，用水砂细磨成砚坯。③制坯，砚坯分为定型坯、自然型坯两大类。定型坯是按照计划生产的规格型坯，自然型坯是就砚石自然形状加以修饰，锯磨成坯。④设计，根据砚石石质、色彩、纹理形态考虑题材、立意、构图、造型及雕刻刀法。⑤雕刻，它分凿刻和雕刻两步。凿刻是在砚石上绘成图案后，开始凿坯，之后用铲将凿过部位铲平，用油打磨，水砂打光，做成素池砚（即不雕刻图案的砚式）。雕刻主要有高深雕与低浮雕，还有细刻、线刻、适当的通雕等雕刻技法。要视题材和砚形、砚式而定。⑥磨光，用粗砂磨制，然后用滑石、细砂纸反复磨滑，直到砚台手感光滑为止，最后是浸墨润石。⑦配盒，配盒分制盒和油漆。利用红木、梨木、红椿等硬木材制成砚石盒。每一件成品要经过打底、作坯、调色、粗漆、粗磨、复漆、复磨直至抛光、打蜡等多种工序。在盒盖上刻上题款铭识，或以篆隶，或以行草，描金，显得古色古香，典雅大方。

虢州石砚的制作，传承了古砚石风格，取百家之长，融古今砚雕技艺为一体，以石赋意，以意赋型，以型表意，型意交融，石赋人意。图案以历史典故、自然名胜、珍禽异兽为题材，“紫气东来”“黄帝骑龙”“老子骑牛”“年年有余”“枯竹逢春”“中流砥柱”“函谷雄关”“金蟾戏水”“富贵吉祥”“犀牛望

虢州石砚

月”“鹏程万里”“双色荷叶”“大鹏展翅”“五龙二凤”等作品都具有浓郁的地域特色。

• 灵宝刺绣：技艺极具豫西特色 •

“刺绣”在灵宝市民间叫“扎花”，工艺源远流长。早在春秋时期的虢国宫廷里，已经能够使用连环针法，绣出龙凤图纹，并形成了自己的风格——虢绣。到了距今1000多年前的宋朝，虢绣技艺已达到了极高的水平，并走出宫廷，进入平常人家，成为中华民族优秀文化传统中的一份珍贵遗产。

灵宝民间刺绣的图案纹样，多采用喜庆、吉利的象征，或是通过字音相同的“谐音”，表达对生活的美好祝愿，它融合了群众的欣赏习惯，渗透着豫西地区的民间风情。如“莲生贵子”“喜鹊登梅”“麒麟送子”“鸳鸯戏水”“并蒂莲花”“鲤鱼穿莲”“百鸟朝凤”“石磙绣球”“凤戏牡丹”等。

灵宝刺绣与人民群众的生活紧密相连，技艺精湛，代表性的针法有“拉锁子”“辫子绣”和“打子绣”。除此之外，经常使用的针法还有“包针绣”“纳纱绣”“平针”“盘金”“补绣”等传统技法。其中特别引人注目的是“绷花”和“补绣”技法。绷花，是以针引单线，寥寥数针做放射状，绣出生动的花朵，虽属辅助技法，但却在绣品中起画龙点睛的作用。这种技法，一般多用在布制的玩具上，如在威严的老虎额头上和两肋处各绷一朵小花，使凶猛的老虎露出几分憨态，形象十分逗人喜爱。“补绣”，在绣品中运用更为广泛，其特点是能使绣出的物品产生一种浮雕的效果。

灵宝刺绣历经千年的延绵传续，并不断发展创新，逐渐形成了自己独特的地方风格，其内容多属生活实用型。凡日常生活用品和衣帽服装（以妇女、儿童为主），都以刺绣加以装饰。如衣服的袖口、衣领、裙边、围裙、窗帘、被面、帐沿、幼儿兜肚、童帽、手帕、袜底等。这类物品，都被各种不同寓意的吉祥纹样所装饰，表现出妇女们对亲人的祝福和对美好生活的向往。

灵宝市又是戏曲艺术之乡，各种民

间戏曲如“道情”“河南梆子”，还有“皮影戏”等，深受当地群众所喜爱。因此，民间戏曲、皮影艺术中故事情节、服装、色彩和人物造型，都被直接或间接地移植到民间绣品中。最突出的内容是爱情故事。如“拾玉镯”“柜中缘”“梁山伯与祝英台”等，均被姑娘们精心绣制在荷包、枕头、门帘、帐沿、被面、床单上。绣出的男女人物，形象朴实纯真，色彩艳丽明快，寄托着姑娘们对爱情生活、美满婚姻的向往。妇女们给子女们绣制的童帽、兜肚、布老虎、香布袋等，更是倾注了深厚的母爱。

• 棚口扎制技艺：渑池特有的布扎工艺 •

棚口，又叫彩门，是渑池县天池镇东天池村民间艺人创造的一种传统的布扎工艺，驰名宜阳、洛宁、新安等地。棚口是依据彩门而建，仿古城楼建筑，用竹竿等扎起门框，有固定的尺寸，用各家各户收集来的布整体规划搭成一个城楼形状，依据布的颜色做成各种花形，将整块的布叠成2寸宽，由绳子扎成各种花形和人物、动物形状，并以彩纸点缀，具有较高的艺术价值。

棚口制作起源于民俗活动，是东天池村民间艺人在与邻村争庙会时形成的。举办庙会时人们装饰彩门，请来能工巧匠，用彩绸扎成绣球，缀上花穗，用棉花、布料做成传统戏剧人物形象，镶嵌在彩门上。后来人们将各种彩门集中起来，统一

渑池棚口艺术

设计，精心组织，搭成一座十分壮观的形似城楼的大彩门，这种大型彩门就叫“棚口”，棚口分主楼和两个“八”字墙，由多个彩门构成。彩门是由木料或竹子做成一扇一扇的门形，然后用彩布编织成各种图案，图案有梅花形、胡椒叶形、方格形等。图案上又用花布、棉花等做成各种动物、植物还有戏剧人物，彩门发展成为一种供人们欣赏的艺术。搭建棚口最大的高10米，宽14.3米，正楼可通汽车，棚口宏伟壮观，所扎动物、植物、花卉、人物栩栩如生，是集体智慧的结晶。特别是棚口正门门框的三翻像或三翻字最具艺术特色。正面和两侧看形状均不同。棚口所用彩布由各家各户自愿筹集搭建，花形颜色会根据布料决定，带有更多的乡土气息。棚口可以时隔多年搭，也可一年之中搭几次，它结构灵活，是反映群众集体心愿的民间传统艺术。

• 大营社火：源于祭神赛社祈年活动 •

大营社火是豫西地区影响较大、每逢重要节庆用于祭神赛社祈年的民俗活动，后逐渐演变为集民间表演、音乐、戏曲、绘画、书法、刺绣、剪纸、杂技、曲艺、造型等艺术形式为一体的综合性民俗文化活动。

大营社火位于三门峡市产业集聚区大营村，该村面积10.7平方千米，2430户，常住人口12000余人。大营村历史悠久，文化淀积深厚，唐代、明代朝廷均在此驻兵屯

大营社火坠子独杆桥

大营社火平垛（芯子）五环福娃

大营社火表演队

田，村名也由此而得。境内有秦汉驰道，曹魏古道等古迹。周边地区遍布仰韶、龙山文化遗址，黄帝、夏商时代遗存文化等遗址。历史上各种文化在此交流融合，相互影响，形成了独具特色的文化样式，社火、剪纸、面塑、刺绣、曲艺等民间艺术在豫、秦、晋三角地区声名远播，2004年国家文化部命名大营村为“中国民间艺术之乡”。

大营社火源于民间祭神赛社的祈年活动，是村民表达喜悦心情而组织的群众性娱乐活动，常于重大节日或农业丰收时演出。据大营村志记载，明朝末年，农民起义军和官兵逐鹿中原，频临大营，为了自卫，村民捐款筑起东西南北四寨，结社而居。清同治九年（1870）筑寨告成，村民为庆祝这一盛事，经协商，北社出百马，西社踩高跷，南社扮平垛（芯子），东社演坠子组合一块进行游乐，村民称为“社合”或“社火”。

大营社火讲究一显富、二见智、三闹文、四斗巧。显富就是看服装、道具的豪华艳丽，规模宏大；见智就是比智慧，斗心眼，看谁的点子高；闹文就是在社火活动中出的总牌、分牌、节目牌、人物胸牌均用的成语、名言，概括节目的内容，紧扣节目情节，表现人物性格，彰显文化品位；斗巧就是赛技艺，比精致，看能工巧匠扮饰伪装奇妙入胜，暗设玄机，难破谜团，尽显匠工技艺。队伍编排大致是“百马”开道，高跷前行，平垛居中，坠子尾随。表演内容和程序为：①炮声造势。6～8名村民扮作古代军卒，手持三眼铳炮，咚咚作响，先声夺人。②百马开

大营社火高跷

道。上百匹骏马全身披挂，年轻骑手装扮一新，来回奔跑，开道打场。③彩旗招展。百面彩旗，五颜六色，迎风招展，蔚然壮观。④锣鼓震威。30多面锣鼓分成几组，奋力擂打各种鼓谱，震地动天。⑤高跷先行。几十副高跷依次亮相，一般跷高1.7~2.3米，最高可达3米。⑥平垛展示。平垛也叫“芯子”，是一种展示技巧的造型艺术，根据节目内容需要，用钢筋做成各种造型，固定在特别的方桌上，周围用彩布遮饰，然后将4~8岁的儿童装扮成各种人物固定在上面，四人一组抬行。平垛分固定和活动两种，固定的平垛在上面或悬空站立或在“点”“尖”上起舞，活动的平垛则上下起落，左右旋转。⑦坠子表演。坠子是社火表演的坠尾节目，常以幽默、诙谐和讽刺的手法反映社会万象，被誉为“活的漫画”。表演形式多样，有的地下走，有的车上拉，有的踩小跷逗乐，活泼欢快，不拘一格。

大营社火历史悠久，内涵丰富，规模宏大，特色鲜明，演进脉络清晰，让人们在游艺娱乐中受到教育，有很强的凝聚力，围看观众多达数万人，有利于增强人民群众的文化认同感。节目扮演上别出心策，暗设玄机，有很高的观赏价值。

• 东西常骂社火：天下奇俗 •

东西常骂社火是灵宝市阳平镇东常村、西常村百姓于元宵节前后举行的以“骂”为主线，以“性”为轴心，互斗气势，以威慑天下、征服万邦的“轩辕黄帝金刚仙箕天兵出师布阵法”为表演形式的一项融文艺、舞蹈、杂技等为一体的大型群体活动。

灵宝东西常骂社火队

东、西常村位于黄帝铸鼎的荆山脚下。东接中原，西连关中，处在交通要道、军事要冲。这里是黄帝部落时期的政治经济文化中心。东西常骂社火始于黄帝铸鼎功成，祭神灵、祭先祖、祈兴旺。尧舜为弘扬始祖功德，举办节庆盛典，崇拜性和生殖能力，祈盼部族繁衍壮大。周秦至元明，以彩杆和辱骂形式，推崇性文化，贬彼褒己，竞争发展。明清至今，浓缩远古文明之精华，斗文、斗武、斗巧、斗富、斗丑，淋漓尽致！

骂社火的主要内容有5项：①斗社火。从农历正月初二到初十晚，双方百姓打鼓鸣炮，翻穿皮袄，互相斗骂，直到初十晚东常关帝庙钟响。从农历正月十一至十六耍社火。东起西落，轮流各耍三天。②拜请。耍社火村由探马、鼓炮、标驮、总督、骂阵队300多人组成的拜请队到对方村请看社火。③出社火。由拜请队、60多座彩杆方阵和奇形怪状的表演队1000余人参与，恣情纵欲，天人皆欢。④夜骂。晚上由对方村200多人的夜骂队到出社火村，骂贪官污吏、违法乱纪、不忠不孝，辱骂假恶丑，弘扬真善美。⑤祭社火。农历正月十五、十六两天，拜请队用极为“丑陋”的形式表达先祖对性和生殖能力的顶礼膜拜和对人丁兴旺的渴求。现在则成为歪风邪气的代表，给人们以警示教育。

骂社火节目——八抬弹

骂社火是利用这一独特传统民俗，充分表达民意、弘扬正气，对研究中华文明的传承演变有极大的价值。

【附录】 三门峡市市级非物质文化遗产代表性项目名录

（共4批　87项）

一、民间文学					
序号	项目编号	项目类别	项目名称	申报单位	备注
1	Ⅰ－1	民间文学	汉山的传说	灵宝市	第一批
2	Ⅰ－2	民间文学	黄帝的传说	灵宝市	第一批
3	Ⅰ－3	民间文学	娘娘山的传说	灵宝市	第一批
4	Ⅰ－4	民间文学	禹开三门的传说	湖滨区	第一批
5	Ⅰ－5	民间文学	老天爷的传说	湖滨区、陕县“非遗”保护中心	第一批 第四批

6	Ⅰ－6	民间文学	夸父神话	灵宝市	第一批
7	Ⅰ－7	民间文学	老子的传说	灵宝市	第二批
8	Ⅰ－8	民间文学	十二社的传说	灵宝市	第二批
9	Ⅰ－9	民间文学	贵妃杏的传说	灵宝市	第二批
10	Ⅰ－10	民间文学	轩辕台的传说	灵宝市	第二批
11	Ⅰ－11	民间文学	穆桂英的传说	灵宝市	第二批
12	Ⅰ－12	民间文学	李自成的传说	灵宝市	第二批
13	Ⅰ－13	民间文学	鱼窟寺的传说	灵宝市	第二批
14	Ⅰ－14	民间文学	曹氏经曲	义马市	第二批
15	Ⅰ－15	民间文学	老君的传说	陕县	第二批
16	Ⅰ－16	民间文学	武则天东巡故事	陕县	第二批
17	Ⅰ－17	民间文学	奶奶爷的传说	陕县	第二批
18	Ⅰ－18	民间文学	陈连娃的故事	陕县	第二批
19	Ⅰ－19	民间文学	王莽撵刘秀传说	陕县	第二批
20	Ⅰ－20	民间文学	文人及商旅故事	陕县“非遗”保护中心	第三批

二、传统音乐

序号	项目编号	项目类别	项目名称	申报单位	备注
1	Ⅱ－1	传统音乐	黄河船工号子	湖滨区	第一批
2	Ⅱ－2	传统音乐	卢氏劳号	卢氏县	第一批
3	Ⅱ－3	传统音乐	十盘	渑池县	第一批
4	Ⅱ－4	传统音乐	牛牴头锣鼓	湖滨区	第二批
5	Ⅱ－5	传统音乐	豫西小调	湖滨区、陕县	第二批

三、传统舞蹈

序号	项目编号	项目类别	项目名称	申报单位	备注
1	Ⅲ－1	传统舞蹈	齐天圣鼓	灵宝市	第一批
2	Ⅲ－2	传统舞蹈	王家热锣鼓	灵宝市	第一批
3	Ⅲ－3	传统舞蹈	九莲灯舞	渑池县	第二批
4	Ⅲ－4	传统舞蹈	狮子舞（秦池狮子舞、义马狮子舞、五花岭舞狮）	灵宝市、义马市、陕县“非遗”保护中心	第二批 第二批 第四批

5	Ⅲ－5	传统舞蹈	云灯舞	灵宝市	第二批
6	Ⅲ－6	传统舞蹈	玄天锣鼓	湖滨区文化馆	第四批

四、传统戏剧

序号	项目编号	项目类别	项目名称	申报单位	备注
1	Ⅳ－1	传统戏剧	道情皮影戏	灵宝市	第一批
2	Ⅳ－2	传戏戏剧	扬高戏	灵宝市、陕县	第一批
3	Ⅳ－3	传戏戏剧	镢把戏	渑池县	第一批
4	Ⅳ－4	传戏戏剧	线胡戏	灵宝市	第二批
5	Ⅳ－5	传统戏剧	木偶戏	灵宝市	第二批
6	Ⅳ－6	传统戏剧	蒲剧（陕州梆子）	陕县蒲剧保护传承中心 灵宝市蒲剧团	第二批 第三批

五、曲艺

序号	项目编号	项目类别	项目名称	申报单位	备注
1	Ⅴ－1	曲艺	锣鼓书	陕县、卢氏县	第一批

六、传统体育、游艺与杂技

序号	项目编号	项目类别	项目名称	申报单位	备注
1	Ⅵ－1	传统体育、游艺与杂技	高跷（义马高跷、羊角寨丈二高跷）	义马市 灵宝市阳店镇羊角寨村	第一批 第三批
2	Ⅵ－2	传统体育、游艺与杂技	陈氏太极拳	三门峡市太极拳研究会	第一批

七、传统美术

序号	项目编号	项目类别	项目名称	申报单位	备注
1	Ⅶ－1	传统美术	卢氏木版年画	卢氏县	第一批
2	Ⅶ－2	传统美术	麦秆画	义马市	第一批
3	Ⅶ－3	传统美术	陕州澄泥砚	陕县	第一批
4	Ⅶ－4	传统美术	虢州石砚	灵宝市	第一批
5	Ⅶ－5	传统美术	民间剪纸	卢氏县、灵宝市、陕县	第一批
6	Ⅶ－6	传统美术	民间刺绣	灵宝市	第二批
7	Ⅶ－7	传统美术	民间面塑（灵宝面塑、卢氏面塑）	灵宝市、卢氏县“非遗”保护中心	第二批 第三批
8	Ⅶ－8	传统美术	民间布艺	灵宝市	第二批

9	Ⅶ－9	传统美术	木工刻花、镂花	义马市“非遗”保护中心	第三批
10	Ⅶ－10	传统美术	树叶画制作技艺	湖滨区文化馆	第四批

八、传统技艺

序号	项目编号	项目类别	项目名称	申报单位	备注
1	Ⅷ－1	传统技艺	传统棚口扎制技艺	渑池县	第一批
2	Ⅷ－2	传统技艺	地坑院营造技艺	陕县	第一批
3	Ⅷ－3	传统技艺	仰韶彩陶制作工艺	渑池县	第二批
4	Ⅷ－4	传统技艺	传统手工纺织技艺	渑池县	第二批
5	Ⅷ－5	传统技艺	号杈制作技艺	义马市	第二批
6	Ⅷ－6	传统技艺	传统灯笼制作工艺	灵宝市、陕县	第二批
7	Ⅷ－7	传统技艺	灵宝大枣加工技艺	灵宝市	第二批
8	Ⅷ－8	传统技艺	陕州糟蛋制作技艺	湖滨区	第二批
9	Ⅷ－9	传统技艺	谷香园八仙糕点制作技艺	灵宝市	第二批
10	Ⅷ－10	传统技艺	传统染布印花技艺	陕县、灵宝市	第二批
11	Ⅷ－11	传统技艺	民间煤炭开采技术	义马市	第二批
12	Ⅷ－12	传统技艺	卢氏光明麻片制作技艺	卢氏县光明麻片厂	第三批
13	Ⅷ－13	传统技艺	大营麻花制作技艺	陕县“非遗”保护中心	第三批
14	Ⅷ－14	传统技艺	面豆制作技艺	陕县“非遗”保护中心	第三批
15	Ⅷ－15	传统技艺	十碗席	陕县“非遗”保护中心	第三批
16	Ⅷ－16	传统技艺	陕州柿子醋酿造技艺	陕县“非遗”保护中心	第四批
17	Ⅷ－17	传统技艺	皮影制作技艺	灵宝市文化馆	第四批
18	Ⅷ－18	传统技艺	“十三花”传统宴席	卢氏县龙首山庄民俗文化服务有限公司	第四批

九、传统医药

序号	项目编号	项目类别	项目名称	申报单位	备注
1	Ⅸ－1	传统医药	黄家烧伤药膜	湖滨区	第二批
2	Ⅸ－2	传统医药	曹氏颈肩腰腿疼治疗	义马市“非遗”保护中心	第三批

3	Ⅸ－3	传统医药	结洼侯氏正骨	义马市“非遗”保护中心	第三批
4	Ⅸ－4	传统医药	段氏指针经络正骨法	段氏、正骨研究中心	第四批
5	Ⅸ－5	传统医药	张氏祖传痔瘘医术	义马市文化馆	第四批
6	Ⅸ－6	传统医药	任守元外科药粉	陕县非遗保护中心	第四批

十、民俗

序号	项目编号	项目类别	项目名称	申报单位	备注
1	Ⅹ－1	民俗	大营社火	陕县	第一批
2	Ⅹ－2	民俗	东西常骂社火	灵宝市	第一批
3	Ⅹ－3	民俗	地坑院民俗	陕县	第一批
4	Ⅹ－4	民俗	菩萨庙会	灵宝市	第一批
5	Ⅹ－5	民俗	汤河裸浴	卢氏县	第二批
6	Ⅹ－6	民俗	等亲、拴娃娃习俗	陕县	第二批
7	Ⅹ－7	民俗	夜社火	陕县	第二批
8	Ⅹ－8	民俗	石佛庙会	义马市	第二批
9	Ⅹ－9	民俗	朱阳土地庙会	灵宝市	第二批
10	Ⅹ－10	民俗	洪岩寺古庙会	湖滨区	第二批
11	Ⅹ－11	民俗	官庄三宵娘娘庙会	灵宝市	第二批
12	Ⅹ－12	民俗	义马婚俗	义马市“非遗”保护中心	第三批
13	Ⅹ－13	民俗	义马丧俗	义马市“非遗”保护中心	第三批

城市名片

——虢国故都的风采神韵

城市的名片浓缩着城市的精华，展示着城市的魅力，彰显着城市的精神，让我们通过名片来认识“黄河明珠、天鹅之城”吧。

三门峡是万里黄河第一坝——三门峡水利枢纽工程所在地、中华民族精神象征——中流砥柱所在地、仰韶文化发祥地、人文始祖黄帝铸鼎地、老子著《道德经》之地、佛教禅宗始祖菩提达摩圆寂地，有着“天鹅之城”“中国天井窑院之乡”的美誉。

三门峡有着一道自然山水城市的靓丽风情，展现出一幅和谐发展的生态画卷。三门峡正在变成一个城在绿中、水在林中、人在景中、居在园中的和谐美丽家园。“虢国公园看樱花、湿地公园赏牡丹、涧河公园观月季、黄河公园品梅花。”目前，三门峡市的森林覆盖率达50.72%，森林覆盖率全省第一。天鹅湖国家城市湿地公园被评为河南省四星级公园，并成功创建国家AAAA级景区；黄河公园成功创建国家AAAA级景区，为全市营造了优美、自然、舒适的居住环境，走出了一条经济发展与生态环境良性互动、人与自然和谐相处的可持续发展之路。三门峡现有2个国家级自然保护区、4个国家级森林公园、6个省级森林公园、2个市级森林公园，是晋、陕、豫黄河“金三角”区域的天然“空调”。

三门峡的名片是多姿多彩的，它介绍着三门峡的风貌风情，书写着三门峡的文明足迹，展示着三门峡的变化发展，记录着三门峡的奋进历程。让我们走近这些独具特色的城市名片，细细品读三门峡的魅力吧。

• 三门峡大坝 •

这是一张最让三门峡人骄傲和自豪的标志性名片。三门峡大坝位于三门峡市区东北14千米处，是国家AAA级景区、国家级水利风景区。三门峡大坝是中华人民共和国成立后我国在黄河上兴建的第一座大型水利枢纽工程，被誉为“万里黄河第一坝”。20世纪50年代，三门峡可以说是无人不知，无人不晓，几十万水利大军为了“把黄河的事情办好”，齐奔三门峡，建设三门峡大坝。三门峡大坝是当年苏联援建的156个重点项目中唯一的一个水利工程。工程于1957年开工，1961年完工，大坝的建成结束了黄河三年两决口的局面。三门峡大坝主坝长713.2米，高106米。目前总装机容量为40万千瓦。工程发挥了防洪、防凌、灌溉、供水、发电等方面的显著作用和综合效益。

三门峡大坝景区峡谷险峻、景色秀美，两侧山体蜿蜒起伏。景区内的主要景观有黄河展览馆、大禹公园、中流砥柱、张公岛、梳妆台、水晶宫、炼丹炉、黄河古栈道、发电厂房等。不仅能给人带来视觉上的强烈冲击，饱览到不尽黄河滚滚来的雄伟气势，而且还能亲身体验进入大坝内部的神秘感，充分领略黄河灿烂文化和华夏文明的神奇魅力！

央视网

三门峡大坝

三门峡大坝

导河入海——大禹神斧劈三门

三门峡大坝建成后，水位随季节的不同而发生变化，库区内形成了大片的湿地。春秋两季库区水面碧波荡漾，两岸青山绿树，山光水色，相映如画，尽现出一派江南水乡的温柔；大坝泄洪时浊浪滔天、一泻千里，呈现出黄河奔腾咆哮、桀骜不驯的本色和雄奇壮观的气势。

著名的“中流砥柱”，屹立在三门峡大坝下方的激流之中。相传这块石头是大禹治水时留下的镇河石柱。古时的三门峡谷，石岛、暗礁犬牙错落；悬崖绝壁，森然耸立。过往的船工们要想将船顺利撑过三门峡谷，必须要在船过三门时朝砥柱石直驶过去，在船与石几乎将要相撞的一刹那间，石前的回水就会将船轻轻拨划，船工们经历“九死一生”的成功。中流砥柱石作为黄河上的一大奇观，千百年来，无论是遭遇狂风暴雨的侵袭，还是经受惊涛骇浪的冲刷，砥柱石都巍然屹立在这里，永远淹不没冲不垮，从不向任何风浪低头。所以人们称它是黄河精神的凝聚，是中华民族不屈不挠精神的象征。历史上无数的文人墨客，曾为它吟诗作画，推崇备至。唐太宗李世民也曾对这里的雄伟壮观赞叹不已，他仰慕大禹治水，剑劈三门的丰功伟绩，写下了“仰临砥柱，北望龙门，茫茫禹迹，浩浩长春”的诗句。

“张公岛”和“炼丹炉”位于三门峡大坝下游靠近右岸的人门河口处。它们的名字来源于传说故事。相传古代有个姓张的艄公，经常目睹三门峡谷因水道险恶，浪激波涌而船翻人溺的惨状，就决定在岛上结庐为庵，义务为来往船只导航。后人为了纪念这位老人，就将该岛起名叫张公岛。在张公岛上，有一个形状像香炉的岩石，在岩石上有一个凹下去的圆坑，很像是盛放铁锅的灶口，据传它就是老子炼丹时用的“炼丹炉”，并由此引出了“老子炼丹”“老子造桥”“老君削石”“神火炼山”等神话故事。至今当地百姓还流传着“正月二十三，老君炼仙丹，家家贴金牛，四季保平安”的民谣。

天鹅之城

这是一张充满着飞扬的灵气和诗情画意的城市名片。每年入冬以后到次年初

央视网

天鹅之城

天鹅湖

春，美丽的白天鹅会从遥远的西伯利亚飞到这里，成千上万只白天鹅或飞，或游，或走，或卧，千姿百态，构成一幅幅动人的画面，为冬日的三门峡增添了生机，形成了独具特色的风景。因此，三门峡被誉为“天鹅之城”。

天鹅湖国家城市湿地公园2007年2月初被国家建设部命名，又名天鹅湖景区，规划面积590公顷，是在陕州故城遗址及青龙、苍龙两条涧河治理改造的基础上建设起来的。它以白天鹅特色资源为招牌，以虢山岛为中心，以黄河、青龙湖、苍龙湖为主体，独特的生态系统吸引着数以万计的白天鹅等野生动物每年冬春季节在此栖息。

据不完全统计，目前湿地内有鸟类175种、兽类22种、鱼类60种，其中珍稀濒危动物41种，木本植物38种，草本植物560种。

天鹅湖国家城市湿地公园碧草如茵，绿树葱茏，鲜花芬芳，鸟鸣鱼跃，空气清新，美景如画。尤其是白天鹅栖息的季节，湖水共长天一色，落霞与天鹅齐飞，宛如人间仙境。

冬日的天鹅湖湿地公园干净澄澈、平和宁静，波光粼粼的水面像一匹锦缎，而白天鹅就是上面最灵动、最圣洁、最美丽的花朵。在这里，洁白的天鹅和厚重的黄土高坡融为一体，时而如泼墨重彩，时而如淡抹写意，奏响了一曲人与自然和谐相处的动人乐章。

• 地坑院民居建筑群：原始民居活化石 •

这是一张有着浓郁的黄土地民俗风情的名片。地坑院也叫“天井窑院”，是全国乃至世界少有的一种地下古民居建筑，距今已有数千年的历史，作为一种古老而神奇的民居样式，它蕴藏着丰富的历史、文化信息，是劳动人民勤劳智慧的结晶。“见树不见村，进村不见房，闻声不见人”是它的真实写照。

独具特色的地坑院落群，被专家学者誉为“地平线下的古村落，人类穴居的活化石”“地下的四合院”“中国农民生土建筑的最高成就”，具有极高的观赏和学术研究价值。三门峡境内的地坑院保存较好，地坑院村落约一百余个，主要集中在陕州区的张村塬、张汴塬和东凡塬三道塬上。陕州地坑院景区、北营村地坑院、庙上村地坑院、人马寨村地坑院都颇具代表性。

地坑院是在平整的黄土地上，向下挖5～6米深的方形土坑作为院子，然后在坑的四壁凿出8～12个窑洞。院中的窑洞除住人外，还要留厕所窑和门洞窑。门洞窑地面凿成斜坡，形成甬道，再拐个斜向直角通向地面，是人们出行的通道，俗称门洞。在门洞窑一侧挖一个拐窑，再向下挖深二三十米、直径1米的水井，装个辘轳用于解决人畜吃水问题。地坑院窑门多为一门双扇，以槐木、椿木为主，油漆多用黑漆带红线的色彩，在门的一侧留有锅腔和土炕的烟火道。窗户是方格状，裱糊白

地坑建筑群

纸或安装玻璃，节庆时贴窗花。正对门洞向阳的一面为长辈居住的正窑，左右为侧窑。

地坑院在建造过程中，受阴阳八卦的影响很深。在动工前，要根据宅基地的地势和面积，按照阴阳八卦的方位决定院落的形式。地坑院具有坚固耐用、冬暖夏凉、节省资金、挡风隔音、安全防震等特点。

地坑院是在黄土层中挖出的居住空间，构思十分巧妙，颇具匠心。地坑院与大地融为一体，地面上几乎看不到形迹，这与普遍的上竖式材料垒砌，矗立在大地之上的建筑，风格迥然不同。这种独特的构造方式，是地坑院最大的价值所在和魅力体现。这种建筑形式从现代绿色生态建筑的角度来看属于“原生态建筑”，从中国古代“天人合一”的哲学思想来看，它是人与大自然和睦相处、和谐共生的典型范例。

2007年3月，陕县被中国民协命名为“中国地坑窑院文化之乡”，地坑院营造技艺入选国家级非物质文化遗产名录。

• 仰韶文化 •

这是一张有着悠久历史的名片。数千年前，仰韶文化犹如第一缕曙光，照亮了中华文明。而今，矗立于渑池县仰韶文化遗址上的仰韶文化博物馆，不仅仅是国家AAAA级景区，更是人们追溯华夏源头、感受远古文明的重要载体。著名学者余秋雨曾在游览后动情地说：“仰韶文化的发现，就是我们民族童年的歌声，使一个壮士重新站立在地球上。”

仰韶文化是黄河中游地区重要的新石器时代文化，持续时间大约在公元前5000年～公元前3000年（距今约7000年～5000年），因1921年首次在渑池县仰韶村发现，按照考古惯例，称之为仰韶文化。仰韶文化的发现，确立了中国史前文化的地位，宣布了“中国无石器时代文化”论调的彻底破产，同时揭开了中国新石器考古事业的第一页，书写了中国田野考古史的新篇章，也使得文化积淀厚重的三门峡及渑池县仰韶村走向世界，闻名遐迩。

位于仰韶村的仰韶文化遗址北依韶山，东、西、南三面环水，总面积约30万平方米，文化土层堆积存度2～4米。1951年，中国科学院考古研究所对该遗址进行小规模发掘，发现这里有四层文化层相叠压，自下而上是仰韶文化中期、仰韶文化晚期、龙山文化早期、龙山文化中期。该遗址经过三次发掘，出土了大量陶器、石器、骨器等。特别引人注目的是陶器上精美的装饰图案，其纹饰有宽带纹、网纹、花瓣纹、鱼纹、弦纹和几何图形纹等，体现了先民的聪明智慧和对美好生活的孜孜追求。同时，彩陶也是仰韶文化的重要标志，所以仰韶文化又称“彩陶文化”。1961年，国务院将仰韶文化遗址确定为国家重点文物保护单位。

仰韶文化是华夏文明的源头，在灿若星河的华夏历史文明中，仰韶文化犹如一颗独特的明珠，散发着璀璨的光芒。

·石壕古道：世界遗产·

这是一张世上罕见的珍贵的名片。石壕古道遗迹位于陕州区硖石乡车壕村东南，距三门峡约36千米。当年唐朝大诗人杜甫路过这里，曾写下著名的《石壕吏》。

崤函古道是古代对洛阳至潼关这段道路的统称（崤即崤山，函即函谷关）。自古迄今，崤函古道是“襟带两京（西安、洛阳）”的锁钥，也是中原通往关中，达西域的咽喉要道，又是丝绸之路的必经之路。崤函古道前后延续达3000年之久，保障了丝绸之路的畅通，在东西方交流中具有重要的地位。

现存的石壕古道遗迹是崤函古道东段的一部分，路面为石灰岩质，因车轮长期碾轧，在路面上形成两条较深的车辙印迹而得名。古道西北东南走向，全长230米，车辙印迹宽窄不等，深浅不一，最宽处达8.8米，最窄处5.2米，最深刻达0.41米，最浅处仅有数厘米。道上留下的车辙印迹有一车道、二车道、三车道。两车辙印迹辙心相距1.15米。

2014年6月22日，崤函古道石壕段被列入世界遗产名录。它是“历史性信息的宝贵记载”，是我国丝绸之路的一处“实物标本”，也是丝绸之路上真实、完整、原始、海内外少有的一处“路的遗迹”，具有较高的“学术性、保护和研究价值”。

• 虢国故都上阳城 •

这是一张有着厚重历史和灿烂文化的名片。三门峡曾经是古虢国的都城，如果从那时算起，三门峡的“市”已经超过了3000年。周初封文王之弟虢仲、虢叔于东、西二虢。东虢在今河南荥阳，春秋初年为郑所灭；西虢在今陕西宝鸡，西周末年迁至河南三门峡一带，建都上阳（今市区李家窑）。公元前655年，被晋国所灭，留下了“唇亡齿寒”“假虞灭虢”的历史典故。

虢国是一个诸侯国，它是一个崇尚武力的国家。“虢”字，本义为双手奋力搏虎，引申为像猛虎那样去搏斗。用“虢”作为国名，表明了虢国人的能征善战。勤劳勇敢、富有智慧的虢国人创造了辉煌灿烂的文化，他们以巧夺天工的技艺制造出一件件精美绝伦、造型独特的青铜器和玉器，现存于中国历史博物馆的虢季子白盘便是其中的代表作。他们铸造的“玉柄铁剑”可谓举世无双，被世人誉为“中华第一剑”。

古虢国都城——上阳城曾经辉煌一时，它的遗址充分说明了这一点。虢都上阳城遗址位于三门峡市区青龙涧河北岸的李家窑村一带。2000年1月，河南省文物考古研究所会同三门峡市文物工作队，对位于虢国墓地东南二公里的李家窑遗址进行了大规模的科学考古发掘，发现了城垣、

虢国故都上阳城

城壕、建筑遗址等，取得了中国考古学史上的重大突破。

上阳城遗址平面大致呈长方形，城垣东西长1000～1050米，南北宽560～600米，城垣墙宽4.5～6米，城垣墙体外环绕两道与城垣平行的城壕，内城壕宽13～17米，深6～10米，外城壕宽15～22米，深4～6米。在人类城市发展史上，这种双城壕的设置十分罕见，这反映出虢国作为军事强国注重防御，为都城构筑了铜墙铁壁。同时还发现了宫城遗迹、城内道路遗迹、贮藏米粮的粮库和制骨、制陶、冶铜等作坊，这说明上阳城既是政治中心，也是经济中心。横贯宫城中部的陶制水管道完整保存了160多米，每节圆形管道的接口为子母口套接，这与我们当今的供、排水管道的构造完全一致，这说明当时的城市构筑技术已经相当发达。

专家认为，虢国都城上阳城遗址的发现对了解和研究古代都城发展、演变的历史具有十分重要的意义。上阳城遗址的发现，填补了我国西周晚期没有发现古代都城的考古学空白，为我们更加全面、准确地了解虢国这一西周时期的重要诸侯国提供了珍贵的实物资料，也为西周考古学研究树立了一个有明确纪年的断代标志。

为了更好地保护虢都上阳城遗址，三门峡市政府在遗址上建成了虢国公园。通过10多年建设，虢国公园已成为市民的游憩活动场所。如今的虢国公园，绿树成荫、鲜花吐芳，风景如画，古老的都城遗址焕发出了新的生机。

三门峡的名片无疑是绚丽的，是精彩的。这些名片是灿烂厚重的，它承载着三门峡的历史和文化；这些名片是富有灵气的，它流淌着三门峡的自然山水神韵；这些名片是火热的，它是用建设者的热血铸就的；这些名片是飞扬的，它带着三门峡的梦想和激情，和美丽圣洁的白天鹅一起翱翔。

辉煌巨变奏华章，不尽春潮涌崤函。未来的三门峡不仅会重现古代诗人笔下“四面云山三面水，半城烟树半城田”的自然和谐美景，而且会在全面实现小康的道路上，以坚定有力的步伐和奋发向上的姿态，不断地推出新篇章，打造新名片！